지금, 금융을 다시 설계할때

성장과 포용의 시대, 금융이 가야할 길

홍 명 종

지원출판사

프롤로그

“지금, 왜 금융을 다시 설계해야 하는가”

왜 금융인가. 왜 지금인가. 그리고 왜 이 주제를 고민하게 되었는가.
이 책은 그런 질문들에서 출발했다.

2024년 12월 3일 밤, 그 충격을 아직도 잊지 못한다.
그날을 기점으로, 우리나라 정치는 더욱 요동쳤고
경제도, 외교도 흔들렸으며
민생은 한층 더 불안해졌다.
하지만 그 와중에, 우리가 자주 잊고, 자주 놓치는 것이 있다.
금융.
그 조용한 시스템은, 지금 이 순간에도
사회의 문턱과 경계를 가장 깊숙하게 다시 그리고 있다.

나는 금융당국에서 정책의 언어를 썼고, 변호사로서 규제의 문법을 해석해 왔으며,
최근까지는 금융기관 내부에서, 금융이 어떻게 작동할 수 있을지를
구조적으로 설계하고 점검하는 일을 맡아왔다.
금융이라는 복잡한 순환의 구조를, 그 안과 밖에서 모두 경험해 본 셈이다.

그리고 이제는 누군가는 말해야 할 때라고 느꼈다.
이 구조는 제대로 기능하고 있는가?
정책은 실제로 움직이고 있는가?
지금의 금융은, 제 역할을 하고 있는가?

금융은 단기간에 국가경제를 일으켜 세우지는 못한다.
그러나 국가경제가 제대로 성장하려면, 금융이 제대로 작동하지 않으면 안 된다.

산업의 구석구석에 자금이 흘러야 하고,
사람들의 일상에 필요한 돈이 막힘없이 연결되어야 한다.
금융은 경제를 순환시키는 심장이다.

반도체, AI, 그린에너지.
미국과 중국은 이미 이 모든 영역에 국가가 전면에 나서 자금을 설계하고 있다.
그런데 한국은 어떤가?
우리의 기술 미래를 몇몇 정책금융기관에만 의존하고 있는 지금의 구조,
과연 그것이 국가 전략이라 할 수 있을까?

우리 정치 구조가 가진 힘은, 자원의 흐름을 과감히 '결정'할 수 있다는 데 있다.
금융도 예외가 아니다.
미래 산업에 전략적으로 자금을 흐르게 할 설계, 지금이 바로 그 시점이 아닐까?

포용금융 역시 마찬가지다.
자영업자들은 IMF 때보다 더 어렵다고 말하지만,
그 위에서 금융회사들은 역대급 실적을 기록 중이다.
지금의 금융은 누구를 버리고, 누구만을 살리고 있는가?
금융의 공공성은 어디까지여야 하는가.
우리는 이 질문에 제대로 답한 적이 있는가?

한편으로 기술 변화의 속도는 늘 법제도보다 빠르다.
지금은 그 차이가 커지고 있고 동시에 더 위험해지고 있다.
디지털, AI, 플랫폼 기반 금융은 이미 우리의 일상을 바꿔놓았지만,
규제는 여전히 과거의 틀에 갇혀 있다.
혁신과 리스크의 경계가 모호해진 시대.
우리는 이제 '이게 혁신인지, 신종 리스크인지'조차
구분하지 못하는 상황에 직면하고 있다.
그리고 그것을 구분할 수 있을 때는, 이미 돌이킬 수 없는 지점에 와 있다.
정책은 뒤쫓고, 시장은 앞질러 간다.
그 간극이 커질수록, 그 부담은 국민과 사회가 고스란히 떠안게 된다.

금융시장 안정 역시, 두말할 필요 없는 핵심 과제다.
글로벌 리스크는 매일 새롭게 튀어나오고,
국제 정세는 한 치 앞도 내다보기 어렵다.
그 속에서 우리의 금융당국은, 우리의 금융정책은
과연 올바른 방향을 잡고, 제때에 효과적으로 대응하고 있는가?

그리고 무엇보다,
AI와 디지털 기술을 충분히 활용해
실시간으로 위험을 조기 탐지하고,
기관 간 역량을 효과적으로 결집해 대응하고 있는가?

그래서 나는 다시 묻고 싶다.

우리의 금융은 지금, 자기 역할을 제대로 하고 있는가?
그렇지 않다면, 우리는 지금 무엇을 다시 설계해야 하는가?

이 책은 그 질문에서 시작되었다.
흔하게 보아 왔던 정책을 단순히 나열하는 것이 아니라,
그 정책이 실제로 '작동하는 구조'는 어떻게 가능한지를 묻고자 했다.

내가 보고 겪어온 것들,
내가 오래도록 품었던 문제의식,
그 모든 것의 교차점에서 이 책은 시작되었다.

완벽하지는 않더라도,
이 책이 사회적 브레인스토밍의 출발점이 되기를 진심으로 희망한다.
"지금, 금융을 다시 설계할 때"라는 말이
단지 책 제목을 넘어,
우리 공동체가 지금 꼭 던져야 할 질문으로 받아들여지기를 바란다.

추천사

금융은 본래 복잡한 분야입니다.
그런데 이 책이 다루는 주제는 단지 '금융'이 아닙니다.
'금융의 과제', '금융이 가야 할 길', '금융정책의 재설계'—
가장 구조적이고 딱딱한 논의를 담고 있습니다.

그럼에도 이 책은 어렵지 않습니다.
오히려 쉽게, 그리고 깊이 있게 읽힙니다.

『지금, 금융을 다시 설계할 때』는 정책 설계라는 기술적 주제를
생활의 언어로 풀어낸 보기 드문 책입니다.
추상적인 개념보다 한 명의 청년, 한 가계, 한 기업의 고민을 통해
금융이 무엇을 놓쳤고, 어디로 가야 하는지를 조목조목 짚어냅니다.

시장 안정, 소비자 보호, 디지털 전환, 감독 개혁까지—
금융의 모든 핵심 과제가 부담 없이, 그러나 단단하게 정리되어 있습니다.
게다가 책 곳곳에는 지금의 금융 현실을 날카롭게 짚어낸
참신하고 실행 가능한 정책 아이디어들도 담겨 있습니다.

정책은 국민과 함께 읽히고, 함께 이해되어야 합니다.
그 점에서 이 책은 정책을 설명하는 책이 아니라,
정책을 함께 생각하게 만드는 책입니다.

나는 이 책이,
금융을 둘러싼 토론을 시작하게 해줄 소중한 발제이고,
무거운 주제를 조용히 열어주는 '담론의 마중물' 같은 책이라고 믿습니다.
정답보다 더 중요한, 질문의 출발이 되는 책이기도 합니다.

2025년 5월
더불어민주당 최고위원
서울 영등포구을
김 민 석

추천사

『지금, 금융을 다시 설계할 때』는 지금의 금융이 왜 잘 작동하지 않는지, 앞으로 어떻게 바꿔야 하는지를 쉽게 풀어낸 책입니다.

이 책의 저자 홍명종 변호사님은 정부에서 금융정책을 다뤘고, 금융변호사, 금융사 임원으로 일하며 현장의 어려움을 직접 경험해 왔습니다. 저는 더불어민주당 민생연석회의 수석부본부장으로 활동하며, 금융분과 위원으로 함께 참여해 주신 홍 변호사님이 금융을 깊이 있게 고민하시는 모습을 봐 왔습니다.

이 책은 단순히 정책을 소개하는 데 그치지 않습니다. 정책이 현장에서 잘 작동하려면 구조가 어떻게 짜여야 하는지를 하나하나 짚어 줍니다. 금융시장 안정, 소비자 보호, 산업 지원, 디지털 전환, 금융감독체계 개편까지, 어렵게 느껴질 수 있는 주제를 누구나 이해할 수 있도록 쉽게 설명하고 있습니다.

특히 이 책은 '정책이 왜 체감되지 않는가'라는 질문에 답하면서, 그 원인을 복잡한 이론이 아닌 일상적인 구조와 흐름 속에서 찾아냅니다. 저자는 정책이 현장에서 실제로 작동하려면 어떻게 연결되어야 하는지를 알려주며, 이를 통해 독자들이 금융을 더 쉽게 이해하고 스스로 생각할 수 있도록 도와줍니다.

금융은 돈의 흐름을 다루는 일이지만, 결국 사람의 삶과 연결되어 있습니다. 이 책은 금융이 누구에게나 공정하고 안전하게 작동하려면 어떻게 해야 하는지를 생각하게 해줍니다.

우리 사회가 더 나은 방향으로 나아가려면, 금융도 함께 바뀌어야 합니다. 『지금, 금융을 다시 설계할 때』는 그 출발점이 되어 줄 책입니다. 많은 분들이 이 책을 함께 읽고, 함께 고민해 주시기를 바랍니다.

2025년 5월
경기파주갑 국회의원
윤 후 덕
윤후덕

추천사

"우리는 일을 해야 하니까 잠을 자는데, 대출 이자는 잠도 자지 않고 불어납니다."
"손님은 왕 아닙니까? 그런데 왜 대출 소비자는 봉 취급을 합니까?"

국회 정무위원회에서 5년간 금융을 다루며, 한계에 내몰린 자영업자와 소상공인, 금융 소비자들을 만나며 들었던 말들이다.

이들에게 "금융은 원래 변동성이 큰 것이다", "금리는 거시경제에 따라 움직이기 때문에 어쩔 수 없다"고 말하는 것이 과연 정의로운 일일까? 평범한 사람들이 금융 시스템의 '그림자'와 맞닿은 삶을 살아가는 현실 앞에서, 우리는 정말 아무것도 할 수 없는 걸까? 시골 해남에서 나고 자라 안양에서 정치를 하며 평범한 사람들을 만나온 내가 줄곧 품어온 의문이었다.

금융 관료, 금융변호사, 그리고 금융사 임원까지 두루 거치며 대한민국 금융 제도의 안팎을 모두 경험한 저자는 『지금, 금융을 다시 설계할 때』에서 바로 그 제도의 그림자에 주목한다.

몇 달 사이에도 수십 건, 수백 건의 금융 정책이 쏟아지지만 그런 정책 효용감을 느끼는 이들은 많지 않다. 저자는 수많은 정책을 하나의 건축물로 축조해, '사람'을 보호하며 그 안정성을 체감하게 할 '설계'가 부재해 왔음을 지적한다.

저자는 과거 금융 제도가 맞닥뜨린 과제들과 시행 착오를 반추하고, 다섯 가지 갈래의 정책 방향성을 제시하며 전문가뿐 아니라 비전문가들도 함께 금융 제도에 대한 질문을 던질 수 있어야 한다고 강조한다.

이 때문인지 이 책은 금융을 잘 모르는 '금알못'들도 이해할 수 있도록 쉽게 쓰였다. 12.3 계엄으로 대한민국의 정치와 경제, 외교 등 모든 시스템이 크게 흔들린 이 시기, 저자가 『지금, 금융을 다시 설계할 때』를 통해 주춧돌처럼 놓은 질문들 위로 독자 여러분도 기둥과 서까래를 얹듯 대한민국 금융을 다시 설계하는 데 참여해 보기를 감히 권한다.

나 또한 정치가 할 일과 입법부가 할 일을 고민하며 그 일에 동참해 보려 한다.

2025년 5월
국회 의원회관에서
더불어민주당 경기 안양시 동안구 갑 국회의원
민 병 덕

추천사

금융은 늘 복잡한 시스템 속에서 작동합니다.
그리고 그 시스템은 종종, 설계보다 관행에 의해 움직입니다.
정책은 나열될 수 있어도, 그것이 치밀하게 연결된 구조로 이어지기는 쉽지 않습니다.
그 간극을 어떻게 메울 것인가—금융을 오래 지켜본 사람일수록 더 자주 묻게 되는 질문입니다.

이 책은 그 질문에 천천히, 그러나 정확하게 접근합니다.
흐름이 있는 정책 구조를 다시 짜기 위해선,
먼저 언어를 다듬는 일에서부터 출발해야 한다는 것.
제도의 바깥에서 바라보는 눈과, 제도의 안에서 고쳐보려는 손 —
그 두 가지가 함께 담긴 책은 흔하지 않습니다.

‘금융시장 안정’, ‘소비자 보호’, ‘디지털 전환’ —
이 익숙한 말들은 이 책 안에서 서로를 전제로 삼아, 하나의 설계 안에서 유기적으로 움직입니다.
특정 해법보다 중요한 것은,
그 해법들이 어디에 놓이고, 어떻게 연결되는지를 보여주는 설계자의 감각입니다.

읽으며 여러 번 멈추게 됩니다.
수많은 현장과 현실이 어떻게 정책의 언어로 번역되는지를 따라가다 보면,
이 책은 단순한 제안이 아니라, 누적된 현실의 기록처럼 다가옵니다.

다시 금융을 설계한다는 일은, 다시 사회를 설계하는 일과 다르지 않습니다.
그 일의 출발점이 되는 책이라면, 천천히 그리고 널리 읽히기를 바랍니다.

2025년 5월
전(前) 은행연합회 회장
김 광 수

서 문

"왜 이 책인가, 어떻게 읽을 것인가"

정책은 많은데, 왜 작동하지 않는가

금융정책은 겉으로는 늘 체계적으로 보인다.
분야별로 정리된 전략과 수십 개의 추진 과제들, 정량 목표와 이행 일정.
〈금융위원회 업무계획〉, 〈금융감독원 업무계획〉을 펼쳐 보면,
어떤 면에서는 완벽해 보이기도 한다.

그런데도 우리는 늘 같은 질문으로 돌아온다.
"왜 정책은 이렇게 많은데, 실제로 체감되는 변화는 없을까?"
"왜 금융정책은 방향을 제시하고 있음에도, 현장은 늘 따로 움직일까?"

정책의 실패는 종종 실행력 부족으로 설명된다.
하지만 나는 이 책을 통해 말하고 싶다.
정책이 작동하지 않는 진짜 이유는 실행력 이전에, 설계력의 부재가 아닐까?

정책은 있는데, 구조와 전략이 없다.

정책 문서는 많다.
하지만 유기적이고 연결된 구조도, 명확한 방향성을 가진 전략도 보이지 않는다.

- 정책은 나열되어 있지만, 그 사이를 연결하는 접속 구조는 없다.
- 과제는 정리되어 있지만, 정작 중요한 무엇이 먼저이고 무엇이 더 중요한가는 보이지 않는다.
- 현장은 실험대지만, 실험설계는 없이 결과만을 요구한다.

이 책은 그래서 정책을 말하는 책이 아니다.
정책이 현장에서 작동하는 구조를 묻고 설계하는 책,
더 정확히 말하면, 금융이라는 복잡한 시스템을
전략적이면서도 직관적이고, 유기적으로 다시 설계해 보려는 시도이다.

정책은 문장이 아니라, 현장을 반영하는 설계도여야 한다.

이 책은 다섯 가지 전략을 중심으로 구성되어 있다.
그리고 각각의 전략은 개별 해법이 아니라,
서로를 전제로 작동하는 하나의 설계도이다.

- 제1전략: 시스템 리스크에 대응하는 금융시장 안정 전략
- 제2전략: 이해 가능한 책임 구조를 만드는 금융소비자 보호 및 금융신뢰 회복
- 제3전략: 산업과 사회를 연결하는 성장과 포용의 금융 전략
- 제4전략: 신뢰와 균형 위에서 다시 세워지는 디지털 금융 혁신 질서
- 제5전략: 금융의 작동 방식을 바꾸는 정책·감독체계의 개편

이 다섯 전략은 지금 우리가 직면한 현실,
즉, "불확실성은 늘었지만, 시스템은 그대로인 상태"에 대한 대응이자 제안이다.

정책을 연결하고 설계하는 책, 하나쯤은 있어야 하지 않을까?

나는 이 책을 통해
정책은 많지만 왜 제대로 작동하지 않는지,
금융은 복잡하지만 왜 신뢰받지 못하는지,
그 질문을 함께 풀어가고 싶다.

그리고 이 시대에,
"정책을 설명하는 책"이 아니라

“정책을 함께 설계하는 책”도 하나쯤은 필요하지 않을까 생각했다.

그래서 이 책은 질문으로 시작해,
구조로 설명하고,
전략으로 설계하며,
다시 질문으로 돌아간다.

금융은 단순히 돈의 문제가 아니라,
그 돈이 어디서, 어떻게, 누구에게로 움직이느냐의 문제다.
그래서 금융은 단순한 자금의 문제가 아니라,
그 흐름을 어떻게 설계하고 운영하느냐의 문제다.
누구에게 책임을 지고, 누구를 배제하지 않으며,
어떤 기회를 어떻게 설계할 것인가.
금융은 그 모든 질문에 답하는 사회적 설계의 언어이다.

이 책의 집필 과정에서는 GPT라는 언어 도구와 정말 많은 대화를 했다.
처음엔 자료를 정리하고 문장을 다듬는 데 그쳤지만,
시간이 지날수록 내 안의 흐트러진 사유들이
연결되고, 구조화되고, 정제되는 걸 경험했다.
그 과정을 통해 확신하게 되었다.
앞으로 GPT는 누가, 어떻게 활용하느냐에 따라,
사유의 깊이와 전략 설계의 가능성을 확장시키는 도구가 될 수 있다는 것을.

그리고
사람은 성장하면서 옷을 바꿔 입는다.
시대도 그렇다.

새로운 시대에는, 새로운 전략이 필요하다.

지금, 금융을 다시 설계할 때

부제: 성장과 포용의 시대, 금융이 가야 할 길

목 차

PART 1

왜 정책은 작동하지 않는가

- 작동하지 않는 정책,
그 원인은 설계와 구조에 있다

이 장(PART 1)은 본격적인 정책 전략을 소개하기에 앞서,
정책이 왜 작동하지 않는지를 구조적으로 성찰하는,
이 책의 서론이자 문제제기의 출발점이다.

> 우리는 매년 수많은 정책을 본다.
> 많은 계획이 발표되고, 제도들이 도입된다.
> 그런데, 반복되는 위기 앞에서 우리는 하나의 질문과 마주한다.
>
> "정책은 왜 현장에서 제대로 작동되지 않는가?"
>
> 그 이유는 정책이 현장에 닿도록 연결되어 있지 않기 때문이다.
> 정책을 설계하는 구조, 그 연결의 방식에 근본적인 문제가 있는 것이다.
>
> 전략을 말하기 전에, 우리는 먼저 다시 물어야 한다:
> 정책이란 무엇이며, 금융이란 어떤 구조로 작동하는가?
>
> 이 장(PART 1)은 전략을 풀어내기에 앞서,
> 정책이 작동하는 문법을 다시 짚어보는 출발점이다.

1 이 책이 묻는 첫 번째 질문

정책의 첫 문장은, 현장에서의 작동 가능성이다
우리는 종종, 경중과 선후의 구분 없이
단순히 구색 맞추기식으로 나열된 정책들을 마주한다.
보여주기식 기획, 백화점식 나열은 많지만,
실제로 작동하는 정책은 오히려 드물다.

금융정책은 단순한 제도의 나열이 돼서는 안 된다.
그것은 현실에서 의도한 대로 작동할 수 있는 조건을
어떻게 설계할 것인가에 대한 선택이며,
금융이 사회 속에서 어떻게 연결되고, 접속되고, 지속될 수 있을지를 묻는,
금융 설계의 방식에 대한 질문이다.

이 책은 다섯 개의 전략을 통해,
금융이 작동하도록 만드는 정책의 설계 구조를 다시 짚고자 한다.

하지만 그 전략을 이야기하기에 앞서,
우리는 먼저 한 걸음 물러나 이런 질문을 던져야 한다:

> "금융이란 무엇인가?" 그리고 "금융정책이란 무엇인가?"
> "왜 그것은 유기적으로 연결된 구조여야 하는가?"
> "그리고 그 구조가 의도한 대로 작동하지 않으면, 사회는 어떻게 흔들리는가?"
> "우리는 과연 어떤 사회를 만들고 싶은가"

이제 금융의 기능과 구조,
그리고 실패의 징후를 따라가며,
정책이 설계되어야 할 기본 원칙과 작동의 문법을 다시 짚어보자.

2 금융의 작동 원리를 다시 묻다
- 금융, 삶을 설계하는 보이지 않는 인프라

금융은 단지 돈을 빌려주는 기능이 아니다.
삶의 궤적과 기회의 분기점에 서 있는 사회적 설계자이자,
공동체를 떠받치는 인프라다.

같은 동네, 같은 카페.
똑같이 대출을 받아 가게를 열었지만,
한 곳은 다시 일어섰고,
다른 곳은 문을 닫고 나서 몇 번의 시도조차 허락받지 못했다.
누구는 '기회'였고, 누구는 '끝'이었다. 무엇이 그 갈림길이었을까.

같은 사고, 같은 고통.
한 사람은 보험금으로 병원비 걱정 없이 회복했고,
다른 사람은 이전의 가입 거절 이력 때문에 치료비조차 막막했다.
재난을 견딘 건 운이 아니라, 보험의 설계였는지도 모른다.

이것은 개인의 운명만을 말하는 이야기가 아니다.
우리가 어떤 금융 시스템 안에서 살아가고 있는지를 보여주는 구조의 단면이다.

금융은 어떻게 사회를 설계하는가

금융은 단순히 돈이 흐르는 시장이 아니다.
금융은 한 사회가 위험을 어떻게 나누고,
기회를 누구에게 설계할 것인지 결정하는 제도다.

은행과 증권, 보험과 정책자금, 플랫폼과 알고리즘-
이들은 겉으로는 서로 다른 이름을 가졌지만,

이들은 모두 사회가 신뢰로 작동하도록 만드는 연결망이다.

우리는 이 연결망을 통해 투자하고, 대출받고, 사고에 대비하며, 미래를 설계한다.
금융은 보이지 않지만, 모든 것을 가능하게 하는 인프라다.
돈이 흐르는 시장을 넘어, 사회의 가능성이 설계되는 기반이다.
시장과 기업, 가계와 국가는 이 인프라 위에서 움직인다.
그리고 그 인프라가 고장났을 때, 사회 전체가 흔들린다.

금융의 기능을 구조로 읽다

금융은 도시의 배관망과도 같다.

- 자금은 물처럼 흘러야 하고,
- 위험은 역류하지 않도록 차단되어야 하며,
- 신호는 계기판처럼 작동해야 하며,
- 모든 연결은 보이지 않지만 탄탄해야 한다.

그중 하나라도 막히면, 도시 전체가 위험해진다.
금융도 그렇다. '보이지 않는 연결'이 끊기면, 사회는 멈춘다.

교과서 속 금융과 현실 사이

금융의 기능은 교과서적으로 이렇게 요약된다.

① 자금의 효율적 배분 - 자본이 머무를 곳이 아니라, 흐를 곳을 찾게 한다
② 위험의 분산 - 불확실성을 흡수하고 대비하는 구조를 만든다
③ 가격·신호체계 - 금리, 신용, 유동성을 통해 선택을 유도한다
④ 거래 촉진 - 결제, 담보, 보험 등을 통해 경제활동의 기반을 설계한다

그러나 이 모든 기능은 단 하나의 전제 위에서만 작동한다.
바로 신뢰다.
금융이 구조라는 말은,
그 흐름이 설계된 방식 그대로 작동하지 않으면,
그 충격이 사회 전체에 전달된다는 뜻이다.
그리고 신뢰가 무너지는 순간, 그 구조도 함께 무너진다.

▨ 금융이 작동하지 않을 때 나타나는 징후들

금융의 기능이 아무리 이상적으로 설계되었더라도,
실제 사회 안에서 작동하지 않는다면, 그것은 어디까지나 이론일 뿐이다.
아래 표는, 금융이 제 기능을 하지 못했을 때 드러난 현실의 단면이다.

금융의 기능	작동 실패 시 나타나는 사회적 징후
자금의 배분	신용이 필요한 기업·사람에게 자금이 닿지 않음 (첨단산업·벤처기업·청년·창업자·지역경제)
위험의 분산	금융사고가 전체 시스템 위기로 확산됨(예: 서브프라임 위기) 개별 상품의 구조 실패가 소비자 피해로 이어짐(KIKO, DLF, ELS)
가격·신호	왜곡된 금리/신용평가가 잘못된 선택을 유도
거래 촉진	디지털 격차로 접근성 단절, 특정 계층만 거래 가능

금융의 실패는 단지 제도의 문제가 아니라,
사회적 배제와 불균형을 확산시키고, 위기를 증폭시키는 구조적 리스크다.
이러한 리스크를 최소화하는 것, 그것이 금융 재설계의 궁극적 목적이다.

▨ 금융이 작동하지 않았을 때의 장면들

- 2008년 금융위기: “위험은 분산된 줄 알았지만, 물밑으로 연결돼 있었다.”

- 2019년 DLF 사태: "설명은 있었지만, 소비자의 이해는 없었다."
- 2023년 ELT 사태: "설명은 불충분했고, 판단은 부실했다. 신뢰는 그 사이에서 무너졌다."

이 모든 사건의 공통점은 단 하나다.
금융은 움직이고 있었지만,
위험은 감지되지 않았고, 통제되지 않았으며,
신뢰는 구조 속에 설계돼 있지 않았다.

금융이 내 삶을 결정하는 방식

금융은 단지 기업과 시장의 영역이 아니다.

- 그것은 내가 집을 살 수 있을지를,
- 자녀의 학자금 대출이 가능한지를,
- 노후의 삶이 얼마나 안전할지를 결정한다.

누군가에겐 신용카드 한 장, 누군가에겐 정책대출 한 줄이
삶의 궤적을 바꾸는, 작지만 결정적인 계기가 된다.

그래서 금융은 가능하다면 최대한
소득에 따라 사람을 나누는 구조가 아니라,
누구에게나 기회를 열어주는 인프라로 설계되어야 한다.

금융정책은 무엇을 설계해야 하는가

그렇다면 금융정책은 단지 법령을 고치고 제도를 만드는 일이 아니다.
신뢰를 구조 깊숙이 설계하고, 실패 이후를 다시 연결하며,

다시 시작할 수 있는 사다리를 복원하는 일이다.

정책은 현장에서 작동해야 한다.
규제는 무엇을 왜 규제하는지를 설명할 수 있어야 한다.
감독은 투명하고, 일관되며, 예측 가능해야 한다.

지금, 우리가 다시 설계해야 할 금융의 문법

이 책이 말하는 '금융을 다시 설계한다'는 말은,
제대로 작동하지 않았던 금융의 구조와 원리를 다시 짚고,
새롭게 설계하자는 것이다.

이 책이 말하는 '금융정책'은 단순한 규정이나 의지의 표현이 아니라,
작동 가능성의 문법을 다시 쓰고,
금융의 구조 속에 혁신과 신뢰를 설계하는 일이다.

> "정책은 문장이 아니라, 그것이 사회에 도달하고 작동하게 만드는 설계의 언어다. 정책의 문법이란, 그것이 사회 속에서 어떻게 접속되고, 책임을 지고, 실제로 작동하는가를 규정하는 설계 방식이다."

마무리

정책은 말로 시작되지만,
신뢰는 실천 가능한 설계에서 시작된다.

우리는 이제, 그 구조를 다시 설계하려 한다.
더는 작동하지 않는 시스템을 붙잡는 것이 아니라,
다시 작동할 수 있는 연결을 고민할 시간이다.

❓ 이 챕터를 마치며 던지는 질문들

- 금융은 왜 우리 사회의 신뢰 인프라인가?
- 정책이 있다는 것과 정책이 작동한다는 것은 무엇이 다른가?
- 우리가 각자 경험한 금융의 문턱은 어디에 있었는가?
- 한 번의 실패 이후, 다시 시작할 수 있도록 금융은 준비되어 있는가?
- 신뢰할 수 없는 구조 안에서, 우리는 어떻게 결정을 내려왔는가?
- 우리는 어떤 금융을 통해, 어떤 사회를 만들고 싶은가?

3 5가지 전략을 어떻게 구조로 읽을 것인가

'정책 보고서'의 깊이
'대중서'의 언어

이 책은 기존의 금융정책 해설서나 제도 중심 소개서와는 명확히 구별된다.
단순한 제도 나열이 아니라, 금융정책을 전략적으로 다시 설계하려는 제안이며,
복잡한 금융과 정책 구조를 이야기하듯 풀어낸,
하나의 전략적 정책 서사를 지향한다.

이 책은 세 가지 방식으로 읽을 수 있으며,
이러한 구성은 저자가 전달하고자 한 정책적 문제의식과 설계 의도를
독자가 점진적으로 이해할 수 있도록 설계된 독서 흐름이기도 하다.
독자들은 이 세 가지 읽기 방식을 따라가며 읽다 보면,
처음에는 다소 막연하게 느껴졌던 저자의 의도와 목적이
보다 명확하게 다가올 수 있을 것이다.

① 정책의 흐름으로 읽기 - 5대 전략 프레임 중심

책은 다음의 5가지 전략축을 중심으로 구성되어 있다.

각 파트(전략)는 다음과 같은 흐름으로 짜여 있다:

① 서사적 도입: 왜 지금 이 전략이 필요한가
② 전략 구조 해설: 어떤 축으로 설계되어 있는가
③ 핵심 정책과제: 실제 정책 흐름과 설계 방향
④ 사례·비유·프레임 전환: 현장의 감각과 구조적 통찰
⑤ 질문 유도형 결말: 독자에게 다시 설계를 묻는 질문

→ 정책 실무자, 연구자, 전문가 독자는 전체 전략의 구조적 흐름을 따라가며 읽을 수 있다.

② 사례 중심으로 읽기 - "정책이 놓친 장면들"

각 전략 말미(Ⅳ. 현장 진단과 전략적 통찰)에는
실제 정책의 사각지대와 실패 사례,
제도적 단절을 보여주는 《정책이 놓친 장면들》이 담겨 있다.

→ 언론인, 대학원생, 일반인 독자는 이 장면들을 통해 문제의식을 직관적으로 접하고, 정책 언어로 재구성하는 관점을 익힐 수 있다.

③ 저자의 메모 - 정책의 언어로 생각하다

또한, 이 책의 각 전략 말미(Ⅳ. 현장 진단과 전략적 통찰)에는,
저자가 덧붙이는 「정책적 메모」가 함께 실려 있다.

여기에는 단지 개념적 논의나 현장 사례를 넘어,
저자가 관료, 변호사, 은행 임원으로서
실무와 연구의 경계에서 집요하게, 오랜 시간 고민해온
구체적인 정책 대안과 해석이 담겨 있다.

본문이 정책의 구조적 흐름을 보여주고,
《정책이 놓친 장면들》이 그 흐름의 단절과 이면을 비춘다면,
《저자의 메모》는 그 단절을 어떻게 다시 설계할 것인가에 대한
저자의 구체적인 응답이라 할 수 있다.

물론, 이 응답이 유일한 정답이 아니라는 점 또한 전제되어야 한다.
정책은 늘 여러 시선 위에서 토론되고, 그 과정에서 진화해 가는 것이기 때문이다.

정책 담당자에게는
'이런 시선도 있을 수 있다'는 문제 재정의의 단초가 되기를 바라고,
언론인이나 금융 연구자에게는
정책 대안을 구성하는 하나의 참고점이 되기를 기대한다.

각 메모는 전략의 이슈별로 구성되며,
다음과 같은 성격을 가진다:

- 프레임 전환: 익숙한 문제를 다르게 바라보는 시선
- 정책 언어의 재구성: 개조식이 아닌 설명 가능한 정책 문장
- 대안 설계 제안: 구조적·제도적 방향을 좀 더 새로운 시각으로 제시

결국, 이 책은 전문성과 대중성 사이의 다리를 놓고자 한다.

전문가에게는 통찰의 언어로,
일반 독자에게는 정책의 언어를 익히는 도구로
설계되어 있다.

필요한 부분부터 펼쳐도 좋고,
처음부터 끝까지 하나의 이야기처럼 따라가도 좋다.

금융을 다시 설계하는 여정,
이제 함께 시작한다.

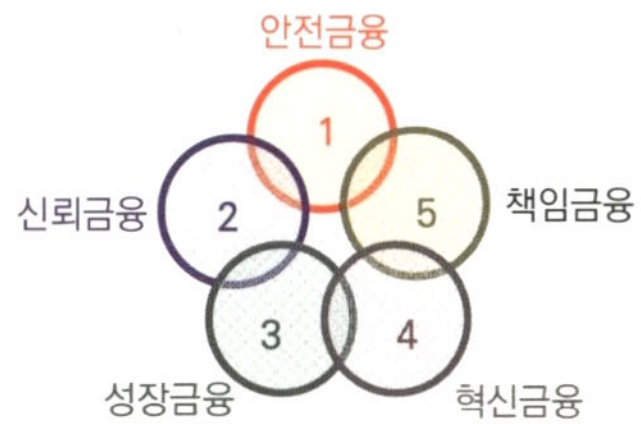

대한민국 금융의 재설계 전략

1. "위기 전이의 고리를 끊고 복원력을 설계하라"
2. "신뢰가 없는 금융은 작동하지 않는다"
3. "미래를 키우고 실패를 회복하고 누구도 배제되지 않도록"
4. "디지털의 속도를 아날로그 제도가 따라가지 못한다"
5. "정책이 낡으면, 금융도 제자리에 머문다"

전략	목표	과제	내용
제1전략 "시장안정"	금융시장 안정 및 리스크 관리	① 리스크 감지체계 정비	금융시장 눈과 신경망을 재정비
		② 가계·기업부채 고리 차단	신용위기 전이 경로의 분절화
		③ PF 취약 구조 개편	법제도적 공백 해소, 리스크 감당주체 전환
		④ 시스템적 복원력 설계	연쇄 전이 차단, 회복가능한 시스템 설계
제2전략 "금융신뢰"	금융소비자 보호 및 금융신뢰 회복	⑤ 고객이해 기반 판매 질서	판매 이전, 실질적 이해 중심 상품 설계
		⑥ 금융시장 신뢰질서 복원	불법·불공정 행위 근절 위한 실질 규율 체계
		⑦ ESG 사회적책임의 설계	금융의 외연, 사회와의 관계 복원(상생과 신뢰)
제3전략 "성장·포용"	성장과 회복을 설계하는 금융	⑧ 정책금융 리디자인	미래의 가능성에 자금이 도달하도록 설계
		⑨ 회생시장 재설계	실패를 회복으로 전환하는 구조
		⑩ 포용금융 강화	금융 문턱을 낮추는 포용금융 시스템 설계
		⑪ K-금융 글로벌화	글로벌 진출 적극 지원 + 금융허브 실질화
제4전략 "디지털혁신"	AI 디지털 전환기, 금융혁신구조 재설계	⑫ 디지털금융 혁신 가속화	AI, 데이터 기반 금융 확장과 혁신
		⑬ 디지털시대, 제도 재설계	경계 없는 경쟁구조, 기능 중심 감독 체계
		⑭ 금융시장 구조의 혁신	자본시장 - 깊이와 신뢰의 재설계
		⑮ 금융산업 규제의 재설계	디지털 전환에 따른 아날로그 규제 재설계
제5전략 "행정인프라"	정책이 작동하는 행정인프라 재설계	⑯ 금융행정 인프라 재설계	정책-감독의 분화, 연성형(soft) 쌍봉 모델
		⑰ 기능중심 디지털 감독 체계	업권 중심에서 기능 중심으로 전환
		⑱ 금융행정의 책임성과 투명성	유권해석·비조치의견 등 행정절차 투명화
		⑲ 민간참여형 규제혁신	민간 의견 수렴 체계 강화 및 행정 참여
		⑳ 감독제재 투명성·공정성	강한 제재 보다 예측가능하고 투명한 제재

"불확실성은 피할 수 없지만, 준비된 구조는 설계할 수 있다"

"금융은 신뢰없이는, 단하루도 작동하지 않는다"

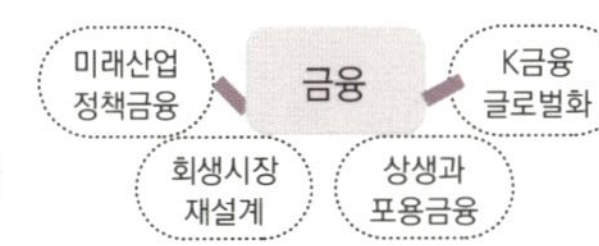

"금융이 닿지 않으면 회복도 없다"

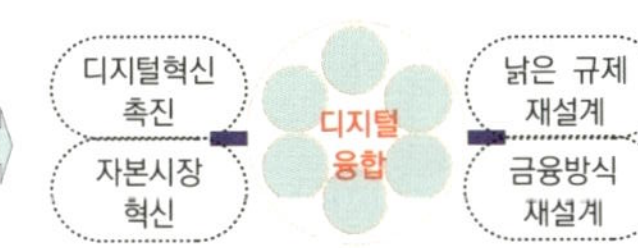

"디지털의 속도를, 낡은 규제로는 따라 잡을 수 없다"

"낡은 틀이 바뀌지 않으면, 어떤 전략도 제대로 작동하지 않는다.

PART 2

작동하는 정책을 위한 설계

- 다섯 개의 실행 전략

전략의 시작

정책이 작동하려면, 연결의 방식을 바꿔야 한다

금융정책은 종종 '규제'로, 때로는 '지원'으로 작동한다.
그러나 그것이 실제로 사회 안에서, 특히 현장 속에서 작동하지 않는다면,
그 정책은 있는 듯하지만 실은 없는 것이나 다름없다.

이 책은 '정책이 작동하도록 만드는 설계'를 중심에 둔다.
다섯 개의 전략은 금융의 다른 국면을 말하고 있지만,
결국 하나의 구조 위에서 움직인다.

제1전략은 시스템의 복원력,
제2전략은 금융신뢰의 회복과 소비자 보호,
제3전략은 자금의 방향성과 사회적 기회의 확장,
제4전략은 기술 혁신의 변화 속 질서와 경쟁 구조의 재정립,
제5전략은 이 모든 전략이 실제로 작동하는 운영 체계의 재설계다.

지금부터 우리는 이 다섯 개 전략을 기준으로
금융정책의 방향을 하나씩 점검하고, 새롭게 정리해 보려 한다.

그리고 그 첫 문은,
금융의 기초체력과 복원력을 다시 세우는 전략이다.
복원력 없는 정책은 지속가능하지 않다.

5대 금융전략 한눈에 보기

전략명	핵심 키워드	정책 목표	설계 흐름	대표 정책 과제
제 1 전략 금융시장 안정 및 리스크 관리	감지 ➔차단 ➔개입 ➔복원	금융시장의 복원력 확보	조기 감지 ➔전이 차단 ➔고위험 구조 개편 ➔시스템 복원	◆ 실시간 리스크 감지 대시보드 ◆ 복합위기 대응 시나리오 시스템 ◆ AI 기반 조기경보 체계
제 2 전략 금융신뢰 회복과 소비자 중심 구조 설계	보호(개인) ➔질서(시장) ➔확장(사회)	금융의 신뢰 회복과 소비자 중심 설계	상품 설계 책임 강화 ➔불법·불공정 행위 대응 ➔사회적 금융의 확장	◆ 금융상품 설계 단계부터 신뢰 책임 ◆ 신뢰 훼손 행위의 감시·제재 및 질서 회복 ◆ 사회적 금융의 구조화
제 3 전략 성장과 회복을 설계하는 금융 전략	산업 성장 기반 조성 ➔실패 복구 ➔포용 확대 ➔**K-금융**	실물경제와 금융의 연결 회복	정책금융 재설계 ➔회생 구조화 ➔배제 방지 ➔K-금융 글로벌화	◆ 미래산업·벤처 중심 정책금융 리디자인 ◆ 회생시장 재설계 ◆ 포용금융 전달 시스템 ◆ K-금융의 글로벌 확장
제 4 전략 AI·디지털 시대, 금융혁신 구조의 재설계	기술 혁신 ➔제도 혁신 ➔시장 혁신 ➔산업 혁신	금융 디지털 혁신의 제도화와 구조화	디지털 서비스 혁신 ➔규율 개혁 ➔시장 인프라 확장 ➔산업·규제 프레임 전환	◆ AI 기반 신뢰금융 ◆ 플랫폼에 대한 공정·투명한 규율 ◆ 자본시장 다층화·효율화·선진화 ◆ 아날로그 시대의 레거시 규제 재설계
제 5 전략 정책이 작동하는 행정인프라 재설계 전략	행정기능 분화 ➔규율 정비 ➔책임 강화 ➔**민관 참여** ➔**투명**·공정성	정책의 작동성과 지속가능성 확보	금융행정 프레임 재설계 ➔기능 중심 규율 ➔설명하는 행정 ➔민간참여 ➔공정·투명한 감독·제재	◆ 행정구조 재설계 (금융혁신부, 쌍봉형 감독) ◆ 기능 중심 감독체계로의 전환 ◆ 금융당국의 책임성과 투명성 확보 ◆ 민관 참여형 규제혁신 거버넌스 ◆ 예측가능한 제재와 신뢰받는 규율 체계

제1전략

금융시장 안정 및 리스크 관리

"위기 전이의 고리를 끊고, 시스템을 복원 가능한 구조로 전환하는 전략"

I 제1전략의 문을 열며

왜 이 전략인가?:

위기는 하나의 사건이 아니라, 구조적 한계의 축적에서 비롯된다.
한국 금융은 지금, 서로 얽힌 도화선 위에 서 있는 구조적 위기의 한복판에 있다.
고금리와 고물가, 외국인 자본 이탈 가능성, 부동산 PF, 기업 신용위험,
그리고 트럼프 행정부의 보호무역 강화로 인한 수출 불확실성까지 -
이 중 어느 하나도 독립적이지 않고, 서로 연결돼 있다.

위기는 예고 없이 터지지만, 그 전조는 언제나 존재했다.
정책이 할 일은 그 징후를 얼마나 빨리 감지하고, 확산을 어떻게 차단할 것인가다.

이를 위해 필요한 것은,
위기의 발생 감지, 전이 차단, 시스템 복원이라는 전 과정을
실제로 작동할 수 있는 구조로 설계하는 일이다.

전략의 흐름과 설계도:

감지 → 차단 → 개입 → 복원	위기의 흐름에 대응하는 전략

제1전략은 금융정책의 출발점이자,
나머지 네 개 전략이 작동하기 위해 반드시 필요한 기반 전략이다.
시장 안정은 모든 금융정책이 작동할 수 있는 전제 조건이다.

제1전략의 하위전략 간 연결 구조는 다음과 같다.

1.1 위기를 감지하는 눈, 정책의 센서부터 다시 만든다

➜시장 안정을 위해 가장 먼저 작동해야 할 기본 전략

➜제1전략의 나머지 모든 대응은 이 감지 체계가 전제되어야 작동함

1.2 부실이 옮겨 다니지 않도록, 취약한 연결 고리를 차단

➜감지된 위기가 전이되지 않도록, 구조적으로 차단하는 전략

➜1.1 전략이 '발견'한 위협을 1.2 전략을 통해 '저지'

1.3 부동산 PF 리스크 등 집중 리스크 대응 및 제도 개선

➜1.2의 '위험 전이' 중에서도 핵심 고위험 지점(PF)에 대한 정밀 개입 전략

➜일종의 외과적 수술 단계

1.4 무너질 수 있는 시장, 그러나 무너지지 않는 시스템

➜설령 전이와 충격이 발생하더라도, 무너지지 않도록 시스템을 설계하는 마지막 방어선

제1전략 요약: "복원력을 설계하라"

하위전략	핵심 개념	정책 방향
1.1 감지 체계 정비	위기의 '전조'를 조기에 포착·대응 (금융시장의 눈과 신경망)	실시간 리스크 센서 + 이상 징후 감지 알고리즘
1.2 부채 고리 차단	신용위기의 전이 통로를 구조적으로 분절	다중채무자 기반 전이경로 분석 + 선제 분절 개입 설계
1.3 PF 구조 개편	특정 고위험 구조(PF)를 제도적 개입으로 관리	PF를 제도가 흡수·관리하는 구조로 전환 (구조조정 + 정보공시 강화)
1.4 시스템적 복원력 확보	연쇄 전이에 대응할 수 있는 구조 설계(SIFI[1] 관리, 유동성 루트 등)	위기 발생 시 작동하는 자동 대응 시스템 + 유동성 루트 다변화

하나씩 살펴보자.

1) SIFI(Systemically Important Financial Institution): 시스템적으로 중요한 금융기관, 즉, 부실 시 전체 금융시스템에 영향을 미칠 수 있는 금융회사.

Ⅱ 제1전략은 이렇게 작동한다

1.1 위기를 감지하는 눈, 정책의 센서부터 다시 만든다

"금융정책의 눈과 신경망을 다시 설계하는 전략"

✔ 전략의 첫 장면

시장은 먼저 반응하고, 정책은 그다음에 움직인다.
그러나 지금은, 시장보다 빠른 정책이 필요하다.
위기의 조짐은 숫자보다 먼저 흐른다.
데이터는 '징후'를 말하고 있지만, 제도는 '과거'를 해석하고 있다.

금융시장은 단 한 마디의 금리 발언, 한 줄의 데이터,
한순간의 위기에도 요동친다.
2020년 팬데믹 당시의 글로벌 유동성 쇼크,
2022년 영국 국채시장 급등 사태,
2023년 미국 지역은행의 연쇄 파산까지[2]–
위기는 늘 예고 없이 찾아왔고,
그때마다 금융의 구조와 정책의 속도가 시험대에 올랐다.
이 모든 충격은 '국내 사건'이 아니었지만,
국내 금융시장에는 즉각적인 충격과 연쇄 반응을 일으켰다.

그런데 지금의 리스크 관리 체계는

- 서로 다른 기관의 데이터 해석,
- 대응 속도는 어긋나며,
- '경보 체계'는 여전히 느리다.

하나의 시장을 보면서도, 서로 다른 위기를 이야기하는 구조다.

---

2) 2023년 3월 SVB 파산 직후, 코스피는 하루 만에 2.56% 하락했고 코스닥은 3.91% 급락했다. 주요 금융주 역시 3~5%대 낙폭을 기록했으며, 원/달러 환율은 1,311원을 넘기며 외환시장도 흔들렸다. 출처: 한겨레(2023.3.14), 연합뉴스(2023.3.14)

이러한 단절은 실제 시장에서도 반복되었다.
2022년 '레고랜드 사태'는 강원도의 PF 보증 철회라는 하나의 발언이 단 하루 만에 단기자금시장 전체를 경색시킨 사례였다.3)

필요한 건 '작동하는 감지 체계'다. 다음 네 가지 설계가 보강되어야 한다:

① 감지 단계 – '숫자 이전에 흐르는 징후'를 포착하는 실시간 센서 설계

→"정책은 더 이상 뉴스를 보고 움직여선 안 된다."

금융시장의 위기는 늘 수치로 드러나기 전, 그 '전조(前兆)'부터 시작된다.
환율이 출렁이고, CDS 프리미엄이 튀고, 단기자금시장(MMF)의 환매가 갑자기 몰리는 것.
이런 작은 파문들이 쌓여 어느 순간 시장 전체로 전이되기 전에, 우리는 그 흐름을 읽을 수 있어야 한다.

하지만 지금의 정책 대응 구조는, 여전히 '사건 이후'에 반응하는 방식이다.
언론이 보도한 후 움직이고, 수치가 크게 바뀐 다음에 논의가 시작된다.
문제는 그 시점엔 이미 시장이 반응하고 있다는 점이다.

이제 필요한 건,
뉴스보다 먼저 감지하고, 보고보다 먼저 작동하는 실시간 감시 시스템이다.
위기가 폭발하는 것이 아니라, 스며드는 것이라면,
우리는 그 스며드는 움직임을 포착해야 한다.

이를 위해 다음과 같은 실질적인 감지 시스템의 설계가 필요하다:

- 글로벌 금리, 유가, 환율 등 주요 변수를 실시간으로 보여주는 리스크 대시보드

---

3) 2022년 '레고랜드 사태'는 지방정부 보증에 대한 신뢰를 무너뜨리며, 단기자금시장을 순식간에 경색시켰다. 정부가 '50조+α' 유동성 대책을 긴급 가동할 만큼, 시장은 본질적 유동성 위기에 직면했다. 출처: 주간경향(2022.11.04), 한겨레(2022.10.23)

➔단순 수치 집계가 아니라, 변동성과 이상치 탐지 기능을 포함한 '실시간 경고 체계'로 설계

- AI 기반의 이상 징후 탐지 알고리즘

➔과거 위기 데이터를 학습한 인공지능이, 지금의 데이터 흐름 속에서 비정상적인 '패턴 변화'를 포착하도록 함

➔예: 갑작스런 외화 유출, 특정 채권군 급락, 원화 약세-달러 강세의 변칙 조합

- 한국은행-금융위-금감원 간의 데이터 통합 플랫폼 구축

➔지금은 기관별 시스템이 따로 돌아가고 있어, 서로 다른 화면을 보고 판단하는 구조

➔이제는 같은 상황판을 보며 판단을 공유해야 한다.

- CDS 프리미엄, 외환·금리 시장의 실시간 변동률, MMF 환매율 등 사전 징후 지표를 정책 '트리거'로 사전에 지정해 두고, 일정 기준 이상 변화 시 자동 경보 발생

● 2023년 SVB 파산 직후 CDS 프리미엄 상승과 환율 급등 등 시장 지표는 빠르게 반응했으나, 국내 정책당국의 공식 대응 메시지는 일정 시차를 두고 나왔다.

---

② 판단 단계 – '하나의 시장, 다른 해석'을 막는 공동 판단 루프 설계

➔"데이터는 있어도, 판단이 다르면 대응은 늦는다."

감지가 빨라도, 판단이 제각각이면 대응은 늦어진다.
지금의 금융당국 체계는 한국은행, 금융위원회, 금융감독원이 분리되어 있고,
정보는 공유하더라도 '해석'은 다르게 하는 경우가 많다.

금융시장의 신호는 늘 중의적이다.
환율 상승이 일시적일 수도 있고, 위기의 전조일 수도 있다.
그런데 기관마다 판단이 다르면, 서로 다른 조치를 취하게 되고

정책 대응은 엇박자에 빠지게 된다.

특이 복합위기 상황에서는
단일한 정보보다 일관된 해석과 동시적인 판단이 무엇보다 중요하다.

이를 위해 필요한 구조는 다음과 같다:

- '공동판단 회의체'의 상시 운영체계
  ➜핵심 지표의 이상 움직임이 나타날 경우, 자동으로 소집
  ➜한은, 금융위, 금감원 등 정책기관이 같은 상황판을 보고 판단하도록 구조화
- 판단-전달-조치 간 연결 루프 구축
  ➜정보를 공유하는 데서 끝나는 것이 아니라,
  ➜공통된 해석과 정책결정으로 즉시 이어지는 절차적 연계가 필요
- 과거 판단 불일치 사례의 재점검 및 기준 마련
  ➜해석이 엇갈렸던 위기 사례를 정리하고,
  ➜'어떤 조합의 신호가 나타날 때 어떻게 판단한다'를 매뉴얼화할 필요
- 복합위기 시뮬레이션 및 해석 훈련 도입
  ➜외환·신용·자금시장 위기가 동시에 발생할 경우 등
  ➜복합상황에 대한 판단력과 대응력을 사전 점검

● 2022년 레고랜드 사태 당시, 강원도 발언➜CP 시장 급경색➜정책 공백 위기 발생 전 CDS 프리미엄과 MMF 환매율이 이상 징후를 보였지만, 이를 시장 전반의 위기로 해석하고 조기에 조치한 체계적 대응은 부재했다.➜단기 충격이 시스템 위기로 확산되기 전에, 해석과 판단이 선제적으로 공유되는 구조가 필요하다.

---

③ 대응 단계 – '지표가 반응하면 자동 작동'하는 트리거 기반 대응 설계

➜"대응은 판단 이후가 아니라, 징후 발생과 동시에 작동해야 한다."

금융위기의 속도는 빠르다.
위기가 닥치면 하루 만에 자금이 빠지고, 몇 시간 사이에 환율이 요동친다.

이런 순간에 '보고 ➜ 회의 ➜ 지시'라는 기존 절차를 밟다 보면 시장은 이미 반응해 버린 뒤다.

우리는 위기의 속도를 따라잡을 수 없다.
대신 그 전에 미리 설계된 트리거(trigger) 체계로
위기 발생과 동시에 대응이 '자동 작동'하게 만들어야 한다.

이 구조에서는 판단과 실행 사이의 시간을 없애는 것이 핵심이다.
즉, 사전에 정의된 '징후 조합'이 감지되면,
각 기관의 역할도 정해진 매뉴얼에 따라 즉시 작동하는 방식이다.

이를 위한 실행 구조는 다음과 같다:

- 사전 트리거 기준 설정 및 자동화 체계 구축
  - ➜예: CDS 프리미엄, 환율, 단기자금시장(MMF) 환매율 등 주요 경고 지표 중 3개 이상이 기준치를 초과할 경우, 시장 안정 조치가 자동 발동되도록 설계
- 기관별 역할의 사전 분담과 즉시 대응 프로토콜 마련
  - ➜한국은행: 유동성 공급 루트 가동
  - ➜금융위원회: 규제 유연화 조치의 자동 발동 기준 마련
  - ➜금융감독원: 시장 상황 모니터링 및 정보 공유 체계 운영
- 보고·협의·지시 없이, 매뉴얼에 따라 자동 실행
  - ➜위기 상황에서 인간의 판단은 늦을 수 있다
  - ➜따라서 빠른 대응은 '즉흥적 판단'이 아니라, 미리 정의된 시나리오에 따라 움직이는 구조여야 한다.

BOX | 왜 자동 트리거가 필요한가?

위기의 순간, '보고-회의-지시'는 이미 늦다. 트리거 기반 자동 대응 시스템은 '판단 이후의 실행'이 아니라, '징후 발생과 동시에 작동하는 정책'이다. 자동화된 대응은 빠른 결정보다, 미리 설계된 판단이 움직이는 구조다.

왜 위기를 먼저 감지해야 하는가?

금융시장은 빠르고, 연결되어 있다.
중요한 건 '기억하는 정책'이 아니라, '감지하고 반응하는 시스템'이다.

그리고 그 시스템은,
단순한 '경보'로는 충분하지 않다.
위기의 흐름을 상정하고, 각 단계마다 무엇이 작동해야 하는지를
사전에 설계해 두는 '정책 시나리오' 방식의 대응 매뉴얼이 필요하다.

'시나리오 대응'이란,
과거를 재현하는 분석이 아니라
예측 가능한 위기 경로를 미리 구조화해,
정책의 실행 속도를 앞당기는 설계 방식이다.

예컨대,
환율이 급등하고, CDS 프리미엄이 동시에 상승하며, MMF 환매율이 급락하는
사전에 설정된 '복합 징후'가 나타날 경우,
금융당국은 판단을 거치지 않고,
시장 안정 조치를 즉시 작동하도록 설계돼 있어야 한다.
그것이 트리거 기반의 자동 대응 시스템이며,
이 구조를 가능하게 하는 것이 바로 '준비된 시나리오'다.

그러나 시나리오는 결코 완벽할 수 없다.
중요한 건 시나리오를 단발성 문서로 두는 것이 아니라,
시장 상황에 따라 끊임없이 업데이트되고 시뮬레이션 되는
'살아 있는 대응 구조'로 관리하는 것이다.
이를 위해선 정기적인 스트레스 테스트와 시나리오 기반 훈련,

그리고 기관 간 대응 리허설을 실제 시스템처럼 반복하고 다듬는 구조가 필요하다.

1.1 전략 한눈에 보기

"시장은 언제든 흔들릴 수 있다.
그러나 시스템은 그 흔들림을 견딜 수 있도록 설계되어야 한다."

구분	내용
전략의 목적	금융위기를 감지하고, 판단하고, 자동으로 대응하는 '시나리오형 위기대응 시스템'을 설계
핵심 문장	"시장은 빠르다. 정책은 더 빨라야 한다."
위기 구조	해외 발 위기 전이 ➜ 국내 금리·환율·유동성 이상 ➜ 자산시장 급변
정책 핵심 과제	1 실시간 리스크 대시보드 2 위기 공동판단 체계 3 시나리오 대응 프로토콜 4 AI 기반 감지 시스템
정책 설계 원리	데이터 중심 - 판단 루프 설계 - 자동 트리거 시스템
핵심 메시지	"위기가 터지고 나서야 움직인다면 이미 늦다. 조짐이 보일 때부터 움직이는 정책이 필요하다."

1.2 부실이 옮겨 다니지 않도록, 연결 고리를 차단

"부실이 금융 전체로 전이되지 않도록 끊는 고리"

위기의 두 번째 경로

신용위기는 한 지점에서 시작되지만, 여러 고리를 타고 금융 전체를 흔든다.

한국의 부채는 '개인만의 문제'가 아니다.
가계의 빚은 소비를 줄이고,
기업의 채무는 고용을 멈추며,
금융은 이 연결의 중심에서 흔들린다.

그런데 지금의 정책은
여전히 각자의 부채만 따로 바라보는 것은 아닐까?
이제는, 이 부채들이 어떻게 연결되어 위기로 증폭되는지를 설계 관점에서 들여다봐야 한다.
'연결의 고리를 차단하는 구조',
이제는 그 구조적 관점이 정책 설계의 전면에 나와야 할 때다.

한국의 가계와 기업은 모두 빚에 의존해 생존하고 있다.
2023년 말 기준, 가계부채는 약 1,870조 원으로[4)]
기준연도 개편 이후 GDP 대비 약 91.7% 수준으로 하락하였다.
기업부채는 약 2,734조 원으로, GDP 대비 약 122.3% 수준이다.[5)]
이 수치는 단순한 경제지표가 아니라,
금융 시스템 위기의 전이 경로를 그리는 지도다.

문제는 '높다'는 사실 그 자체보다, 어디에서 먼저 무너지느냐에 따라
위기가 전혀 다른 방식으로 확산된다는 점이다.
가계 부실 ➜ 소비 위축 ➜ 실물 침체
➜ 중소기업 연쇄 타격 ➜ 금융회사 자산 건전성 악화…
이 연쇄 반응의 고리를 끊지 못하면, 정책은 언제나 사후 대응밖에 할 수 없다.

4) 가계부채/GDP 비율(%) : ('21)98.7 ➜ ('22)97.3 ➜ ('23)93.6 ➜ ('24.2Q)91.1(3년 연속 하향 안정)
5) 한국은행, 「우리나라 기업부채 현황 및 시사점」, 이슈노트 제2024-12호, 2024.4.10.

우리는 이미 그 조짐들을 경험해 왔다.
'영끌'과 '빚투', 다중채무자, 소득보다 이자 상환이 먼저인 가계,
부동산 PF와 얽힌 기업대출까지 -
위기는 균등하게 오지 않는다.
취약한 고리부터 터지고,
그 충격은 연결을 따라 확산된다.

● 2023년 말 기준, 다중채무자는 전체 가계대출 차주의 22.7%를 차지하며,
이들이 보유한 대출 잔액은 568조 1천억 원, 전체 가계대출의 29.7%에 달한다.[6]
부채는 구조의 문제이지, 단일 차주의 문제가 아니다.
(➜ 《정책이 놓친 장면들 – 구조가 만든 부실의 고리》 참조)

지금 필요한 부채 리스크 차단 설계는 다음과 같다:

① 가계부채 차단 설계

➜ "위험은 빚 자체가 아니라, 그 빚이 서로 얽혀 있는 방식에서 시작된다."

가계부채는 단순히 금액이 많아서 위험한 것이 아니다.
그 부채가 어떻게 금융 시스템 전체와 연결되어 있는가가
진짜 위험의 시작점이다.
특히, 전체 가계대출의 80% 가까이가 변동금리 대출로 구성되어 있어[7],
금리가 오르면 가계의 이자 부담이 급격히 증가하고,
이는 곧 신용 경색으로 이어질 수 있다.

주택담보대출, 신용대출, 기타 대출이 한 명의 차주에게 중첩되어 있는 구조는
개인의 리스크를 전체 금융권 리스크로 빠르게 전이시킨다.

---

6) 경향신문, 「다중채무자, 전체 차주의 22.7%…가계대출 30% 가까이 차지」, 2024.2.12.
7) 김수연, "가계대출 변동금리 비중 80% 육박…고정금리 회피 경향 뚜렷", 네이트뉴스, 2022.7.27.
박종찬, "변동금리 대출 '치솟는 이자 부담'…82% 육박", 매일경제, 2022.7.26.

즉, 부채 자체보다 부채의 구조와 연결성을 관리하는 것이 핵심 과제가 되고 있다.

이러한 구조적 리스크를 차단하기 위해 다음과 같은 정책적 장치가 필요하다:

- 스트레스 DSR 3단계 도입: '단순 DSR'이 아닌 금리 인상 시 상환 능력까지 감안한 규제(2024~2025년 단계적 적용)
- 생애주기별·소득별 DSR 차등화 검토: 청년·저소득층 등 상황 맞춤형 조정 필요
- 변동금리 대출 비중 축소 및 고정금리 전환 유도: 금융사에 인센티브 제공 및 장기 분할상환 상품 확대

② 기업부채 리스크 조기경보 체계

➜"진짜 위험은 업종 자체보다, 그 안에서 자금이 어떻게 돌고 조달되는지 같은 눈에 잘 안 보이는 설계에서 시작된다."

기업 부실 역시 숫자만으로 보이는 게 아니다.
겉으로는 영업이익이 나더라도,
이자보상능력이 약하거나, 현금흐름이 막혀 있는 구조라면
위기가 닥쳤을 때 제일 먼저 무너지는 대상이 된다.

특히 부동산 PF와 건설업, 중소 제조업 등 이미 고위험 업종으로 분류된 분야는
일부 사업장에서 문제가 발생하면
순식간에 금융사 전반의 건전성을 흔들 수 있다.

그렇기 때문에 업종별 평균 수치가 아니라,
기업 내부 구조를 들여다보는 복합 리스크 진단 체계가 필요하다.
이는 정책당국이 실질적인 리스크의 '지도'를 먼저 갖고 있어야 한다는 뜻이다.

이에 따라 필요한 대응 방향은 다음과 같다:

- 레버리지·이자보상비율·현금흐름 비율 등 복합위험지표 기반 조기경보 시스템을 구축할 필요가 있다.
- 부동산PF, 건설업, 중소제조업 등 업종별 고위험 기업군 사전 식별 및 상시 모니터링 체계를 강화한다.
- 비은행권 중심 PF 대출 집중도 분석 및 리스크 완충 장치를 마련한다.

현재 부동산 PF 관련 대출은 약 230조 원 규모로, 비은행권 중심으로 집중돼 있고, 사업성 평가가 미흡한 상태다.[8] 업종별 조기경보 체계는 리스크의 '지도'를 그리는 도구가 될 수 있다.

---

③ 민간신용–정책금융 사이의 완충 설계

➜"민간이 멈추려 할 때, 정부는 먼저 움직여야 한다."

시장이 불안해지면, 민간 금융기관은 위험을 회피한다.
이럴 때 필요한 것은 정부의 선제적 개입이다.
과거에도 마찬가지였다. 2022년 CP시장 경색, 2023년 부동산 PF 우려 당시에도 정책금융기관이 유동성 공급과 보증 확대로 시장의 충격을 완화하는 역할을 했다.
정부가 머뭇거리는 순간, 시장 실패는 곧바로 정책 실패로 번진다.

이 역할은 일시적인 지원이 아니라, 위기 구조의 일부로 제도화되어야 한다.
즉, '민간이 물러설 때 정책이 들어가는 구조'를 사전에 설계하는 것이 핵심이다.

이를 위한 정책 버퍼 구조는 다음과 같다:

- 정책금융기관의 1순위 투자자 역할 제도화
  ➜ PF 유동화증권 등 위험도가 높은 자산에 대해,
  정책금융기관이 선제적으로 참여해 초기 손실을 흡수하는 구조
- 위험차주 대상 정책보증 확대

8) 금융위원회, 「부동산 PF 제도 개선방안」, 2024.11.14., 별첨 자료.

→ 민간 금융이 감당하기 어려운 저신용·다중채무 계층에 대해, 공공이 보증을 통해 유입 경로를 확보

◆ 시장 유동성 위기 시 패키지 대응 체계 마련

→ 보증, 유동화, 채무조정 등 복수 수단을 통합한 위기대응 패키지를 설계하고, 사전 발동 조건과 실행 순서를 구조화

● 정책금융기관이 '민간의 신용 리스크를 흡수하는 완충지대' 역할을 해야 한다.

부실은 어떻게 금융을 무너뜨리는가?

부채는 위기의 시작이 아니라, 위기를 퍼뜨리는 경로다.
신용은 숫자보다 빠르게 무너지고,
불신은 그보다 더 빠르게 시장 전체를 멈추게 한다.

부실을 예방하는 것도 중요하다.
그러나 정책의 핵심은, 부실이 퍼지지 않도록 고리를 끊는 데 있다.

《실행 시나리오: 부채는 어떻게 금융을 무너뜨리는가》

"처음엔 건설사 문제였는데,
나중엔 금융사의 신용문제가 되었고,
결국엔 시장 전체가 멈췄다."
- 2022년 레고랜드 사태 이후 한 자산운용사 인터뷰

부채 문제는 단지 개별 채무자의 문제로 시작되지만,
제대로 차단하지 않으면 금융시장 전체에 연쇄 반응을 일으키는 시스템 리스크로 번진다.

가계의 연체는 신용위험으로,
기업의 부실은 자금시장 위축으로,
그리고 부동산 PF는 복잡한 금융 연결망을 통해
금융 시스템의 심장부를 뒤흔든다.

📌 리스크 전이 구조 요약

리스크 출발점	전이 경로	금융 시스템 영향
부동산 PF 부실	시행사 ➜ 건설사 ➜ 유동화채권 시장	증권사 유동성 위기, 채권시장 전반의 불안
고금리 가계부채	연체 증가 ➜ 신용위험 상승	저신용층 대출 위축, 소비 위축, 경기 둔화
기업부채 과잉	이자보상불능 기업 증가 ➜ 파산 위험 확대	회사채 시장 경색, 민간신용 위축

시사점:

- 부채는 일이 터진 뒤에 수습할 게 아니라, 미리 구조부터 잘 짜야 하는 문제다.
- "부실을 막는 정책"이 아니라, "부실이 퍼지지 않게 고리를 끊는 정책"이 필요하다.
- 위험은 가장 약한 고리부터 번진다. 거기서부터 끊어야 한다.

1.2 전략 한눈에 보기

"부채는 금융을 무너뜨리지 않는다. 전이가 무너뜨린다."

구분	내용
전략의 목적	부채로 인한 금융위기 확산 차단
핵심 문장	"부실은 시작점이 아니라, 전이의 경로다."
위기 구조	고금리·성장둔화 ➜ 연체 증가 ➜ 소비·투자 위축 ➜ 실물경기 침체 ➜ 금융 시스템 연쇄 충격
정책 핵심 과제	1 DSR 정교화 및 고정금리 확대 2 업종별 조기경보 체계 구축 3 민간-정책금융 간 완충장치 설계
정책 설계 원리	취약 고리부터 차단, 연결된 구조를 단절, 사전 대응 루프
핵심 메시지	"부채는 금융을 무너뜨리지 않는다. 전이가 무너뜨린다."

1.3 부동산 PF 리스크 등 집중 리스크 대응 및 제도 개선

"PF는 시장이 아니라, 제도로 관리되어야 한다."

"PF, 어디서부터 구조를 바꿔야 하는가"

한때는 지역개발의 자금루트였던 PF(Project Financing)가,
지금은 금융 시스템의 가장 불안정한 연결고리로 작동하고 있다.
PF는 단일 사업의 문제가 아니라, 시스템을 흔드는 구조다.

한국의 부동산 PF는 은행, 증권, 보험 등 금융 전체에 연결된 '뇌관'이다. 한 곳의 미분양이 상환 불능으로, 유동성 압박으로, 자금시장 경색으로 이어지며, 위기는 금융 시스템 전체를 순차적으로 타격한다.

한 곳에서 부실이 발생하면,
미분양 ➜ 상환 불능 ➜ 유동성 압박 ➜ 자금시장 경색
➜ 금융회사 건전성 악화로 충격은 순차적으로 금융 전반으로 확산된다.

이 구조에서 위험은 축소되지 않고, 전이된다.
그리고 가장 큰 문제는, 그 위험의 중심에 있는 시공사는 책임을 지지 않는다.

- 우리는 이런 구조를 실제로 목격했다. 건설사는 책임을 면제받고, 손실은 금융사가 떠안고, 결국 피해는 국민경제 전반에 확산되는 방식으로 말이다.
(➜ 《정책이 놓친 장면들 - 시공사는 빠지고 금융사만 남는 PF의 구조》 참조)

지금 필요한 PF 리스크 관리 체계는 다음과 같다:
진단 ➜ 대응 ➜ 흡수 ➜ 투명화 ➜ 통합의 루프로 설계해야 한다.

① PF 사업장의 리스크 정량화 및 등급 분류 체계

➜ "리스크는 수치화되어야 대응이 가능하다."

PF는 사업의 미래 수익을 담보로 자금을 조달하는 구조인 만큼,
사업성에 대한 신뢰 가능한 수치 기반 평가가 없다면
금융기관도, 정책당국도 그 위험을 정확히 파악하기 어렵다.

그런데 지금은 어떤 PF가 위험한지,
어떤 PF가 정상적인지에 대한 객관적 기준이 부족하다.

일부 사업장은 미분양률이 치솟고, 자금회수가 어려워지는데도
정확히 어떤 수준의 리스크인지 명확히 구분할 수 있는 시스템이 없다.

그래서 금융회사들도, 투자자들도, 정부조차도 '어디가 위험한가'를
정확히 판단하지 못해 불안과 추측이 시장을 흔들게 된다.

이제는 사업장의 상태를 정량화하고 등급화해
정상과 부실 사이의 경계를 명확히 구분하고,
리스크가 높은 사업장에는 선제적으로
경고-정리-회수의 절차를 밟을 수 있도록 해야 한다.

이를 위해 다음과 같은 설계가 필요하다:

- 미분양률, 이자보상능력, 매출현금흐름 등 핵심 지표를 중심으로
  - → PF 사업장의 재무 건전성과 수익 전망을 수치화하는 기준을 마련한다.
  - → 예: 미분양률이 50% 이상인 사업장은 '경고' 등급으로 분류하고, 정책기관이 사전 경고 발령
- 등급별 대응 매뉴얼 마련
  - → 리스크 등급이 높을수록 정부나 금융기관이 조기 개입할 수 있도록 대응 방안을 표준화한다.
  - → 예: 고위험 사업장은 구조조정 펀드 우선 적용, 중위험 사업장은 모니터링 강화 등

◆ 정책당국과 금융기관 간 사업장 위험정보 공유 체계 구축

➜ PF 사업장별 리스크 데이터가 공공-민간 간에 공유되지 않으면, 연쇄 위기에 대응할 수 없다.

➜ 정보 공개를 통해 시장이 판단할 수 있는 구조로 유도해야 한다.

● 2022년 이후 고금리와 공사비 상승으로 PF 사업성은 악화되었고, 연체율은 1.19%에서 2.70%로 급증했다. 정상과 부실 사업장의 경계가 모호해지면서 금융·건설업 전반의 시스템 리스크와 자금경색 우려가 커지고 있다.[9]

---

② 구조조정은 '사후 처리'가 아니라 '사전 정리형'으로

➜ "무너진 다음 정리하는 것이 아니라, 무너지기 전에 구조를 바꿔야 한다."

지금까지의 PF 구조조정은 대부분 문제가 터진 뒤,
즉, 부실이 이미 발생한 이후에 이뤄졌다.
하지만 위기는 '사후 처리'로는 충분하지 않다.
무너진 다음 회복은 시간이 오래 걸리고, 그 사이 시장 불안이 확산된다.

이제는 위험이 커지기 전에,
사업성 부족이 예상되는 PF 사업장을
선제적으로 정리하거나 구조를 변경하는 방식,
즉, '사전 정리형 구조조정 체계'가 필요하다.

이 구조는 단순히 자금을 회수하는 것이 아니라,
문제의 확산을 막기 위한 방화벽처럼 작동해야 한다.

◆ 사모·공공 PF 펀드 조성

➜ 부진 사업장을 구조조정 펀드에 우선 편입한다.

➜ 사업 구조 전환, 유동성 공급, 사업권 매각 등 다양한 방식으로 연착륙을 유도

---

9) 금융위원회, 「부동산 PF의 '질서있는 연착륙'을 위한 향후 정책 방향 발표」, 보도자료, 2024.5.14.

- 은행-증권-AMC 간 공동 대응 체계 구축
  - ➜ 각 기관이 위험을 전가하거나 과도하게 집중하지 않도록 책임 분담 구조를 정교하게 설계한다.
  - ➜ AMC(자산관리회사)가 컨트롤타워[10] 역할을 수행할 수 있도록 역량을 강화한다.
- 사업성 부족 판단 기준 및 조기 개입 절차 매뉴얼화
  - ➜ 어느 수준부터 '정상 사업장'이 아닌지 명확한 기준을 제시하고
  - ➜ 사업 단계별 개입 방식(토지 확보 전, 착공 후, 분양 실패 등)을 세분화한다.

③ 정책금융-공적개입의 위기대응 역할 설계

➜ "민간이 감당하지 못하는 위험은 제도가 떠안아야 한다."

PF는 본래 민간 주도의 사업이지만,
지금처럼 리스크가 커지고 민간이 자금을 회피하기 시작하면
공적 금융이 리스크를 흡수해주는 '완충 장치' 역할을 해야 한다.

이 역할은 단기 개입이 아니라,
위기 발생 시 자동으로 작동할 수 있는 제도화된 메커니즘으로 설계돼야 한다.

- 정책금융기관의 1순위 리스크 흡수 역할 제도화
  - ➜ PF 유동화증권에서 가장 위험한 일부를 정책금융이 우선 인수
  - ➜ 민간 자금의 유입을 유도하고, 시장 심리를 안정
- 고위험 차주 대상 보증 확대 및 PF 구조조정 지원
  - ➜ 회생 가능성이 있는 사업장을 선별해 지원
  - ➜ 채무조정, 자본재조정, 사업 재설계 등 다양한 방식의 공적 개입 허용
- PF 전용 정책 플랫폼 운영
  - ➜ 캠코, 산업은행, 주택도시보증공사(HUG) 등을 연계해

---

10) 금융시장에 퍼져 있는 위험 자산 정보를 수집하고, 조정이 필요한 부실 자산을 판별하며, 이해관계자 간 조정과 투자·정리·유동화 전략을 실행

→ '공공 PF 지원 허브'처럼 작동할 수 있는 체계를 마련

- 정부는 PF 연체율 상승에 대응해 보증 및 자금공급을 확대하고 있다.[11]
  → 정상 사업장에는 캠코펀드를 통한 지원,
  → 부실 우려 사업장에는 사전 정리형 개입 등으로 이원화 전략 추진 중.

---

④ PF 리스크 공시 및 투명성 강화

→ "정보의 단절은 위기를 키운다."

현재 PF 리스크에 대한 정보는 단편적이고 분산되어 있다.
어떤 금융기관이 얼마나 PF에 노출되어 있는지,
그 자산의 건전성은 어떤 상태인지,
시장 전체는 그 정보를 실시간으로 알 수 없다.

이러한 불투명한 구조는 '낙인 효과'를 우려해 정보를 숨기게 만들고,
결국에는 정보 공백이 공포를 확대시킨다.

이제는 정보를 숨기는 것이 아니라,
투명하게 드러냄으로써 합리적인 판단을 할 수 있는 시장을 만들어야 한다.

- 비은행권 PF 익스포저 실명 기반 공시 의무화
  → 증권사, AMC, 보험사 등 비은행기관의 PF 관련 위험노출을 명시적으로 공시
  → 금융회사 간 리스크 비교 가능, 투자자 보호 강화
- 공시 기준 통합 및 공동 인식 체계 구축
  → 업권별로 달랐던 기준을 일원화해,
  정책당국과 시장이 같은 정보를 기반으로 판단하도록 조정

---

11) 금융위원회, 「부동산 PF의 질서있는 연착륙을 위한 향후 정책 방향」(2024.5), 「부동산 PF 제도 개선방안」(2024.11))

- 투명성은 낙인이 아니라 신뢰의 기반
  ➜ 투자자는 정보가 공개됨으로써 불확실성을 줄이고,
  자산에 대해 보다 정확한 평가를 할 수 있다.

⑤ PF 정책 컨트롤타워 설계

➜ "이 위기를 누구도 단독으로 해결할 수 없다."

PF 위기는 단순한 금융 문제가 아니다.
공급계획은 국토부가, 인허가는 지자체가, 자금조달은 금융위가,
재정은 기재부가 맡고 있다.

그러나 이들 기관의 대응은 서로 분절되어 있어
종합적·선제적인 정책 설계가 불가능하다.

지금 필요한 건 '협력'이 아니라, '통합'의 구조다.

- 부처 간 기능 연계 및 정책 조정 권한을 갖는 'PF 컨트롤타워' 설립
  ➜ 기획·금융·국토·지자체가 하나의 정책 루프 안에서 대응하도록 조정
- 공급-인허가-자금조달-재정까지 일관된 대응 체계 구축
  ➜ 예: PF 자금 위기 발생 시 ➜ 인허가 일정 조정 ➜ 금융지원 매칭 ➜ 세제 조정 등 패키지 대응 가능
- PF를 단일 사업이 아닌 국가 전략 인프라로 인식 전환
  ➜ PF는 주거, 산업, 금융시장을 잇는 복합적 구조 ➜ 전략 설계의 대상

● PF 위기, 왜 '정책 컨트롤타워'가 필요한가?

PF(프로젝트 파이낸싱)은 단순한 금융이 아니다.
주택·산업·도시계획·금융이 맞물리는 복합 정책 구조다.
하지만 지금은 아래처럼 부처별로 기능이 분절되어 있다:

- 국토부 - 주택 공급 및 입지 계획 수립
- 지자체 - 개발 인허가 및 세수 목표 설정
- 금융위 - 금융회사 감독 및 건전성 관리
- 기재부 - 정책금융 설계 및 재정 운용

☞ 이처럼 공급-인허가-금융-재정이 각각 따로 작동하다 보니, 위기 상황에서는 누가 주도할지조차 불분명하다.

● [실제 사례] 지식산업센터 PF 실패의 구조

- 지자체: 공급을 확대했지만, 수요 기반은 취약
- 국토부: 부지 승인은 있었지만, 중복 공급 조정은 부재
- 금융: 민간 PF 대출이 과도하게 집중, 사업성 검토 미흡
- 정책금융: 시장 경색 이후 사후 개입

➜ 결과적으로 수요는 없고, 대출은 늘고, 분양은 지연, 시장 신뢰는 급락

PF 위기는 왜 구조의 문제인가?

PF는 민간이 감당할 수 있는 단순한 사업 리스크가 아니다.
하나의 PF 부실이 발생하면, 그 충격은 금융 시스템 전반으로 번진다.

증권사는 PF 유동화 상품의 주요 발행자이자 중개자다.
차입형 구조로 조달한 자금이 미매각되거나 회수되지 않으면,
RP(환매조건부채권) 환매 불이행 등으로 단기자금시장을 흔든다.[12)]

은행은 PF 대출자이면서 동시에 PF 관련 ABCP를 매입한 투자자다.[13)]
부실은 은행의 자산 건전성 악화와 신용도 하락으로 이어진다.

---

12) 금융위원회, 「부동산 PF의 질서있는 연착륙을 위한 향후 정책 방향」, 보도자료, 2023. 5. 24.
13) PF 시장에서 은행은 본PF 중심 대출자이자, 선순위 자금 제공을 통한 구조 안정화 역할을 수행한다. 또한 PFV 운영 통제, 정책자금 전달, 시장 신뢰 기준선 등의 기능도 함께 갖는다.

보험사와 연기금은 유동화채권을 대규모 편입하고 있어,
부실화 시 평가손 발생 ➜ 대손충당금 확대 ➜ 자산운용 제약으로 파급된다.

PF 시장 참여자	주된 역할
증권사	고위험을 감수하며 유동성을 설계·공급하는 구조 설계자
은행	제도적 안정성과 건전성을 중시하는 보수적 조력자
저축은행·여전사	수익을 좇되 리스크 집중이 쉬운 중·후순위 참여자
정책금융기관	위기 시 시장을 떠받치는 최종 완충자
건설사	자금조달 구조에 의존하는 실물 실행자이자 리스크 보증자
시행사	사업 기획과 자금 조달을 주도하는 실질 발행 주체

● 결국 PF 부실은 단일 사업의 실패가 아니라, 금융회사 간 상호 연계 구조를 타고 전이되는 시스템적 위기다.

《PF 시장 현황: 부동산 PF 시장 개요 및 리스크 요약표[14)]》

Ⅰ. PF 시장 현황

항목		금액(조 원)	비중
총 PF 시장 규모		약 200	100%
	직접대출	약 160	80%
	유동화 금액	약 40	20%
금융기관별 PF 대출 비중			
	- 은행	48.2	24%
	- 보험사	39.9	30%
	- 여신전문금융사(여전사)	23.9	18%
	- 증권사	8.8	7%
	- 저축은행	7.8	6%
	- 상호금융	3.6	3%
	제2금융권 합계	약 80.2	64%

II. PF 시장 주요 리스크 요인

1. 외부 충격: 고금리·고물가

요소	내용
원인	한국은행 기준금리 인상, 공사비 상승
영향	금융비용·건설비 증가 ➜ 원가 부담 증가
지표	건설공사비지수 2020년 대비 +30% 상승
결과	착공 지연 리스크 확대

2. 부동산 경기 침체, 미분양 증가

요소	내용
주택 가격	2021년 정점 후 하락세 지속
정책 요인	대출 규제 강화(LTV, DSR 등)
영향	수요 위축 + 미분양 증가 = 분양 리스크 상승

3. 현실화되는 위기 징후

항목	수치 변화
건설사 부도	'21년 12개 ➜ '23년 21개(2/3 비수도권)
PF 보증 우발채무	다수 건설사에 현실화 진행 중
고정이하여신 비율 상승	
- 증권사	13.5% ➜ 17.5%
- 저축은행	+18.8%p 증가
- 상호금융	+14.6%p 증가

14) 삼일PwC경영연구원, 「부동산 프로젝트파이낸싱(PF) 시장 리뷰」, PwC Korea, 2024

《정책 실행 시나리오: PF는 어떻게 금융위기로 전이되는가》

"지방정부 보증이 철회되자,
PF-ABCP 시장이 하루 만에 마비됐다.
증권사와 채권시장은 곧바로 유동성 위기에 빠졌다."
- 2022년 10월, 채권시장 관계자 인터뷰

레고랜드 사태는 단지 하나의 사업 실패가 아니었다.
PF 구조 전체가 '신뢰' 위에 놓인 연쇄 연결망이라는 것을 보여준 사건이었다.

📌 PF 리스크 전이 경로 요약

단계	내용	결과
① 시작	지방 PF 사업장 채무 불이행	PF-ABCP 시장 신뢰 붕괴
② 확산	증권사 유동성 경색, 유동화 중단	회사채·CP 시장 경색
③ 전이	금융기관 채권 포트폴리오 타격	금리 급등, 위험회피 심리 확산

💬 시사점

- PF는 하나의 사업 리스크가 아니라, 금융 시스템의 구조적 약한 고리다.
- PF 위기는 사업의 실패가 아니라, 정책 설계의 실패에서 시작된다.
- 정책은 이제 구조 전체를 설계해야 한다.

《참고 - 해외 주요국 vs. 한국 부동산 PF 추진 방식 비교》[15]

정부는 국내 PF 구조의 주요 문제점으로 다음을 들고 있다.

- 디벨로퍼의 영세성: 자기자본 비율 5% 이하, 고금리 브릿지론 의존.
- 보증 중심 대출 관행: 건설사·신탁사의 보증에 의존, 사업성 평가 부족.
- 정부의 PF 정보 부족: 위기 선제 대응 및 시장 관리에 한계.

구분	해외 주요국(일본, 미국 등)	대한민국(현행)
자기자본 비율	30~40% 수준 확보 후 PF 대출	5% 이하, 고금리 브릿지론 의존
자금 조달 구조	초기에는 지분투자 유치 ➜ 이후 PF 대출	초기부터 대출 중심, 자기자본 미흡

15) 금융위원회, 「부동산 PF 제도 개선방안 수립」, 보도자료, 2024.11.14.

구분	해외 주요국(일본, 미국 등)	대한민국(현행)
수익 구조	분양 + 임대 + 자산운용(관리수익) 등 다변화	대부분 단기 분양수익 의존
디벨로퍼 특성	대형사 중심, 재무 안정성과 책임성 보유	영세 디벨로퍼 다수, 95%가 연매출 100억 이하
보증 및 리스크 평가	사업성 평가 중심, 보증 의존 낮음	보증 중심 구조 (시공·신탁사 책임준공 등)
시장 안정장치	사업성·수익성 중심 심사, 공공·연기금 투자 참여	보증➔대출 연계, 시장 상황 악화 시 리스크 확산 우려
PF 정보 관리	데이터 기반 관리 시스템 활용	정보 부재, 정부·투자자 모두 선제적 대응 어려움

시사점

- PF 자체가 위험한 것이 아니라, 그것을 운영하는 시스템의 차이가 위기를 만들 수 있다. 해외는 책임성 있는 자본과 다변화된 수익구조, 정보 기반의 투자 판단이 뒷받침되며, 한국은 저자본-고보증-정보 부재 구조라는 시스템적 차이를 명확히 드러낸다.

1.3 전략 한눈에 보기

"PF는 금융의 뇌관이다. 시스템을 설계해야 리스크가 분산된다."

구분	내용
전략의 목적	부동산 PF 구조의 전이성 차단 및 시스템 복원력 확보
핵심 문장	"PF는 시장이 아니라, 제도로 관리해야 한다."
위기 구조	부진 사업장 부실 ➔ 유동화 위축 ➔ 자금시장 경색 ➔ 금융회사 건전성 위기
정책 핵심 과제	1 PF 리스크 정량화 및 등급 분류 2 조기 구조조정 시스템 3 정책금융-공적개입 루트 4 정보 공시 및 투명성 강화 5 PF 컨트롤타워 설계
정책 설계 원리	구조 중심의 리스크 진단 - 조기 대응 - 정보 투명성 - 협업 체계
핵심 메시지	"PF는 단일 위험이 아니라, 연결된 위기다. 정책은 구조를 설계해야 한다."

1.4 무너질 수 있는 시장, 그러나 무너지지 않는 시스템

"시스템 붕괴를 막는 마지막 방어선"

전략의 네 번째 설계

금융위기는 하나의 사건이 아니라, 하나의 시스템이 무너지는 과정이다.
진짜 위기는 '위험 그 자체'가 아니라, 그 위험이 금융 시스템 전체로 번져나가는 구조에서 시작된다.

개별 기업의 부실, 부동산 프로젝트의 실패, 유동성의 일시 경색
이런 위기들은 독립적으로는 견딜 수 있다.

하지만 그것이 은행-증권-보험-투자자-금융소비자를 연결하며
연쇄 반응을 일으킬 때, 시장은 더 이상 작동하지 않는다.

금융위기는 하나의 사건이 아니라,
하나의 시스템이 무너지는 과정이다.

지금 필요한 건,
위기를 없애는 설계가 아니라, 무너지지 않게 구성하는 복원력의 구조화다.
'복원력 있는 시스템'은 바로 그런 정책 설계에서 출발한다.

● 2023년 실리콘밸리은행(SVB) 파산은 미국 내 중소은행을 뒤흔들었고, 그 여진은 하루 만에 전 세계 금융시장으로 번졌다. 국내 금융시장도 예외는 아니었다.
(➔ 《정책이 놓친 장면들 – SVB 사태가 한국 시장에 준 충격》 참조)

지금 필요한 시스템 리스크 대응 구조는 다음과 같다:
이 전략은 단발성 조치가 아니라, 예방 ➜ 감지 ➜ 대응 ➜ 복원의 루프 구조로 설계해야 한다.

① SIFI 식별 및 통합 스트레스 테스트 정례화

➜ "'크기'보다 '연결성'에 주목하는 시스템 중요도 기반 감독 체계"

금융 시스템의 위기는 단순히 큰 기관 하나가 무너졌을 때가 아니라,
그 기관이 다른 곳들과 얼마나 많이 연결돼 있었는지에 따라 더 크게 번진다.
예를 들어 자산이 많은 은행보다,
작은 규모라도 다른 금융기관과 돈을 많이 주고받는 회사가
위기의 진원지가 될 수 있다.

그래서 앞으로는 금융회사의 '덩치'보다 '연결 구조'를 중심으로
위험을 평가하는 방식이 필요하다.
특히, 보험사, 증권사, 카드사처럼 업권이 달라도 금융 전체 안에서 얼마나
중요한 역할을 하는지, 문제가 생기면 어디까지 영향이 번질지를 함께 봐야 한다.

이 기준을 바탕으로 위험이 큰 기관은 더 자주, 더 깊이 들여다보고
위험이 실제로 터졌을 때는 한국은행, 금융위원회, 금융감독원이
미리 역할을 나눠 빠르게 대응할 수 있도록 시나리오를 짜둬야 한다.

- 업권별로 시스템 중요도를 평가하는 공통 기준을 마련
- 자산 규모 외 자금 흐름, 유동성 위험, 시장연결 정도 등을 포함한 종합 평가
- 기존 스트레스 테스트를 확장해 '위험 전이 시뮬레이션'까지 포함
  ➜ 규모가 아니라 연결이 위기의 전염 경로다. 연결의 경로와 복합위기의 진원지를 사전에 찾아야 한다.
- 위험 시나리오별로 정책당국 간 자동 대응 매뉴얼 연동(예: 유동성 위기 시 ➜ 한은 공급, 금융위 규제 완화 등)

② 리스크 전이 모니터링 인프라 구축

➜ "위기는 연결 경로를 타고 전이된다. 흐름을 봐야 구조가 보인다."

금융 시스템의 위험은 한 곳에서 끝나지 않는다.
위험은 연결된 통로를 따라, 예고 없이 퍼진다.
예를 들어 부동산 PF 사업장에서 문제가 생기면, 그 여파는
증권사, 은행, 보험사, 심지어 단기자금시장까지 순식간에 확산될 수 있다.

지금까지의 리스크 관리는 '누적된 수치'를 보고 판단하는 방식이었다면,
앞으로는 '어디서 위험이 출발했고,
어디로 퍼지고 있는가'를 실시간으로 추적할 수 있는 시스템이 필요하다.
이것이 바로 리스크 전이 모니터링 인프라다.

이 시스템[16]은 고위험 자산이 어떤 경로로 이동하고,
어느 금융기관에 집중되고 있는지를 시각화하고,
이상 징후가 나타나면 즉시 경고를 보내는 방식으로 작동해야 할 것이다.

- PF 등 고위험 자산의 전이 경로를 실시간으로 추적하는 정보 시스템 구축
- '리스크전이지수(Risk Transmission Index)'를 개발하여 위험 흐름 수치화
- 업권 간 거래, 유동화 자산, 조달 구조 분석 통한 연쇄 반응 예측
- 특정 자산군 이상 징후 시, 정책기관 경보 발령 및 대응 시나리오 연동

③ 위기 대응 자금 루트 및 안정기금 체계 정비

➜ "자금은 빠르게, 대응은 구조적으로 작동해야 한다."

금융시장에 위기가 닥치면, 가장 먼저 필요한 건 '속도'다.
불안이 번지는 순간, 자금이 빠지고 신용이 얼어붙기 때문이다.

---

16) 리스크 전이 인프라는 금융 시스템의 지진계이자 항공관제탑, 동시에 역학조사망에 비유할 수 있다. 위험의 진원과 흐름을 실시간 감지하고, 퍼지기 전에 대응할 수 있게 구조화된 정책 레이더다.

이때 정부의 자금 투입이 며칠, 심지어 몇 시간만 늦어져도
시장은 걷잡을 수 없는 공황에 빠질 수 있다.

하지만 지금의 대응 구조는 여전히 절차가 길고, 부처 간 조율 시간이 필요하다.
정책금융기관마다 대응 방식도 다르고,
어떤 상황에서 어떤 기관이 나서야 하는지에 대한 명확한 프로토콜도 부족하다.

이제는 '위기 발생 시, 어떤 자금이, 누구를 통해, 어떤 방식으로 투입되는가'를
사전에 설계해 놓고,
징후가 감지되면 자동으로 작동할 수 있는 대응 루트를 만들어야 한다.[17)]

- 한국은행-금융위-정책금융기관 간 유동성 공급 시나리오를 유형별로 설계
  예: 단기자금시장 위기 ➜ 한은 RP 매입 확대 + 캠코 유동화펀드 가동
- 위기 대응 전용 펀드 또는 금융안정기금의 구조 재정비 및 법적 근거 마련
- 정책금융기관 간 자금 배분 체계 정비 ➜ 중복 지원 방지, 리스크 맞춤 배분
- 자금 투입 시점과 규모를 '보고-회의-지시' 없이 매뉴얼 기반으로 실행

④ 금융안정 협의체의 역할 강화
➜ "지금은 회의체, 앞으로는 컨트롤타워"

금융시장이 흔들릴 때,
여러 기관이 한자리에 모여 '논의'하는 구조만으로는 부족하다.
금융안정 협의체는 이름 그대로 '협의'에 머물러 있다.
하지만 복합위기 시대에는,
단순한 협의가 아니라 '권한을 가진 실행 기구'가 필요하다.

예를 들어, 글로벌 금리 급등 ➜ 환율 급변 ➜ 자금시장 불안이

---

17) 위기 대응 자금은 불을 끄는 소방차의 물과 같다. 연기가 나기 시작할 때 즉시 투입돼야 효과가 있으며, 어느 소방차가 언제 어디로 갈지 미리 정해져 있어야 혼란을 막을 수 있다.

연결되어 발생하는 복합 상황에서
누가 먼저 움직이고, 어떤 조치를 어떤 속도로 취할지를 미리 정해두지 않으면
기관 간 책임 전가와 조율 지연으로 상황은 더욱 악화될 수 있다.

이제 금융안정 협의체는 단순한 회의체가 아니라,
실제 위기 발생 시 '컨트롤타워'로 작동하는
권한 기반의 대응 기구로 전환돼야 한다.

- 현재 한국은행, 금융위원회, 금융감독원, 정책금융기관 등이 참여하는 협의체에 법적 권한과 대응 실행 책임을 부여한다.
- 복합위기 시나리오별로 협의체 주도 대응 매뉴얼을 마련한다.
- 위기 발생 시 자동소집 및 조치 의무를 부여한다.
- 해외 시스템리스크 사례와 연계해 국제 공조 체계까지 설계한다.

시스템은 '작동 가능성'을 내장한 설계다

- 위기는 감지할 수 있어야 하고, 대응은 구조화되어 있어야 한다.
- 시장은 무너질 수 있다. 그러나 시스템은 무너지지 않도록 설계할 수 있다.
- 금융정책의 목표는 위기를 없애는 것이 아니라,
  위기 속에서도 작동하는 시스템을 만드는 것이다.

정책진단 | 금융 안정 백업 시스템의 현실은?

PF 위기 당시, 어디서부터 무너지고 있는지
아무도 동시에 볼 수 있는 구조가 없었다.

한국의 금융안정 인프라는 여전히 업권별 감독과 사후적 보고에 의존한다.
하지만 진짜 위기는, 보고가 올라오기 전 이미 시장을 덮치고 있다.
시장 전반의 리스크가 퍼지는 시차와 경로는 사전에 차단하고,
시스템의 복원력은 설계 단계부터 확보해야 한다.

한국은 아직도 SIFI를 정기적으로 지정하고,
위기가 터졌을 때 자동으로 작동하는 대응 체계를 갖추지 못했다.
특히, 위험이 어디로 퍼지고, 자금이 어디로 흘러야 할지를
한눈에 파악할 수 있는 통합 설계가 부족한 것이 핵심 약점이다.

1.4 전략 한눈에 보기

“무너지지 않는 시스템이 아니라, 무너져도 다시 작동하는 시스템을 설계하라.”

구분	내용
전략의 목적	시스템 리스크의 선제 감지 및 복원 구조 설계
핵심 문장	“문제가 터진 뒤에 고치는 게 아니라, 애초에 무너지지 않도록 설계하는 게 중요하다.”
위기 구조	개별 부실 ➜ 금융 간 연계 경로 전이 ➜ 전체 시스템 압박
정책 핵심 과제	1 SIFI 식별 2 전이 감시망 3 자금 루트 정비 4 거버넌스 강화
정책 설계 원리	시스템 중심, 자동 대응, 정보 공유, 협업 구조
핵심 메시지	“위기를 없앨 수 없다면, 작동 가능한 시스템을 설계하라.”

Ⅲ 제1전략이 남긴 질문

제1전략이 말하는 구조

금융시장의 안정은 위기를 '막는 것'이 아니라,
'복원 가능한 구조'를 만드는 일이다.

- 1.1은 감지와 경보의 체계
- 1.2는 전이 차단의 연결 고리
- 1.3은 고위험 집중 리스크의 선제 해체
- 1.4는 시스템 붕괴를 막는 복원력 설계

이 전략은 순차적으로 작동하면서도 동시에 실행되어야 하며,
어느 하나라도 작동하지 않으면,
그 실패의 비용은 기하급수적으로 늘어난다.

❓ 우리가 다시 던져야 할 질문들:

- 위기의 조짐을 가장 먼저 인식하는 금융은, 왜 가장 나중에 움직일까?
- 한국 금융은 위기를 그저 버티는 데 그치는가,
  아니면 회복하고 다시 작동할 수 있는 구조인가?

▨ 전략자의 시선: "정책은 시장보다 빨라야 하고, 구조는 복원 가능해야 한다."

금융은 언제든 흔들릴 수 있다.
그러나 정책은 '예상 밖'을 견디도록 구조를 설계하는 일이다.

제1전략은 단지 위기를 막기 위한 전략이 아니라,

위기의 전개 과정을 예측하고,
각 단계마다 작동할 수 있는 복원 체계를 설계하는 전략이다.

- 감지(1.1)가 늦으면, 차단(1.2)은 의미를 잃고
- 차단이 실패하면, 해체(1.3)는 비용이 폭증하며
- 복원력(1.4)이 없다면, 정책은 항상 시장 뒤를 쫓게 된다.

시장은 반응하지만,
정책은 '기억'이 아니라 '구조화된 대응'으로 움직여야 한다.

지금 필요한 건
위기를 제거하는 시스템이 아니라,
무너지더라도 다시 작동하는 금융시장의 체력이다.
이 전략은 금융정책 전체를 떠받치는 기초체력 설계도다.

Ⅳ 현장 진단과 전략적 통찰

1. 정책이 놓친 장면들

《레고랜드는 지방 이슈가 아니었다[18]》

- 1.1 금융시장 위기 감지 -

2022년, 강원도의 '레고랜드 PF 보증 철회'는 단순한 지방정책 변경이 아니라 단기채 시장 전반에 충격을 준 시스템적 위기의 시발점이었다. 지방정부의 발표 하나가 ABCP, CP, 단기채권 전반으로 불안을 확산시켰고, 이후 채권시장안정펀드, P-CBO 등 긴급 대응이 이어졌다. 그러나 시장은 이미 한 번 얼어붙었다.[19]

이 장면이 말하는 정책의 과제

- 리스크 대응에서 '정보 전달 지연'이 공포를 증폭시킨다.
- 지방 이슈가 곧바로 중앙 금융시장으로 전이된 사례
- 실시간 유동성 모니터링, 조기경보 체계, 지자체-중앙정부 간 위기 커뮤니케이션 프로토콜 구축이 필요하다.

《"단 한 장의 채권"이 흔든 시장 – 흥국생명 콜옵션 사태[20]》

- 1.1 금융시장 위기 감지 -

2022년, 흥국생명이 신종자본증권 콜옵션 행사 계획을 철회하면서 국내외 채권시장에 신뢰 위기가 촉발됐다. 비록 당국의 개입으로 콜옵션은 뒤늦게 행사되었지만,

18) 「강원도가 보증한 'ABCP', 부도난 이유는 [레고랜드 사태 톺아보기]」, 『이코노미스트』, 2022.10.26.
19) 시사저널, 「정부가 나섰지만…금융시장 신뢰 회복엔 역부족」, 〈시사저널〉, 2022.10.27.,
한국경제, 「레고랜드發 채권시장 위기, '한은·금융위 개입'에도 쉽게 안 잡힌다」, 2022.10.20.,
한겨레, 「ABCP 부도부터 자금시장 경색까지…'레고랜드 사태' 일지」, 2022.11.03
20) 「흥국생명, 신종자본증권 관행 깨고 콜옵션 미행사…채권시장 경색 지속」, 『인베스트조선』, 2022.11.02.

이미 시장금리는 급등했고, 자본성증권 전반에 대한 회피 심리는 확산됐다. 이 사건은 "한국 금융기관도 약속을 어길 수 있다"는 인식이 퍼진 결정적 계기였다. 콜옵션은 단순한 금융조건이 아니라, 신뢰를 전제로 작동하는 시스템의 약속이다. 그리고 그 약속은 사전 커뮤니케이션 없이 깨졌다.

이 장면이 말하는 정책의 과제

- 신종자본증권이 내포한 구조적 신뢰 취약성이 드러난 사건
- 금융기관의 개별 행위가 전체 시장의 신뢰 위기로 번질 수 있는 구조
- 사전 공시와 명확한 커뮤니케이션, 예측 가능한 운영 원칙 마련이 필요하다.
- 개별 상품의 문제가 아니라, 금융 시스템 전반의 신뢰 인프라 재설계 과제로 접근해야 한다.

《구조가 만든 부실의 고리》

- 1.2 가계·기업 부채 관리 -

초저금리와 풍부한 유동성이 만들어낸 가계부채의 급증은 금리 전환 국면에서 구조화된 위험으로 변모했다. 특히 청년층·다중채무자·중신용자에 집중되며 위기는 개인을 넘어 사회적 불균형으로 이어지고 있다. 규제는 있었지만, 조절 가능한 설계는 없었다.

이 장면이 말하는 정책의 과제

- DSR 중심의 총량 규제는 개인별 위험 구조를 충분히 반영하지 못한다.
- 고위험군(청년·중신용·다중채무자)에 대한 맞춤형 완충 장치와 회복 설계가 필요하다.
- 금융은 단순히 '총량을 조절'하는 것이 아니라, 위험에 놓인 개인이 다시 기회를 가질 수 있도록 설계하는 방식으로 접근해야 한다.

《CDS는 국가만의 이야기가 아니다 - '우발채무'의 민간화[21]》

- 1.2 가계·기업 부채 관리 -

레고랜드 사태 이후, 지방자치단체나 공공기관이 직·간접적으로 보증한 PF 채무가 '한국형 CDS'라는 새로운 리스크로 주목받고 있다. 이는 민간 명의로 발행되지만, 실질적으로는 공공이 신용을 떠안는 구조로, 신용보강 역할을 공공이 수행하면서도 공식적인 재정 통계에는 반영되지 않는다. 인천도시공사, 서울주택도시공사, 지역개발공사 등도 유사한 구조를 갖고 있으며, 위기 발생 시에는 결국 중앙정부의 개입이 불가피해지는 '숨겨진 국가 리스크'로 작동한다.

이 장면이 말하는 정책의 과제

- 공공-민간 간 경계가 불분명한 PF 및 보증 구조의 정비가 필요하다.
- 우발채무 통합 관리체계 구축 및 재정통계상의 가시화가 필요하다.
- 금융기관의 우발채무 익스포저 실시간 파악 체계 구축이 필요하다.
- 보이지 않는 '비공식 국가보증'에 대한 명확한 규율과 커뮤니케이션 원칙 설정

《책임은 나누려 했고, 구조는 다시 경직되었다》

- 1.3 부동산 PF 리스크 대응 -

부동산 PF는 그동안 시공사가 사업 리스크로부터 비교적 자유롭고, 손실은 금융사가 감당하는 구조로 운영되는 경우가 많았다. 시공사는 공정만 맡고 책임에서는 비껴난 채, 미분양이나 공사 지연과 같은 상황에서도 리스크 부담을 회피하는 구조가 반복되었다. 그 결과, 위험은 금융사에 집중되고 시장은 왜곡되었다. 정부는 이러한 책임의 비대칭을 완화하고자, 기존 관행으로 자리잡아온 '시공사 책임준공제'를 공식 제도화하고 강화하는 개선안을 마련했다. 시공사에게 일정 수준의 사업 책임을 부여함으로써, 리스크를 보다 공정하게 나누려는 시도였다. 그러나 제도가 시행되자, 시공사와 금융사 모두 사업 참여에 신중해졌고, 일부 현장에서는

---

21) 「마술 같은 PF, '불신 지옥'으로 가는 관문인가?」, 『시사IN』, 2023.01.16.

자금 조달 지연과 착공 보류 등 새로운 경직성이 나타나기 시작했다. 책임 구조를 바로잡기 위한 제도가 오히려 시장의 유연성을 떨어뜨리는 또 다른 비대칭을 만들어낸 것이다. PF 구조 개편은 단순히 책임을 부과하는 것이 아니라, 시장이 실제로 작동할 수 있는 '리스크 공유의 설계'로 이어져야 한다. 책임은 공평하게 나뉘되, 구조는 경직되지 않아야 한다.

이 장면이 말하는 정책의 과제

- 시공사·금융사 간 리스크 분담 구조의 실질적 설계 필요
- 책임준공제 적용 기준의 합리화(자기자본 비율, 공사 지연 사유 등)
- 유연하고 단계적인 리스크 분산 구조 구축
- 공공-민간 연계 AMC, 구조조정 펀드 등 위기 흡수 플랫폼 확충

《SVB 파산은 미국의 일이 아니었다[22]》

- 1.4 시스템 위기 대응 역량 -

2023년, 미국 실리콘밸리은행(SVB)의 파산은 단 하루 만에 글로벌 금융시장 전반으로 불안을 확산시켰다. 국내 증시도 즉각 반응했고, 은행·증권주가 동반 하락하면서 시스템 전이 가능성까지 거론되었다. 국경 없는 위기는 시차 없이 도달했지만, 우리 시스템은 여전히 그저 '반응하는 구조'에 머물러 있었다.

이 장면이 말하는 정책의 과제

- 글로벌 리스크는 '시차 없는 전이' 구조로 인식해야 한다.
- 사전적 스트레스 테스트 및 통합 위기 감지 시스템 제도화가 필요하다.
- 국내 자산시장과 글로벌 충격 간의 연동 구조 분석 및 복원력 시뮬레이션 강화

22) 황세운, 「실리콘밸리은행(SVB) 파산이 국내 금융시장에 미치는 영향 및 시사점」, 『자본시장연구원 자본시장포커스』 제2023-06호, 2023.3.13.

2. 저자의 메모 – 정책의 언어로 생각하다

《저자의 메모 | 심장박동을 감지하는 금융 레이더》

지금은 디지털 시대다. 우리는 디지털 강국이라 자부한다.
그렇다면, 우리 금융당국 수장의 사무실에는 실시간 '금융 레이더 대시보드' 하나쯤은 있어야 하지 않을까?

실시간 금융 리스크 대시보드란, 단지 숫자들이 나열된 화면이 아니다.
그것은 시장의 징후를 읽고, 위기의 맥박을 감지하는 정책의 감각기관이다.
나는 그것을 '금융정책의 심장박동 모니터'라 부르고 싶다.

당국 수장이 매일 아침 책상 위에서 마주해야 하는 것은
단순한 '환율 1,362원', 'CDS 프리미엄 50bp' 같은 숫자가 아니라,
그 수치들이 정상 범위 안에 있는지, 전일 대비 어떤 방향으로 얼마나 움직였는지,
그리고 과거 위기와 유사한 패턴을 보이고 있는지를
직관적이고 실시간으로 보여주는 '의사결정형 리포트'여야 한다.

이는 마치 건강검진 결과지처럼.
혈압 수치 그 자체보다 '정상 기준', '경고 신호', '전년도 대비 변화'가 더 중요하듯,
금융시장도 현재 위치보다 '변화의 속도'와 '위험의 전이 경로'가 핵심이다.

이러한 '금융 레이더 시스템'은 단순한 관찰의 도구를 넘어,
판단 ➜ 대응 ➜ 학습 ➜ 재설계가 연결되는 정책 반응의 루프로 작동해야 한다.
즉, 중요한 지표들을 실시간으로 감지·분석하여 ➜ 금융 리스크 대시보드에서 시각적으로 보여 주고 ➜ 리스크 징후가 포착되면 ➜ 관련 기관에 즉시 경고 ➜ 공동 대응 시나리오가 자동 트리거되고 ➜ 그 결과가 다시 시스템에 반영되는 동적 순환 구조가 필요하다.

그렇게 될 때, 이 디지털 대시보드는 더 이상 '화면'이 아니다.
그것은 정책 판단의 '두뇌'이자, 위기 대응의 '척추'가 된다.

지금 우리에게 필요한 것은 보고서가 아니라, 즉시 작동하는 리스크 감각 시스템이다.
'너무 늦게 감지한 위기'는 더 이상 위기가 아니라, 정책의 실패일 뿐이다.

《저자의 메모 | 스트레스 테스트는 왜 늘 도상훈련에 머무르는가》

- "디지털 금융의 위기를 점검하는데, 왜 여전히 아날로그 방식으로 연습하는가?"

스트레스 테스트는 이제 금융회사의 건전성 점검을 넘어,
금융 시스템의 위기대응력을 진단하는 핵심 도구가 되었다.
정해진 시나리오(GDP 하락, 금리 급등, 환율 변동 등)에 따라
자본비율, 손실률, 유동성 지표 등을 분석하고, 대응전략(RRP)을 수립하는 구조다.

그러나 매번 느껴지는 구조적 한계가 있다.

첫째, 디지털 시대의 위기를 감지하기엔 너무 느리다는 것이다.

시장 리스크는 실시간으로 전이되는데, 우리는 여전히 연 1~2회 문서로 진행되는
'정지된 도상 훈련'에 머물러 있다.
RPA, 클라우드, 실시간 모니터링 인프라가 충분한 시대에,
왜 위기 시뮬레이션은 여전히 한 박자 느린 행정으로 설계되어야 하는가?

둘째, 금융회사 간 연쇄작용이 배제된 '단독 시나리오'에 머무른다.

각 은행은 자기만의 회복계획(RRP)을 세우지만,
그 가정은 '다른 은행은 아무 행동도 하지 않는다'는 전제 위에 놓인다.
그러나, 실제 위기 시에는 대부분의 금융회사가 비슷한 방향으로 움직이며,
'동조화 리스크'와 상호작용 전이 효과가 위기를 증폭시킨다.
그럼에도 회복계획은 이러한 현실을 충분히 반영하지 못한다.

셋째, 가정의 경로가 너무 단선적이고 현실성이 떨어진다.

GDP 성장률이 하락하면 대출 부실이 늘고,
자산건전성이 악화되고, 자본비율이 하락한다는
선형적 시나리오는 설명은 되지만 현실을 설명하진 못한다.
금융시장의 위기는 언제나 복합적이며 비선형적으로 전개된다.

■ 그렇다면, 이제는 이렇게 바뀌어야 한다.

우리가 필요로 하는 건,
금융회사가 '알아서 제출하는 보고서'가 아니라,

금융당국이 설계하고 작동시키는 디지털 시뮬레이션 체계다.

마치 정부가 을지연습을 주도하듯,
금융감독원이 시장 전체를 단위로 설정하고,
실시간 데이터를 기반으로 위기 시나리오를 설계하며,
금융회사 간의 상호작용, 전이 경로, 동조화 행동까지
동적으로 시뮬레이션하는 구조가 필요하다.

이 시스템은 단지 경제지표의 방향을 가정하는 것이 아니라,
그 변화가 업권별로 어떻게 작동하고,
신뢰·자금·심리의 연결 고리를 따라 위험이 어떻게 확산되는지를 그리는 디지털 지도여야 한다.
그리고 그 지도는 정적인 설계도가 아니라,
지속적으로 학습하고 교정되는 '살아 있는 시뮬레이션 플랫폼'이어야 한다.

■ 핵심은 '현실적인 가정'과 '디지털 시스템 기반의 상시화'다.

- 어떤 지표가 진짜 위기의 신호인가?
- 어떤 변수는 선행지표로, 어떤 변수는 확산 요인으로 작동하는가?
- 위기가 발생했을 때, 업권별·기관별로 어떤 경로로 영향을 받는가?
- 개별기관의 대응전략이 시장 전체에 어떤 파급효과를 미치는가?

이 질문들에 정교하게 답하는 것이,
앞으로의 리스크 관리 역량을 좌우하게 될 것이다.

■ 해외는 어떻게 움직이고 있는가?

이 문제의식은 한국만의 것이 아니다.
미국 FRB, 영국 PRA, 유럽 ECB 역시 지금까지의 스트레스 테스트가
느리고, 단선적이고, 개별 기관 중심이라는 한계를 자각하고 있다.[23)]

- 미국은 '동시다발적 전이'를 반영하는 실시간 테스트 시스템을 탐색 중이고,
- 영국은 '금융회사 간 상호작용 구조'를 포함하는 system-wide 시나리오를 설계 중이며,
- 유럽은 리스크의 네트워크 효과와 심리적 반응 메커니즘까지 반영한 실험적 시뮬레이션을 도입하고 있다.
- 한국의 예금보험공사도 '조기경보시스템'을 통해 각 금융회사의 건전성을 분석하고 있지만, 아직은 '정적 보고 기반'에 머물러 있으며, 시장 전체 시뮬레이션과의 연계는 부족하다.

위기는 예고 없이 오지만,
그 전조는 이미 데이터 안에 있다.

디지털 금융은 실시간으로 작동하는데,
정책은 아직도 '제출된 문서'를 기다린다.

이제는 개별 은행 단위의 연례 도상훈련이 아니라,
'디지털 시대의 을지연습'을 금융감독이 주도해야 할 때다.
그것이 리스크가 오기 전에, 정책이 먼저 움직일 수 있는 유일한 길이다.

《저자의 메모 | 부채는 남았고, 구조는 바뀌지 않았다》

- "빚은 늘었고, 금리는 올랐다. 그런데도 앞이 더 안 보인다."

가계부채 1,870조 원, 기업부채 1,600조 원.
이제 우리 경제는 'GDP의 두 배가 넘는 빚'을 안고 달리는 구조다.
더 이상 '누구의 문제'가 아니라, '한국 경제의 기본 체질'이 되었다.

그런데 지금의 문제는 단순한 숫자가 아니다.
① 빚의 성격이 달라졌고,
② 상환의 리듬이 흐트러졌으며,
③ 구조조정의 타이밍은 늦춰지고,
④ 정책은 여전히 분절된 채 작동하고 있다는 점이다.

■ 지금의 부채는 세 가지 이유로 더 위험하다

1. 버티기가 기본 전략이 된 경제

- 고금리 속에서도 가계는 주택 연착륙을 기대하며, 기업은 '회복'을 기다리며 리스크를 유예한다.
- 하지만 그 유예의 대가로 이자는 쌓이고, 상환 능력은 점점 고갈된다.
- 문제는 부도가 아니라, 끝없이 연기되는 구조조정이다.

2. 질적 악화: 이자 부담은 커지고, 저신용층 중심으로 집중

- 고정금리 대출은 줄고, 변동금리와 장기 분할상환 대출이 늘면서 총이자 부담은 증가했다.
- 금융권 밖 대출, 다중채무자, 저축은행 의존도 상승 등 '비제도권 경계선'에 위험이 집중된다.
- 기업은 수익성보다 차환 능력에 따라 연명하는 좀비기업화 조짐도 보인다.

23) Federal Reserve Board, "Exploratory Scenarios Framework", 2022
Bank of England, "System-Wide Exploratory Scenario(SWES)", 2023
ECB, "Modelling Systemic Risk: Network Approach", Macroprudential Bulletin, 2022

3. 정책은 조각나 있고, 통합된 청사진은 없다

- 가계부채는 금융위, 기업부채는 기재부·산업부, 자영업자 부채는 소상공인진흥공단으로 흩어져 있다.
- 실제로 부채는 얽혀 있지만, 정책은 나뉘어 있다.
  ➜ '가계 + 자영업자 + 중소기업'이라는 현실의 연결 고리는 정책에서 끊겨 있다.
- 이 구조에선 "누가 경제의 심장소리를 가장 먼저 듣고 있느냐"는 질문에 답하기 어렵다.

■ 그렇다면, 무엇이 바뀌어야 하는가?

1. 상환 불능 전 단계에서의 조기 개입 시스템

- 정책은 여전히 연체 이후에 등장한다. 이제는 '상환의 리듬'이 어긋나는 조짐부터 포착해야 한다.
- 예컨대, 소득 대비 이자 부담(DTI/DSR), 다중대환 수요 급증, 채무조정 신청 증가 등은 경고 신호다.
- 이 신호에 기반해 정책 개입이 자동으로 연결되는 구조가 필요하다.

2. 정책의 통합화와 '자동 대응 루프' 설계

- 지금은 금융회사가 위험 신호를 무시하더라도 정책 대응은 '사후 구제'에 그친다.
- 하지만 이상 징후 감지 ➜ 채무조정 프로그램 안내 ➜ 상환유예 ➜ 보증 전환 등 일련의 대응 루프가 자동 설계되어야 한다.
- 개인채무자 보호법상의 채무조정 프로그램을 넘어,
  정책이 '사전 개입'하는 구조로 바뀌어야 한다.

3. 가계-자영업자-중소기업 부채의 통합적 대응 체계

- 지금의 정책은 세 개의 평행선(가계/기업/자영업자)으로 달린다.
- 그러나 현실의 부채는 한 사람의 다양한 경제생활에서 발생한다.
- 진단-조정-지원이 연결된 통합 진단 플랫폼이 필요하다.
  도움이 필요한 사람이 찾아오게 하기보다, 먼저 찾아가서 돕는 시스템이 필요하다.

■ 돌아봐야 할 질문

한국은 과거에도 부채가 많았다. 그런데 왜 지금은 더 위험하게 느껴지는가?

그 이유는 세 가지다.

① 금리는 더 높아졌고,
② 경제는 더 느려졌으며,
③ 미래는 더 불확실해졌기 때문이다.

즉, 부채 자체보다도,
그 부채를 감당할 수 있을지에 대한 '신뢰 가능한 전망'이 사라졌다는 것이 지금의 가장 큰 위험이다.

💬 마무리 메시지

지금은 단순히 부채를 조정할 것이냐가 아니라,
경제 전체의 지속 가능성을 다시 설계할 것이냐를 묻는 시간이다.

부채는 남았고, 구조는 바뀌지 않았다면,
그 리스크는 결국 정책의 실패로 돌아올 것이다.
그리고 그 책임은 '나중에 누가 구제하느냐'가 아니라, 지금 누가 움직이느냐에 달려 있다.

《저자의 메모 | 왜 부동산 PF는 경기 침체기의 고질적 리스크인가》

- "금리가 오르면 분양은 멈추고, 분양이 멈추면 금융이 흔들린다."

한국의 부동산 PF(Project Financing)는 경기 침체기마다 반복되는 위기의 진앙이다.
뉴스로는 '건설사 부도', 'PF 부실'이라는 단어로 불쑥 등장하지만,
그 이면에는 금융 시스템이 특정 자산에 구조적으로 쏠린 결과가 숨어 있다.

■ 그 구조를 다시 보자.

1. 부동산 의존적 경제 구조

- 한국은 가계 자산의 약 75%, 기업 담보 대출의 다수를 부동산에 의존한다.
- 건설 투자/GDP 비중은 OECD 평균(3.4%)보다 높으며, 공공부문 투자만 5%를 상회한다.
- 정부조차도 경기 부양 수단으로 부동산 정책을 반복 활용해 왔다.

☞ 즉, 한국 경제는 경기, 정책, 자산, 금융 모두가 '부동산'을 중심으로 순환되는 구조다.

2. PF의 수익 구조 - "선투입, 후수익"의 위험

- PF는 분양이 확정되지 않은 상태에서 토지 매입 ➜ 시공 ➜ 금융 조달이 선행된다.
- 수익은 완공 후 분양에 달려 있으나, 모든 리스크는 착공 단계부터 누적된다.
- 분양률 하락, 금리 상승, 경기 둔화는 곧바로 디폴트 전조로 연결된다.

☞ 특히 고금리 상황에서는 이자비용은 치솟고, 수익(분양매출)은 증발한다.
☞ '착공 시점엔 낙관, 상환 시점엔 현실'이라는 타이밍 리스크가 본질이다.

3. 비은행권 + 상호금융의 고레버리지 구조

- 증권사, 캐피탈, 저축은행, 보험사 등은 PF에 후순위 대출, 지급보증, 유동화채권 등 다양한 방식으로 얽혀 있다.
- 은행과 달리 자본적정성·유동성 규제가 상대적으로 완화되어 있어, 위험 감수 성향이 높다.
- 특히 '부동산금융센터', 'PF전문본부' 같은 이름으로 자체 수익을 극대화하면서 레버리지 구조가 증폭된다.

☞ 상호금융의 경우, 복수 조합이 타 지역 PF에 공동 투자하는 구조가 많고, 전문성은 부족한 반면 리스크는 과중되기 쉬워 최근 유의미한 부실 신호가 감지되고 있다.
☞ 비은행권이 흔들리면, 시장은 '위기 전조'로 간주한다.

4. 사업장 구조의 불균형 – '수도권 쏠림, 지역 고위험'

- PF 사업장은 전국에 분산되어 있으나, 수익성과 분양률은 지역별 편차가 극심하다.
- 특히 비수도권 중소형 사업장은 미분양률이 높고, 시공사 재무도 취약한 경우가 많다.
- 금융회사는 '담보가치'를 기반으로 대출하지만, PF 구조에선 상환 원천이 '매출'이기 때문에 미분양이 곧 부실로 직결된다.

☞ 그 결과, 지역 기반 중소 건설사 ➜ PF 미분양 ➜ 금융사 유동성 위기의 연쇄가 발생한다.

■ **그렇다면, 어떻게 달라져야 하는가?**

PF는 더 이상 부동산만의 문제가 아니다. 정책이 설계하고 금융이 관리해야 할 시스템이다.

① 분기별 리스크 평가 체계 구축(현재는 연 1회 자체 보고서 수준)
② 책임준공 요건 합리화, 자기자본비율에 따른 규제 차등화 등
③ 후순위 구조, 유동화 설계, 지급보증 등 복합 금융구조에 대한 통합 규율 필요
④ PF 전담기관에 대한 자본 규제, 유동성 비율 재설계
⑤ '분양률 + 지역경기 + 금융노출' 기반의 지역 리스크 지도 구축

■ **해외는 어떻게 대응하는가?**

- 싱가포르: 부동산 대출의 총량을 규제하고, PF 비중 상한 도입
- 호주: PF 리스크를 건설사 + 금융사 + 정부가 공동 분산
- 일본: 금융기관의 지역별 익스포저 공개 및 부실사업장 조기 구조조정 의무화

핵심은 이 질문이다.

금융이 부동산에 기대는 구조에서,
이제 부동산이 금융을 흔드는 구조로 바뀐 것은 아닐까?

PF는 제도의 문제다.
그러나 위기는 시장에서 먼저 드러난다.
정책은 그 징후를 읽고, 제도의 구조를 바꾸는 설계자가 되어야 한다.
그것이 실물경제에 도달하는 금융정책의 첫 조건이다.

《저자의 메모 | 고금리는 왜 PF에 가장 치명적인가》

- "수익은 사라지고, 이자는 쌓인다. PF의 위기는 그렇게 시작된다."

부동산 PF는 본질적으로
'선투입, 후수익'이라는 미래 수익 모델에 기반한다.
즉, 지금 돈을 들이고, 나중에 분양을 통해 상환한다는 구조다.
그러나 이 구조에서 단 하나의 변수만 어그러져도 전체 사업은 흔들린다.
그리고 그 단 하나의 변수, 가장 결정적인 변수는 '금리'다.

PF에 있어 금리는 양면 리스크다

측면	작용 방식	결과
수익 측면	금리 상승 ➜ 대출금리 상승 ➜ 분양수요 감소	분양률 하락 ➜ 매출 감소
비용 측면	금리 상승 ➜ PF 대출 이자 비용 폭증	공사기간 누적 금융비용 증가

➜ 이 두 축이 동시에 작용하면, 현금흐름이 무너진다.

■ 한눈에 보는 PF 위기 시나리오

- 착공 당시 예상:
  분양률 80%, PF 이자율 3% ➜ 수익성 충분, 자금조달 가능
- 상환 시점 현실:
  분양률 60%, 이자율 6%

➜ 분양수익 반토막, 금융비용은 두 배 ➜ 수익은 사라지고, 이자는 쌓인다.

■ PF의 '타이밍 리스크'와 고금리 리스크의 결합

PF는 착공 당시의 낙관을 전제로 설계된다.
그러나 상환 시점엔 금리, 경기, 분양 모두 현실의 변수가 된다.
이때 금리는 그 모든 변수의 증폭 장치가 된다.

분양률이 낮아지는 것도, 미분양이 쌓이는 것도,
결국엔 '금리'라는 구조의 파열음에서 시작된다.

■ **정책이 읽어야 할 신호**

- PF 부실은 부동산 문제가 아니라 '통화 환경'에 반응하는 금융 구조다.
- 금리가 올라가면 단순히 수요가 줄어드는 것이 아니라,
  미래 수익 모델 자체가 붕괴한다.

☞ PF에 있어 고금리는 단순한 변수(variable)가 아니라, 조건(condition)이다.
이 조건이 바뀌면, 사업성·현금흐름·채권 등 모든 것이 함께 움직인다.

《저자의 메모 | 지산은 왜 또 하나의 DLF가 되었는가》

– "상품은 있었지만, 시스템은 없었다."

지식산업센터는 원래 제조업과 R&D를 유치해 산업 기반을 강화하려는 공공 목적에서 시작됐다. 그러나 최근 몇 년 사이, '공실 대란'과 '투자 피해'라는 말이 함께 붙는 부동산 상품이 되어버렸다. 그 모습은 마치 DLF 사태, 즉, 불완전판매와 책임 전가의 시스템을 떠올리게 한다.

1. '불완전판매'는 금융만의 문제가 아니다

- 지산, 오피스텔, 상가 등 부동산 상품도 수익률 과장, 배후 수요 무시, 위험 전가 구조가 반복된다.
- 시행사는 수익 실현 후 빠지고, 시공사는 건축만 완료하면 끝이며, 금융사는 대출만 회수하면 그만이다.
- 분양자(소비자)는 공공의 인허가를 믿고 투자하지만, 누구도 수요 예측 실패에 책임지지 않는다.

"금융은 설명의무라도 있지만, 부동산은 "누가 보장했는가"를 묻는 제도 자체가 없다."

2. 지자체는 왜 '수요 없는 공급'을 허가했는가?

- 지자체는 지역 경기 활성화와 세수 확보, 민원 해소를 이유로 공급을 조장하는 촉진자가 되어 왔다.
- 건축 인허가, 용도 변경, PF 인센티브 제공까지, 지역 정치·경제 논리에 따라 공급이 결정된다.
- 수요 예측, 공공통계, 입지 타당성 검토는 제대로 이뤄지지 않았고, 결과는 공실률 40%라는 현실이다.

"시장은 실패했지만, 그 실패를 '공공 실패'로 인식한 사람은 없었다."

3. PF 구조는 왜 이렇게 취약한가?
- 리스크 회피 장치 없는 고위험 설계의 민낯

PF는 본질적으로 고위험 구조다. 문제는, 그 위험을 흡수하거나 전가할 제도적 장치가 거의 없다는 점이다.

일반 금융	리스크 회피 장치	PF 구조의 부재
대출	대손충당금, 스트레스 테스트	없음: 손실 발생 시 '갑작스러운 부실'로 인식됨
보험	리스크 기반 보험료, 지급준비금	없음: 미분양 보험, 책임보험 체계 미비
증권	내부통제, 적합성 원칙, 설명의무	없음: 분양 브로셔만 존재, 제도적 설명의무 없음
시장	예금자 보호, 파산 방지 장치	없음: SPC, 시행사 구조는 '무책임 설계'

☞ PF에는 '감당 가능한 손실을 분산할 제도'가 없고, '위험이 발생할 때 신호를 주는 시스템'도 없다. 이 구조는 실패를 예고하면서도 책임지는 주체가 아무도 없는 설계다.

4. 무엇이 바뀌어야 하는가?(예시)

① 공공 부동산 상품에 대한 '설명 의무' 제도화
➜ 기대수익률 산정 기준, 수요 예측 보고서 공개 의무화
② 미분양·공실 보험, 후순위 위험 보장기구 설계
➜ 금융회사가 PF 구조에 따라 일정 리스크를 분담하도록 유도
③ 지자체 인허가 전 분양가능성 심의 제도 도입
➜ 공급이 허가되기 전에, 실제 수요와 타당성 평가를 의무화
④ PF 스트레스 테스트 의무화 및 통합 익스포저 공시
➜ 업권·지역별 PF 건전성 모니터링 체계 신설
⑤ PF 정책을 종합 설계·조정할 컨트롤타워 신설
➜ 금융위, 국토부, 기재부, 지자체가 단절된 조각이 아닌 통합된 정책지도를 바탕으로 협력해야 한다.
➜ PF는 더 이상 '하나의 부처'가 관리할 수 없는 복합 정책 영역이다.

PF는 위험한 구조였지만, 그 위험을 분산할 제도는 방치되었다.
문제는 수요가 아니라 책임이 없는 공급, 그리고 책임을 회피하도록 설계된 금융 시스템이었다.

■ 핵심 질문

- 공공은 왜 아무것도 하지 않았는가?
- 상품은 있었지만, 시스템은 왜 없었는가?
- 왜 구조는 반복되는데, 책임은 반복되지 않는가?
- DLF는 불완전판매로 문제 됐는데,
  더 구조적으로 위험하고, 파급력까지 큰 지산은 왜 공론화되지 않았는가?

PF는 단순한 건설사업이 아니라, 정부가 설계하고 주도해야 하는 정책이다.
집을 짓는 데서 멈추지 않고, 공급 전반을 조율하는 시스템이 되어야 한다
정책이 제 역할을 하지 못하면, 실패는 반복되고 교훈은 잊힌다.

이제 복원된 금융 시스템 위에서,
다음으로 설계해야 할 것은
지속적인 신뢰의 구조다.
시장이 버티는 것만으로는 부족하다.
소비자와 투자자가 믿고 기대할 수 있는
'금융의 설명력'을
어떻게 설계할 것인가가
두 번째 전략의 출발점이다.

제2전략

금융신뢰 회복과 소비자 중심 구조 설계

"신뢰가 없는 금융은, 작동하지 않는다"

I 제2전략의 문을 열며

왜 이 전략인가?:

금융은 고객과 시장의 신뢰 위에서만 작동한다.
그런데 지금의 금융은, 그 신뢰를 잃고 있다.

과거에는 상품의 내용보다 공급 자체가 중요한 시기가 있었다.
KIKO, 사모펀드, DLF, 파생결합증권…
금융회사의 설명은 있었지만, 고객의 이해는 없었고
동의는 있었지만, 신뢰는 없었다.

금융은 단지 팔고 끝나는 상품이 아니다.
이해와 책임이 연결된 관계의 구조여야 한다.
신뢰는 천천히 쌓이지만, 무너지는 건 단번이다.
그 충격을 우리는 여러 차례 겪어왔다.

금융은 시스템이기 이전에
고객과의 관계이고, 사회와의 약속이다.
그 관계는 진실성 있는 책임으로 설계되어야 한다.

지금 우리에게 필요한 것은
사고 이후의 보상이나 수습이 아니라,
처음부터 신뢰가 작동하는 구조 설계다.

하지만 시장의 신뢰는,
상품 구조나 설명 책임만으로는 완성되지 않는다.
금융이 제대로 작동하려면, 그 신뢰는 시장 안에서 유지되고,
사회와의 관계 안에서 확장되어야 한다.

금융이 다시 신뢰받으려면,
시장 내부의 구조뿐 아니라,
금융이 사회와 연결되는 방식 자체를 바꿔야 한다.

전략의 흐름과 설계도:

개인 ➜ 시장 ➜ 사회	신뢰의 구조를 단계적으로 회복·구축하는 전략

금융소비자 보호와 금융신뢰 회복은 단순한 "규제 강화"가 아니다.
이 전략은 금융의 작동 방식, 시장의 질서, 제도의 문화 자체를
소비자 중심으로 재정렬하는 설계 전략이다.

신뢰는 규제에서 나오는 게 아니다.
신뢰는 사람들이 기대한 대로 작동하는 구조,
그리고 책임이 설계된 체계 안에서 만들어진다.

제2전략은 다음 세 가지 축으로 작동한다:

2.1 금융상품 설계 책임 강화와 판매구조 개편

➜ '판매 이후'가 아닌, '상품 설계 이전'부터 소비자를 고려하는 구조 설계
➜ 소비자가 상품을 이해하기 전에,
상품이 소비자를 고려해 설계되도록 구조화

2.2 시장 내 불법·불공정 행위 대응과 공정 질서 회복

➜ 단순한 사후 제재가 아닌, 감시-처벌-질서 복원까지 연결된 대응 체계 구축
➜ 신뢰를 깨뜨리는 행위를 구조적으로 차단하는 시스템 설계

2.3 금융의 사회적 역할을 재설계하다 – 사회적 금융의 제도화 전략

➜ 금융의 바깥, 사회와의 연결 구조를 재설계
➜ ESG, 생애주기 맞춤형 금융, 지역기반 전달체계 등을 통해 금융의 신뢰를 시장 내부에서 사회 전반으로 확장하는 전략

이 전략은, 제1전략이 설계한 복원 가능한 시스템 위에,
금융의 사회적 작동 기반인 '신뢰'를 구축하는 구조다.

제2전략 요약: "신뢰를 설계하라"

하위전략	핵심 개념	정책 방향
2.1 설계 단계의 책임 구조화	'판매 이후'가 아니라, 상품 설계 이전부터 신뢰가 작동하도록 구조를 설계	소비자 관점 설계 기준 + 내부 책임 연동 시스템
2.2 불법·불공정 행위 대응 구조 설계	신뢰를 훼손하는 시장 행위에 대한 감시-제재-질서 회복 구조 구축	실질적 감시체계 + 공정 질서 복원의 제도 설계
2.3 금융 신뢰의 사회적 확장	금융의 외연을 사회와 다시 연결하는 신뢰 기반 재설계	사회적 금융 구조화 + 신뢰 기반 접근성 강화

Ⅱ 제2전략은 이렇게 작동한다

2.1 금융판매 전 과정의 책임 구조화: 이해와 신뢰를 설계하는 금융

“금융은 파는 구조가 아니라, 이해를 설계하는 구조여야 한다.”

✔ 전략의 첫 장면

금융이 여전히 복잡한 상품을 일방적으로 설명하고,
소비자의 이해보다 판매 실적을 우선한다면,
어떤 보호 장치도 실질적 신뢰로 이어질 수 없다.

키코(KIKO), DLF, 라임·옵티머스, 파생결합증권…
문제는 상품 자체가 아니라,
그 상품이 어떻게 설계되었고 어떻게 팔렸는가였다.

설명은 복잡했고, 서류는 많았지만,
소비자의 이해는 남지 않았다.

‘적합성’과 ‘적정성’은 말뿐인 체크리스트가 되었고,
상품 설명은 형식에 그쳤으며,
실질적 동의 없는 ‘형식적 동의’가 금융의 신뢰를 무너뜨렸다.

- KIKO 사태는 환율 리스크를 설계 단계에서 기업에 전가했고, DLF는 고령 소비자가 이해할 수 없는 구조를 판매했고, 라임·옵티머스는 애초에 감춰진 구조 자체가 신뢰를 무너뜨렸다.
(➔《정책이 놓친 장면들 - 키코(KIKO) 사태: 환율은 소비자가 통제할 수 없었다》 참조)

■ 정책 실패가 반복된 구조적 이유

키코는 환율 리스크를 기업에 전가했고,
DLF는 고령 소비자에게 복잡한 구조를 이해시키지 못했다.
라임·옵티머스는 투자자 보호장치가 존재하지 않았다.

이 사건들은 모두 설계-판매-설명의 단절,
즉, 설계 책임이 없는 구조에서 시작된 실패였다.

금융은 소비자가 이해해야 하는 구조가 아니라,
애초에 소비자를 고려해 설계되어야 하는 구조다.

● 키코 사태 당시 약 500여 개 중소기업이 환율 급등 손실로 퇴출 위기에 몰렸다. DLF 사태의 경우, 2019년 우리은행과 하나은행이 판매한 상품에 총 3,654명의 개인 투자자가 7,326억 원을 투자했으며, 일부 상품은 최대 98.1%에 달하는 손실률을 기록했다.[24)]

■ 전략의 구조 – 설계 ➜ 판매 ➜ 사후로 이어지는 3단계 책임 체계

신뢰는 단절된 절차가 아닌, 유기적으로 연결된 구조에서 비롯된다.
설계 단계에서의 책임이 판매 과정에서의 설명으로 이어지고,
그 책임은 사후 구조 안에서 실질적으로 회복되어야 한다.
설계-판매-사후는 분리된 절차가 아니라,
하나의 흐름 속에서 작동하는 책임 시스템이다.

① 설계 단계 – 상품 자체의 책임 구조화

➜ "상품이 소비자를 고려해 설계되도록 한다."

---

24) 매일경제, 「DLF 손실률 최대 98%...개인투자자 피해 확산」, 2019.9.19.
인베스트조선, 「DLF 사태, 불완전판매 배상 비율 최대 80% 결정」, 2019.12.9.

금융상품은 처음부터 책임을 가지고 설계되어야 한다.
상품 구조가 지나치게 복잡하거나, 수익과 손실 구조가 소비자에게 불리하게 짜여 있는 경우, 그 피해는 결국 소비자에게 돌아간다.
지금까지는 '판매 과정'에만 초점이 맞춰져 있었지만,
이제는 설계 단계에서부터 소비자의 관점이 반영되어야 한다.
신뢰는 마지막에 생기는 것이 아니라, 시작부터 설계되는 것이다.

- 금융소비자보호법(금소법)의 적용 범위를 상품 '설계' 단계로 확대
  - ➜ 소비자에게 불리한 구조나 과도한 정보 비대칭이 없도록, 설계단계부터 법적 책임 부과
- 금융회사 내부의 상품 심사 체계 강화
  - ➜ '판매용' 심사가 아닌, '소비자 보호 중심' 심사로 전환
  - ➜ 상품 출시 전, 소비자 관점의 체크리스트(예: 위험요소 명확성, 이해가능성)를 도입
- 복잡한 파생 구조에 대한 사전 검증 체계 마련
  - ➜ 수익구조, 리스크 발생 조건 등을 소비자가 이해하기 어렵게 설계된 구조는 출시 이전 단계에서 걸러낼 수 있도록 시스템 정비

● 핵심은, '문제가 발생하지 않게 설계하는 것'이다. 판매 이후의 분쟁 조정보다, 판매 이전의 구조 설계가 더 중요하다.

---

② 판매 단계 - 설명의 실질화와 이해 기반 판매 절차 설계

➜ "설명은 양이 아니라, 이해의 질이다."

금융상품 판매에서 가장 큰 문제는
'설명은 했지만, 소비자는 이해하지 못했다'는 점이다.
설명의 양이나 형식이 아니라, 소비자가 실제로 이해했는지가 핵심이다.
특히 복잡한 구조의 상품일수록 설명은 더 명확하고 구체적이어야 하며,
그 과정은 모두 기록으로 남아야 한다.
기억이 아니라 기록이 책임을 지는 구조로 바뀌어야 한다.

- 핵심설명서 + '한 장 요약' 제도 도입
  - ➜ 수십 장짜리 상품설명서가 아닌, 핵심 위험요소, 수익구조, 환매 조건 등을 A4 한 장에 요약해 소비자가 '쉽게' 이해할 수 있도록 제공한다.
- 설명 이행 여부 기록 시스템
  - ➜ 판매자가 실제 어떤 설명을 했는지, 어떤 자료를 제공했는지를 디지털 로그로 저장하고 분쟁 발생 시, "설명했는가?"를 '말이 아닌 시스템 기록'으로 확인한다.
- 고위험 상품 전담 판매체계 구축
  - ➜ 파생상품, 사모펀드 등 고위험 금융상품은 일반 창구가 아닌 전담 채널 및 인력을 통해 판매한다.
  - ➜ 상품별로 은행, 증권사, 온라인 플랫폼의 책임 범위를 명확히 분리한다.
- 판매기록 추적 시스템 의무화
  - ➜ 설명, 교부, 응대 등 판매 전 과정을 자동 저장하고 보존한다.
  - ➜ 판매자 입장에선 책임을 구조화하고, 소비자 입장에선 입증 부담을 덜어주는 장치로서 기능할 수 있다.

● '이해했는가'보다 '이해할 수 있도록 했는가'를 확인할 수 있는 구조가 필요하다.
판매는 설득이나 유도가 아니라, 설명이며 책임이다.

---

③ 사후 단계 - 원상회복 가능성을 내장한 책임 구조 설계

➜ "판매 이후의 책임이 실질적으로 작동하도록 만든다."

금융상품은 한 번 팔고 끝나는 구조가 아니다.
구조적 결함이 있거나, 판매 과정에서 문제가 있었다면
그에 따른 책임도 사후적으로 작동할 수 있어야 한다.
신뢰는 판매 당시가 아니라, 문제가 생겼을 때
얼마나 복원 가능한지를 통해 완성된다.

- 금융상품 리콜제도 검토(설계 결함이나 구조적 오류의 경우)
  - → 상품 자체에 구조적 오류 또는 명백한 소비자 오해 유발 요소 존재 시 금융회사의 전액 책임 하에 환매 또는 회수 조치를 한다.
  - → 단, 요건은 명확하고 구체적으로 규정한다. (예: 핵심정보 누락, 수익구조 오도)
- 환매권 제도화 검토(판매 절차 중 중대한 하자의 경우)
  - → 설명 미이행, 정보 비대칭, 고령자 오판 유도 등 명백한 절차적 하자 발생 시 소비자가 일정 기간 내 환매 요청할 수 있도록 제도화한다.
- 불완전판매 추정 제도 검토
  - → 고령자, 디지털 소외계층 등 취약계층에게 구조가 복잡한 고위험 상품 판매 시 불완전판매로 추정해 소비자에게 입증 책임을 전가하지 않도록 구조화한다.
  - → 단, 남용 방지를 위해 엄격한 요건을 설정한다.

● 금융상품의 책임은 '판매 시점'에서 끝나지 않는다. 문제가 발생했을 때, 소비자가 실질적인 권리를 행사할 수 있는 장치가 필요하다. 그게 사후책임의 구조화다.

핵심 메시지:

- 금융은 파는 구조가 아니라, 이해를 설계하는 구조여야 한다.
- 설계-판매-사후는 분리된 절차가 아니라, 하나의 책임 구조다.
- 설명이 아니라 이해, 절차가 아니라 실질이 신뢰를 만든다.

《사례 진단 - DLF 사태, 형식화된 절차, 작동하지 않은 설명》

"위험은 설명받았지만,
실제 구조는 하나도 이해되지 않았다."
- 당시 DLF 투자 피해자 인터뷰

금융은 단지 서류를 건네고 위험을 고지했다고 해서
소비자가 이해한 것이 되지 않는다.

DLF 사태는 '설계의 복잡성', '설명의 형식화', '내부통제의 무기능'이 동시에 작동하며 금융신뢰가 무너진 대표 사례였다.

■ **DLF 사태 요약**

항목	내용
상품 구조	독일 국채금리 하락 시 수익, 상승 시 손실 구조
주요 피해자	고령 투자자 다수, 원금 손실 경험 없는 초보 투자자 중심
문제 지점	구조적 이해 어려움, 설명 불충분, 사내 상품 심사 및 통제 미흡

■ **시사점**

- 단지 설명이 부족했던 것이 아니라, 상품 설계 단계부터 소비자를 고려하지 않은 구조였다.
- 절차는 존재했지만 실질은 없었고, 서류는 남았지만 신뢰는 남지 않았다.
- 설계-판매-설명의 단절, 바로 그 구조가 실패의 원인이었다.

《개념 해설 - 고위험 금융상품, 어떤 절차로 설계되어야 하나》

■ **고위험 금융상품, 어떤 절차로 소비자의 '이해'를 증명할 것인가**

금융은 위험을 설명하는 것으로 끝나지 않는다.
고위험 금융상품일수록, 소비자가 진짜로 이해했는지를
절차가 아니라 구조로, 형식이 아니라 실질로 증명해야 한다.
'적합성·적정성' 원칙이 현장에서 말뿐인 장치가 되지 않으려면,
판매 전 모든 단계가 소비자의 이해 도달 가능성을 전제로 설계되어야 한다.
DLF, 라임·옵티머스, ELT…
모든 사태는 '동의는 있었으나, 이해는 없었던 구조'에서 출발했다.

■ **고위험 금융상품 판매 체크리스트(예시)**

단계	필수 점검 내용	주체
① 사전 적합성 판단	투자성향, 투자경험, 위험수용도 평가	판매사
② 핵심설명서 제공	예상수익률, 손실한도, 유동성 리스크 등 핵심사항 간명하게 요약	판매사
③ 투자자 설명 확인서 서명	단순 서명이 아닌, 설명 확인·이해 체크리스트 기반	투자자
④ 숙려기간 제공(쿨링오프)	일정 기간 내 계약 철회 가능(청약철회권 포함)	투자자
⑤ 최종 적정성 판단 및 녹취·보관	판매자 책임하에 최종 판단, 모든 과정 녹취·보관	판매사
⑥ 사후 보호장치 안내	리콜제도, 분쟁조정 절차, 피해구제 안내 제공	판매사

■ **정책적 함의**

- 지금까지의 절차는 종종 "책임을 회피하는 장치"에 머물렀다.
- 이제는 "판매가 소비자의 이해에 도달했는가"를 구조적으로 입증할 수 있어야 한다.
- 핵심은 문서의 양이 아니라, 이해의 질이다.
- 판매자는 '정보를 제공했다'가 아니라, '이해를 설계했다'는 것을 입증해야 한다.

《정책 구조 리뷰 - 라임·옵티머스 사태, 금융신뢰의 구조적 붕괴 사례》

■ **라임·옵티머스 사태, 무엇이 무너졌고 무엇이 바뀌었나**

"소비자는 동의했지만, 이해하지 못했다."
라임과 옵티머스 사태는 단순한 금융사고가 아니라,
금융판매 구조 전체가 소비자 신뢰를 무너뜨린 사건이었다.
이 두 사건은 사모펀드 제도, 내부통제, 판매절차, 감독기능의 총체적 실패를 드러냈다.

■ **핵심 일지 요약**

시기	사건 요약	제도적 반응
2019.10	라임자산운용 환매 중단 발표 (1.6조원 규모)	전수조사 실시, 판매사 제재 착수
2020.06	옵티머스자산운용 환매 중단 및 펀드 조작 정황 확인	검사 강화 및 수사 의뢰, 사기 혐의 적용
2020.07~	라임·옵티머스 수탁사, 증권사, 판매사 간 '책임 미루기' 본격화	금감원 분쟁조정 절차 가동
2021.03	금융소비자보호법 전면 시행 (2021.3.25)	적합성·적정성 강화, 징벌적 배상 도입
2022~	후속 제도 정비 진행	고난도 상품 사전심사제 시범도입, 리콜제 논의 등

■ **이후에도 신뢰 붕괴는 멈추지 않았다.**

2023년 하반기, 홍콩 H지수 연동 ELT(주가연계신탁) 대규모 손실 사태가 발생하면서 다수의 시중은행이 수천억 원대의 사적 배상에 나섰다.

금감원은 은행들의 판매 과정에서 위법 소지가 있었다고 판단했고,
그에 따라 사적 배상 및 행정지도 조치가 이어졌다.
소비자는 "은행이 팔면 안전하다고 믿었고, 설명은 이해할 수 없었다"고 반응했다.

→ 라임·옵티머스가 제도 이전의 실패였다면,
ELT 사태는 '제도가 생긴 뒤에도 관행이 바뀌지 않았던 현실'을 보여준 사건이었다.

■ **정책적 시사점**

- 이 사건들은 '제도가 없었던 게 아니라, 작동하지 않았던 것'의 전형이었다.
- 판매사는 형식적 동의만을 확보했고, 내부통제는 기능하지 않았으며, 감독기관은 사후 대응에 머물렀다.
- 금융소비자보호법은 그런 실패 끝에 만들어졌지만, 진짜 중요한 건 제도가 실제로 작동하게 만드는 실행력과 현장 설계다.
- 금융신뢰는 사고 이후의 보상이 아니라, 판매 이전의 설계와 판매 과정에서의 작동하는 책임 구조에서 출발한다.

2.1 전략 한눈에 보기

"이해되지 않는 금융은, 책임지지 않는 구조를 낳는다."

구분	내용
전략의 목적	상품 설계부터 판매, 사후구제까지 단절 없는 책임 구조를 통해 금융소비자의 신뢰 회복
핵심 문장	"금융은 파는 구조가 아니라, 이해를 설계하는 구조여야 한다."
위기 구조	설계-판매-사후 책임의 단절 ➜ 이해 없는 동의 ➜ 반복되는 불신과 분쟁
정책 핵심 과제	1 설계단계 소비자 보호 의무화(금소법 적용 범위 확장 등) 2 핵심설명서 + 판매기록 추적 시스템 3 고위험 상품 전담 판매체계 구축 4 리콜제도·환매권 등 사후 보호 장치 제도화
정책 설계 원리	사전 예방 - 실질 설명 - 사후 구제의 3단계 책임 구조화
핵심 메시지	"신뢰는 서명에서 시작되지 않는다. 설계에서 시작되고, 설명으로 증명되며, 사후 책임으로 완성된다."

2.2 시장 내 불법·불공정 행위 대응과 공정 질서 회복

"감시받지 않는 시장은 결국 파국을 향한다."

✔ 전략의 두 번째 장면

신뢰를 잃은 시장은 정보보다 의심이 먼저 움직인다.
공매도 불공정, 주가조작, 보이스피싱, 불법 대출 브로커, 사모펀드 불신…
금융시장을 흔드는 사건들은 더 이상 예외적 사고가 아니라 구조적 리스크다.
특히 디지털화 이후 불법 금융행위는 더 정교해졌고, 피해는 더 빠르게, 더 넓게 확산되고 있다.

하지만 신뢰는 단속으로 회복되지 않는다.
작동하는 감시와 투명한 질서, 바로 그것이 신뢰의 기반이다.

신뢰가 무너진 시장에선
정보는 독점되고, 기회는 왜곡되며, 규제는 외면당한다.
감시는 규제가 아니라 시장을 떠받치는 인프라이며,
공정성과 투명성은 그 인프라가 작동하는 설계 조건이다.

→ 이 전략은 단속을 넘어, 자본시장 질서 회복부터 디지털 범죄 대응, 그리고 금융기관 내부통제와 감독체계 전환까지 신뢰 회복의 전 과정을 구조화하려는 시도다.

- 2023년 '라덕연 불공정 거래 사건'은 자본시장 전반의 구조를 흔든 충격 사례였다.
  (➔ 《정책이 놓친 장면들 - '라덕연 사태', 투자자 신뢰를 무너뜨린 불공정 거래》 참조)
- 보이스피싱은 음성합성·AI·플랫폼 탈취 기술까지 결합된 '알고리즘형 사기'로 진화하고 있다.
  (➔ 《정책이 놓친 장면들 - 보이스피싱 진화, 금융소비자 사기의 알고리즘화》 참조).

지금 필요한 시장 질서 회복 과제는 다음과 같다:

① 자본시장 불공정거래·회계분식 등 근절 및 제도 신뢰 회복

➜ "시장 질서는 단속이 아니라, 투명한 설계 위에서 작동한다."

공매도, 주가조작, 허위공시, 회계분식-
자본시장을 흔든 사건들은 제도 자체의 문제가 아니라,
제도를 둘러싼 정보 비대칭과 감시 부재에서 시작되었다.

공매도는 시장의 필수 기능이지만,
정보 격차와 실시간 공시 미비가 불공정 논란을 키웠고,
반복된 무차입 거래와 외국인 중심 운영은 시장의 신뢰를 흔들었다.

주가조작과 허위공시 역시
시장 질서의 사각지대에서 은밀히 반복되었고,
AI·알고리즘 기반 거래의 확산은 새로운 불공정 리스크로 부상하고 있다.

이제는 단속이 아니라,
실시간 감시와 공정 질서를 전제로 한 제도 설계가 필요하다.

- 공매도 제도의 투명성 강화 및 감시체계 고도화
  ➜ 사전 차입 의무화, 무차입 거래 차단, 실시간 잔고 공시 등을 통해
  ➜ 공매도에 대한 불신을 해소하고 투명한 운영 기반을 확립한다.
- 정보 격차 해소 및 개인 투자자 보호 인프라 확충
  ➜ 기관과 외국인 중심의 정보 독점 완화, 공매도 포함 거래내역 공시 확대
  ➜ 시장 접근의 공정성과 신뢰를 회복한다.
- 주가조작·허위공시 등 자본시장 불공정거래에 대한 대응 강화
  ➜ 반복적 위반자에 대한 형사처벌 연계, 상장폐지 등 실효적 조치 마련
  ➜ 불공정 행위가 시장 질서를 무너뜨리는 구조를 차단한다.

- AI·알고리즘 기반 이상 거래 조기 탐지 시스템 도입
  - ➜ 초단타 고빈도 거래, 패턴화된 시세조종을 실시간 감지
  - ➜ 기술 기반 금융사기의 조기 차단 시스템을 마련한다.
- 통합 감시·분석 플랫폼 구축 및 감독체계 정비
  - ➜ 자본시장 내 불공정 행위를 종합 분석하는 통합 모니터링 체계 마련
  - ➜ 감독의 범위와 감시의 깊이를 한층 높인다.
- 불공정거래 조사-처벌 절차의 압축 및 실효적 제재체계 구축
  - ➜ 거래소-금감원-금융위-검찰로 이어지는 단계의 연결성을 강화하고
  - ➜ 잘못된 행위에 대해 단계별 정보 누락 없이 신속히 수사·처벌·환수가 이뤄지도록 시스템화한다.

- 2023년 외국계 증권사의 무차입 공매도 반복 적발로 시장 신뢰에 큰 타격[25)]
- 공매도는 필요한 제도이지만, 불공정하게 작동할 때 시장은 투기장처럼 인식되므로, 공매도 자체를 둘러싼 정보, 감시, 책임의 3박자를 갖춘 제도 개편이 필요하다.

---

② 자산운용시장 감독 체계 개편과 책임 연계 구조 정비

➜ "감독은 단순한 지침이나 안내가 아니라, 위험을 미리 감지하고 대응할 수 있어야 한다."

사모펀드는 원래 전문투자자 대상의 고위험 상품이지만,
실제로는 내부통제가 작동하지 않았다.
라임·옵티머스 사태는 단지 펀드의 실패가 아니라,
감독 시스템이 사후적으로만 작동한 구조적 문제였다.

펀드 구조는 복잡했지만, 설명은 단순했고
설계자(운용사)와 판매자(은행·증권사)의 책임은 흐려졌으며
사고 이후의 조사만 있고, 사고 이전의 개입 장치는 없었다.

---

25) 금융위 보도자료, 2023.11.6., 금융위 보도자료, 2025.3.31

이제는 실질 감독 체계를 재설계할 필요가 있다.
설명-실제 운용 간 괴리 감시, 이상 징후의 실시간 탐지,
그리고 책임 분산이 아닌 연계 설계가 핵심이다.

- 설명-운용 실물 간 괴리 감시 시스템 구축
  - ➜ 설명서와 실제 자산 운용이 다를 경우 자동 감지
  - ➜ 비상장 자산 편입, 포트폴리오 급변 시 사전 경고
- 운용사-판매사 간 연계 책임 구조 명확화
  - ➜ 설계한 곳(운용사)과 판 곳(은행·증권사)의 이원적 책임 부여
  - ➜ 사고 발생 시 양측 모두에 감독·제재 책임 부과
- 펀드 이상 징후에 대한 상시 모니터링 체계 도입
  - ➜ 환매 지연, 수익률 급변, 포트폴리오 변경 등 이상신호 실시간 감지
  - ➜ 감독당국이 사후 조사자가 아닌 사전 개입자가 되도록 전환

● 라임자산운용은 공공기관 회사채에 투자한다고 설명하면서, 실제로는 비상장기업 대출, 자기펀드 돌려막기 구조를 설계했다. 감독당국은 이를 환매 중단 이후에야 인지했다. 사고는 이미 벌어졌고, 감독은 늦었다.

---

③ 불법 금융행위 전반에 대한 통합 감시체계 구축

➜ "시장을 무너뜨리는 건 규제가 아니라, 예외다."

보이스피싱, 불법사금융, 미등록 투자 권유, 온라인 유사수신 광고-
불법 금융은 디지털 환경에서 진화하는 동시에,
여전히 민생의 그늘 속에서도 반복되고 있다.

문제는 단속의 범위보다, 예외가 누적되는 구조다.
AI·플랫폼 기반의 기술형 사기부터, 전통적 불법사채·유사수신 광고까지—
이제는 데이터 기반 탐지, 지역 기반 단속, 플랫폼 연계 책임을 아우르는
입체적 감시 인프라가 필요하다.

이제는 사후 단속이 아니라,
데이터 기반 이상 징후 탐지-플랫폼 공동 책임-피해 조기 차단을 중심으로 상시적이고 통합된 예방 체계가 필요하다.

- 디지털 범죄 유형별 위험 모델링 및 이상 징후 조기 감지
  - ➜ 보이스피싱·불법사금융의 반복 패턴, 의심 시기·계좌·수법 등에 기반
  - ➜ 유형별 알고리즘 모델 설계 및 실시간 탐지 체계 구축
- AI·플랫폼 기반 범죄 대응 체계 및 책임 설계
  - ➜ 간편송금·오픈뱅킹 등 플랫폼 내 이상거래 탐지 의무 강화
  - ➜ 사기 입금 유도 등 '입구 단계'에서 차단 가능한 기술·법제 마련
- 소비자 피해 조기 감지 시스템 구축
  - ➜ 민원이나 신고 이후가 아니라, 이상 패턴 자체를 자동 감지
  - ➜ 위험 계좌, 유사 문구 광고, AI 변조 음성 등 조기 탐지·차단
- 불법 사금융·유사수신 광고 실시간 모니터링 강화
  - ➜ SNS·유튜브·포털 커뮤니티 기반 광고 감지 AI 도입
  - ➜ 금융소비자보호원-금감원-경찰청-지자체 간 실시간 정보 연계 체계
- 불법 금융 단속을 위한 지역 특사경 권한 확대 검토
  - ➜ 현장 단속권 강화를 위해 지자체 공무원에 특별사법경찰 지정
  - ➜ 지역 기반 불법 대출·광고 대응을 위한 전담조직 마련

● 보이스피싱 피해, 여전히 증가 중: 2024년 피해액은 6,760억 원으로 전년 대비 18% 증가. 고령층·디지털 취약계층 대상 고도화된 수법 확산.[26)]

---

④ 내부통제 실효성 제고 및 상시 감독체계 전환

➜ "절차가 아니라, 책임이 작동해야 한다."

내부통제가 있다는 것만으로 사고는 막을 수 없다.

26) 금융감독원, 「2023년 보이스피싱 피해현황 분석」, 2024.1.25.
세계일보, 「보이스피싱 피해 6,760억…전년보다 18%↑」, 2025.1.9.

DLF, 라임·옵티머스, ELT 등 반복된 금융사고들은
내부통제가 '존재했지만 작동하지 않았다'는 구조적 실패를 보여줬다.

상품 설계-운용-판매의 전 과정에서
위험을 감지하고, 경고하고, 사고 시 책임을 지는 시스템.
그것이 통제이며, 그에 대한 감독의 전환이 필요하다.

이제 감독은
사후 징계가 아니라,
사전 감시와 실질 책임이 작동하는 구조로 나아가야 한다.

- 내부통제 미작동 시 최고경영진까지 책임 묻는 책무 구조 설계
  - ➜ 단순 실무자가 아닌, 내부통제 부재 또는 방치에 대한 경영책임 명확화
  - ➜ 2025년 시행된 '책무구조도 제도'를 안정적으로 정착
- '기관주의' 수준을 넘는 정량적 제재 기준 마련
  - ➜ 고위험 상품 반복 사고, 내부통제 미흡 시 정량 기준 따라 실질적 과징금 부과
  - ➜ 제재를 형식적 경고에서 정량 기준에 따른 실질 처벌로 강화
- 설계-운용-판매 전 과정 통합 감독체계 구축
  - ➜ 고위험 금융상품은 금융회사 내부 또는 감독당국의 여러 기능별 조직에 걸쳐 설계·운용·판매가 분절되어 있어, 책임과 감시가 단절
  - ➜ 자산운용사-투자부서-판매채널을 '하나의 감독 루프'에서 통합적으로 감시
- 사후 감독 중심 구조에서 상시 모니터링 체계로 전환
  - ➜ 위험 감지-이상 징후 분석-즉각 대응까지 이어지는
    일상화된 감독 체계 구축
  - ➜ 감독 사각지대를 없애는 '통제의 평시화'

● 지배구조법에 따라 2025년 1월부터 본격적으로 책무구조도 제도가 시행되었다. 중대한 내부통제 위반 사고가 발생시 최고경영진도 처벌을 받을 가능성이 커졌다.

핵심 메시지:

- 정보는 시장을 움직이고, 신뢰는 시장을 지탱한다.
- 한 번의 사고보다 더 위험한 것은, 예외가 반복되는 취약한 구조다.
- 감시가 멈추는 순간, 규제는 형식으로 전락하고 시장은 투기장이 된다.
- 신뢰가 무너진 시장에서 금융은 제도가 아니라, 도박이 된다.

《사례와 구조: 공매도의 그림자와 시장의 공백》

공매도는 가격 형성과 유동성에 기여하는 제도이지만,
한국 자본시장에서 반복적으로 '기울어진 운동장' 논란을 낳았다.
특히 기관과 외국인 중심의 정보 독점, 불법 공매도 적발, 거래 시스템의 불투명성은
개인 투자자 이탈로 이어졌고, 이는 곧 시장 구조의 왜곡을 낳고 있다.

■ 공매도 논란 주요 사건들(예시)

시기	사건	주요 문제점
2021.05	한미약품 공매도 사태[27)	공시 전 미리 매도한 혐의로 정보 비대칭과 시세조종 의혹
2023.11	외국계 증권사 2곳 불법 공매도 적발[28)	주식 보유 없이 매도('무차입 공매도') ➜ 6개월 전부터 반복
2023~2024	개인투자자 연합의 공매도 폐지 청원 급증[29)	기관 우대, 불투명한 거래 시스템에 대한 불신 누적

■ 공매도 접근성 격차[30)

항목	기관 투자자	개인 투자자
공매도 가능 여부	상시 가능, 차입물량 우선 확보	대주 한정, 물량 부족 상시 발생
정보 접근	일별 잔고·거래량 시스템 확보	잔고 지연 공시, 실시간 정보 접근 어려움
규제 적발	적발 전 자율 정정 가능	사후조치 중심, 피해 회복 어려움

■ **정책적 시사점**

- 공매도 자체보다 '투명한 감시 시스템' 부재가 더 큰 문제다.
- 개인과 기관 간 정보·접근의 불균형은 시장 신뢰를 무너뜨리는 핵심 구조다.
- 단기 금지보다, 사전 차입 의무화, 실시간 공시, AI 기반 감시체계 등 구조적 개편이 필요하다.
- 공매도는 단순 제도가 아니라, 신뢰에 기반한 시장 질서의 일부로 작동해야 한다.

《사례 분석 – 반복되는 주가조작, 무엇이 제도를 무력화시키는가》

■ **주가조작 사건은 왜 반복되는가**

"시장 신뢰는 수익률보다 형평성에서 무너진다."
도이치모터스 주가조작 의혹은 단순한 개인 연루 사건이 아니다.
이 사건은 자본시장 불공정 거래에 대한 제재의 사각지대,
그리고 감시·감독 시스템의 구조적 취약성을 보여주는 전형적 사례다.

- 시세조종·허위공시 등의 행위는 엄벌 규정 있음에도, 제재 집행력은 극도로 낮은 수준
- 거래소–금감원–검찰 간 정보 공유와 공조 시스템은 제도적으로 미흡
- 정치적 민감성과 결합될 경우 감독 중립성에 대한 신뢰 상실로 이어짐
  ➜ 그 결과, 공정하지 않은 시장이라는 인식이 광범위하게 확산

■ **정책적 시사점**

- 불공정 거래는 시장 내 일부 참여자의 문제가 아니라, 시장 전체를 흔드는 범죄다.
- 시장은 수익으로 움직이지만, 신뢰로 유지된다.
- 주가조작이 반복되는 건 단속의 실패가 아니라, 제도의 구멍에서 비롯된다.
- 탐지–수사–제재가 유기적으로 연결된 감시 인프라 없이는, 불공정 거래는 반복된다.
- 감독기관은 형식적 분업이 아닌 기능 중심의 상시 협조 구조로 개편되어야 한다.
- 정치적 중립성과 제재의 독립성 확보는 시장 신뢰를 위한 최소 조건이다.

---

27) 한겨레, 「한미약품 사상최대 공매도, 악재 공시 직전에 절반 집중」, 2021.5.3.
28) 조선일보, 「BNP파리바·HSBC '사상 최장·최대 불법 공매도' 들켰다」, 2023.10.16.
29) 비즈워치, 「내년 6월까지 공매도 전면금지…정부 제도개선 나선다」, 2023.11.5.
30) 금융위원회, 「공매도 전산정보시스템 구축 추진방안 발표」, 2023.11.06.
금융위원회, 「무차입공매도 등 불법행위 대응 강화 방안」, 2023.04.13.

2.2 전략 한눈에 보기

"신뢰 없는 시장에서 정보는 독점되고, 기회는 왜곡된다."

구분	내용
전략의 목적	불법·불공정 행위의 구조적 차단과 자본시장 질서 회복을 통한 신뢰 재건
핵심 문장	"신뢰가 무너진 시장에서, 금융은 제도가 아니라 도박이 된다."
위기 구조	정보 비대칭 심화 ➜ 감시·제재의 비효율 ➜ 예외의 반복 ➜ 개인투자자 이탈 ➜ 시장 공정성 훼손
정책 핵심 과제	1 공매도·불공정거래 투명화 및 AI 기반 감시체계 강화 2 사모펀드 운용-판매 책임구조 정비 및 상시감독 전환 3 불법 금융행위 전반에 대한 통합 감시체계 구축 4 내부통제 실효성 확보 및 통합감독 체계 설계
정책 설계 원리	단속이 아닌 구조 중심의 제도화 정책은 단속이 아니라, 실시간 감시와 책임 감독, 플랫폼 감시를 잇는 3축 구조로 설계 예외 없는 규율과 예측 가능한 설명력 확보
핵심 메시지	"시장은 수익으로 움직이지만, 신뢰로 유지된다."

2.3 금융의 사회적 역할을 재설계하다 - 사회적 금융의 제도화 전략

"금융의 신뢰는 사회적 책임에서 비롯된다."

✔ 전략의 세 번째 장면

금융이 사회적 책임을 설계하지 못하면, 시장은 신뢰를 잃는다.
ESG는 더 이상 공시의 기준이 아니라, 금융정책 수립의 중심 언어로 자리잡아야 한다.
특히 한국 금융에 지금 가장 필요한 것은 'S(Social)',
즉, 누구에게 금융이 닿고 있지 않은가를 묻는 구조적 책임이다.

이제 금융회사의 역할은 단순한 자금 공급을 넘어선다.
기후위기, 사회적 불평등, 디지털 격차 - 이 모든 것은 금융과 연결된다.

따라서 ESG는 선택이 아니라, 지속가능한 금융의 기본 설계다.
특히 지금 한국 금융에 가장 절실한 축은 'S(Social)', 즉, 사회적 책임이다.
탄소배출과 공시 기준을 넘어,
"누가 금융에서 배제되고 있는가",
"금융이 사회와 어떻게 연결되어야 하는가"를 묻는 전환이 필요하다.

이 질문에 답하는 방식이 곧 금융의 지속가능성과 신뢰의 근거가 된다.
ESG는 더 이상 기업 공시의 틀을 넘어,
금융정책의 설계 언어로 자리잡아야 한다.

- 현실의 ESG는 여전히 '선언'에 머무는 경우가 많다. 실제 사용처가 불분명한 사회적 채권, 해외 석탄 투자, 젠더 다양성 부족 등의 사례는 한국 금융의 '사회적 책임'이 제도화되지 않았음을 드러낸다.
(➜ 아래 《정책이 놓친 장면들 - 책임의 탈을 쓴 ESG?》 참조)

지금 필요한 ESG 금융 확산 정책 방향은 다음과 같다:

ESG는 '공시 프레임'이 아니라,
자금의 흐름-성과의 관리-조직의 유인-현장의 실행을 아우르는
설계 체계가 되어야 한다.
그 중심에는 '사회(Social)'가 있다.
'S'를 제대로 설계해야 ESG도 작동한다.

① ESG 금융상품 구조화: 사회적 가치를 담은 자금 설계

➜ "금융이 사회적 가치를 '어디에', '어떻게' 전달하고 나눌지 정하는 과정"

ESG가 단지 '좋은 일에 쓰이는 자금'이라는 선언에 머물러선 안 된다.
자금이 실제로 어디에 투입되고, 어떤 방식으로 성과를 내며,
그 결과가 어떻게 사회에 환류되는가까지 제도적으로 설계되어야 한다.
특히 사회적 채권이나 임팩트 투자 등은 성과에 따라 보상이 달라지는
구조를 통해 민간의 자발적 참여와 정책 목표를 연결할 수 있다.

- 사회적 채권(Social Bond), 그린채권 등 목적형 자금 조달 확대
- 자금 사용처 추적이 가능한 구조 도입
  ➜ 단순 명칭이 아닌 실제 지출 구조 확인
- 성과기반 인센티브 모델 확대
  ➜ 예: 사회성과보상채권(SIB), 재범 방지·청년고용 프로젝트 등
  ➜ 민간이 선제 투자하고, 성과 달성 시 공공이 보상하는 방식
- 공공기관과 정책금융기관 중심으로 SIB 실증 사업 확대 필요

● "성과가 없으면, 보상도 없다." - SIB는 민간이 자금을 먼저 투자하고, 성과가 검증될 때만 공공이 보상하는 방식이다. 영국·미국 등에서 노숙인 지원, 청년 고용, 재범 방지 등에 활용돼왔다.

---

② ESG 정보공개와 신뢰 기반 관리 체계: 책임을 측정하고 드러내는 장치

➜ "ESG는 이미지가 아니라, 실제 변화의 구조와 리스크를 반영하는 시스템이 되어야 한다."

많은 기업이 'ESG 경영'을 선언하고 있지만,
여전히 ESG는 보고서 중심의 이미지 전략에 머무르는 경우가 많다.
특히 'E'(환경)와 'G'(지배구조)는 측정 기준과 규율이 비교적 정립되어 있지만,
'S'(사회)는 여전히 모호하고, 실제 변화나 책임성과 연결되지 못하고 있다.

이제는 ESG를 실제 정책과 자금 흐름에 통합하는 구조로 바꿔야 한다.
단지 '공시' 수준에 머무르지 않고,
리스크 내재화 ➜ 성과 측정 ➜ 제도 반영의 전 주기를 제도화해야 한다.

- ESG 관련 리스크(기후변화, 산업 변화, 지역 취약성 등)의 내재화 시스템 구축
- 'S' 지표 중심 공시 강화: 포용금융 실적, 취약계층 도달률, 지역 접근성 등 포함
- 금융사의 사회책임을 경영·감독 지표에 공식 반영
  ➜ 평가 항목으로 반영되도록 금융당국 가이드라인 강화
- 단순 정보 공개를 넘어, 지속가능성과 신뢰 기반 자산운용 구조와 연동

ESG는 더 이상 '좋은 일'의 목록이 아니라, 측정 가능하고 관리 가능한 리스크와 성과로 구성돼야 한다. 지표 없는 공시, 성과 없는 선언은 결국 신뢰를 얻지 못한다.

---

③ 사회적 책임 KPI 제도화

➜ "금융회사의 평가와 보상 체계 안에 '사회적 책임'을 실질적으로 반영해야 한다."

ESG는 기업의 외부 커뮤니케이션이 아니라,
내부 성과관리 시스템 안에서 작동하는 구조로 재설계돼야 한다.

특히 금융기관이 사회적 책임을 진정성 있게 수행하려면,
성과와 보상 체계 안에 '포용성'과 '공공성'의 지표가 내재화되어야 한다.

포용금융과 지역금융은 단기 수익과는 거리가 멀다.
그러나 이 영역의 실적을 전혀 반영하지 않으면,
민간 금융은 점점 더 수익성 중심으로 쏠릴 수밖에 없다.

따라서 수익성과는 별도로 '정책적 책임 지표'를 설계하고,
포용·지역·사회적 금융의 실적을 별도의 KPI로 인센티브화하는 구조가 필요하다.

- 포용금융, 지역금융, 사회적 금융 실적을 KPI의 보완지표 또는 정책목표 항목으로 반영
  - ➜ 수익 중심 KPI와 별도 항목으로 구성하여, 금융기관의 책무를 인센티브 체계에 연결
  - ➜ 예: 취약계층 대상 대출 비율, 지역 사회 투자 규모, 청년·고령층 금융 서비스 확대 성과
- 금융회사 이사회 산하 ESG 위원회 설치 및 정기적 성과 점검
  - ➜ 외부 평판 관리가 아니라, 실제 이사회 책임 아래 정기 리뷰
- ESG 실적은 직접 인센티브보다 '성과 평가 내 가점' 방식으로 반영
  - ➜ 포용금융·지역금융 실적을 내부 경영지표에 포함하고, 일정 수준 이상 달성 시 인사·성과평가에 반영

④ 지역 연계 생태계 구축: 사회적 책임이 현장에서 작동하도록

➜ "사회적 책임은 회의실 안이 아니라 현장에서 작동하는 구조여야 한다."

ESG는 중앙의 보고서로 완성되지 않는다.
금융의 사회적 책임은 지역의 문제를 해결하는 구체적 실행력에서 검증된다.
지자체, 금융기관, 정책기관이 함께 움직이는
지역 기반 ESG 생태계가 설계돼야 한다.

특히 청년 일자리, 재난 피해 복구, 고령층 금융 접근성 같은 과제는
금융기관 혼자 해결할 수 있는 영역이 아니다.
지역 행정과 정책금융이 함께 연계된 실행 구조가 있어야
사회적 금융도 실효성을 가질 수 있다.

- 지자체-금융기관-정책기관이 협력하는 지역 단위 사회문제 해결 모델 구축
  ➜ 예: 청년 금융교육, 재난 피해 긴급 금융지원, 지역 소상공인 회복 펀드
- '지역금융복지센터'와 같은 전달 인프라 확충 및 제도화
  ➜ 단순 상담이 아닌, 금융-복지-신용회복을 아우르는 복합 서비스 거점화
- 지역 기반 ESG 실적을 금융기관 평가 기준에 반영
  ➜ 지역에 투자한 만큼, 기관의 평가지표에서 인정받는 구조 설계

핵심 메시지:

- ESG는 공시 프레임이 아니라, 금융정책의 설계 언어가 되어야 한다.
- 'S'는 단순한 항목이 아니라, 금융이 사회와 연결되는 방식 전체를 바꾸는 축이다.
- 신뢰받는 금융은 말이 아니라, 구조와 보상의 일관성에서 나온다.

《정책 분석 - 왜 지금 ESG의 S가 중요한가》

"환경(E)은 글로벌하게, 지배구조(G)는 제도적으로,
그러나 사회(S)는 일상 속에서 가장 구체적으로 드러난다."

한국에서 ESG는 오랫동안 '지배구조(G) 개선'과 '환경(E) 대응' 중심으로 논의되어 왔다.

그 이유는

- 글로벌 투자자들은 지배구조(G) 개선을 요구했고,
- 기후위기에 대응하기 위한 환경(E) 기준은 빠르게 국제 제도화되었기 때문이다.

그러나 지금, 한국 금융이 겪는 신뢰의 위기는
환경도, 지배구조도 아닌 '사회(S)'의 실패에서 비롯되고 있다.

예를 들어보자:

- 고령자 대상 불완전판매
- 디지털 소외계층의 금융 접근 차단
- 정책서민금융의 전달 실패
- 기업의 내부통제 무력화로 인한 사회적 피해 발생

이는 모두 '사회적 책임'이 작동하지 않았던 결과다.

유형	'S' 실패의 사례	본질적 문제
금융소외	디지털 접근 어려운 고령자 ➜ 앱 이용 못해 은행창구 의존	금융채널의 설계가 사용자 중심이 아님
불완전판매	고령자 대상 DLF 판매 ➜ 잘못된 설계, 설명 부족, 손실 전가	책임 없는 판매 구조
내부통제 부실	사모펀드 사태 ➜ 책임 소재가 불분명한 구조가 만든 사회적 비용	운용-판매 간 책임의 사각지대
정책전달 실패	서민금융 접근률 30% 미만 ➜ 상품은 있으나 연결되지 않음	전달 구조 부재, 포용성 미설계

■ **정책적 시사점**

- ESG 중 'S'는 단순한 항목이 아니라, 금융이 사회와 연결되는 방식 자체를 재설계하는 축이다.
- 지금까지의 ESG 논의는 '어떤 기업이 투자받을 자격이 있는가'에 집중되어 왔다. 그러나 이제는, '금융이 누구에게 도달하지 못하고 있는가', '누가 시스템 밖에 남겨져 있는가'를 묻는 방향으로 확장되어야 한다.
- ESG는 공시 프레임에 머물러선 안 된다.
  한국 금융의 S는 '정책의 프레임'이 되어야 한다.
- 금융이 사회로 향하지 않는다면, ESG는 결국 마케팅 언어에 머무르게 된다.

《정책 설계 - 금융회사의 사회적 책임, 선언이 아니라 제도화로》

CSR은 캠페인이 아니라, 조직의 설계 방식이다.

과거 금융회사의 사회적 책임(CSR)은
기부, 봉사활동, 소외계층 마케팅 등
비핵심적이고 외부적인 활동으로 간주되곤 했다.

그러나 이제, CSR은 단순한 이미지 제고가 아니라
기업의 지속가능성과 위험관리 전략의 일부로 진화하고 있다.
➜ 사회적 책임은 '밖에서 하는 일'이 아니라, 조직 내부에 설계되어야 하는 구조다.

■ CSR의 변화 흐름

구분	과거 CSR	현재 CSR / 지속가능 경영
성격	외부 활동 중심(이벤트·기부)	내부 경영 연계(상품, 인사, 평가체계)
접근	마케팅 또는 이미지 제고	리스크 관리 및 조직 전략의 일부로 통합
수단	홍보팀·CSR 전담팀 주도	이사회, ESG 위원회 등 지배구조 연계
평가	정성적 기준	ESG 등급, KPI 연동 등 정량화 시도

■ 국내 현실: "아직도 CSR은 핵심 경영과 분리된 주변 활동에 머무는 현실"

- '사회적 가치'가 조직 전략과 분리되어 있음
- 현장 중심 포용금융 실적은 KPI에 반영되지 않음
- 지역사회와의 연계는 일회성 행사에 그침

➜ CSR이 제도화되지 못한 구조가 문제

■ 제도화 방향

- 사회적 책임 KPI 의무화
  - 각 금융사 핵심성과지표(KPI)에 취약계층 금융 접근성, 포용금융 실적 포함
- 사회가치위원회(이사회 내 소위원회) 신설 또는 ESG위원회 기능 확대
  - CSR 관련 의사결정과 모니터링 기능을 이사회 수준으로 격상
- 지역 금융연계 생태계 설계
  - 지역 금융기관, 소상공인진흥공단, 지방정부 등과의 공동 프로그램 구축
- 성과 공시 체계 정비
  - 단순 활동 내역이 아닌 정량적 성과 보고서 제출(고용 창출, 채무조정, 교육 등)

■ 정책적 시사점

- 이제 사회적 책임은 선택이 아니라,
  신뢰받는 금융회사의 필수 역량이다.
- 포용과 지속가능성은 경영 외부의 가치가 아니라,
  실적표 안으로 들어와야 할 수치이자 성과다.

《제도 점검 - 사회적 채권, 말에서 설계로》

사회적 채권은 겉으로는 "사회에 도움이 되는 자금"처럼 보인다.
그러나 실제로는, 그 자금이 어떻게 쓰이고 어떤 효과를 냈는지에 대한
구조적 설계나 책임 체계가 부족한 경우가 많다.

사회적 채권(Social Bond)은 일반적으로
취약계층 주거, 보건, 고용 지원 등 사회적 목적을 위한 자금 조달에 사용된다.
세계은행(WB), 유럽투자은행(EIB) 등 국제기구는
이미 다양한 사회적 프로젝트에 채권을 활용하고 있으며,
국내에서도 발행 사례는 꾸준히 증가하고 있다.
하지만 핵심은 단순한 발행이 아니라,
"그 돈이 실제로 어디에, 어떻게 쓰였는가"를 보여주는 구조다.

■ 국내 주요 사례

발행 주체	사용 목적	한계점
한국주택 금융공사	보금자리론 재원 마련(저소득층 주택자금)	이미 존재하던 사업에 '레이블'만 추가
KDB 산업은행	코로나 피해 중소기업 지원 자금	목적은 명확했지만, 사후성과 측정·보고 체계 부족
일부 지방 공기업	지역사회복지시설, 고용안정 프로그램	규모 및 지속성 부족, 발행기관 신용도 의존도, 민간 투자자 유인 장치 미비

■ 왜 활성화되지 않는가?

- 기존 정책금융기관 중심 발행 구조
  - ➜ 주택금융공사·산업은행 등은 원래 사회적 역할이 내재된 기관임
  - ➜ 이들이 발행하는 사회적 채권은 기존 사업에 '사회적 라벨'을 붙인 것에 불과
  - ➜ 새로운 사회적 가치 창출이나 시장 유인은 제한적
- 민간 주체의 진입 장벽
  - ➜ 일반 금융회사나 기업은 발행 동기가 부족하거나 설계 역량이 미흡
  - ➜ 성과 측정 체계·평가 기준·시장 보상 구조의 부재로 사회적 채권이 비용만 큰 상품으로 인식됨
- 성과 평가 기준과 데이터 부족
  - ➜ 사회적 기여를 수치화하고 투자자에게 '설명'할 수 있는 구조가 부족
  - ➜ 그 결과, 신뢰성과 시장성 모두 확보하기 어려움

■ **무엇이 필요한가?**

- "사회적 라벨"이 아닌 "사회 문제 해결 역량" 중심의 구조 설계
  ➜ 단순한 자금 조달 수단이 아니라, 사회성과를 구조화한 설계 프레임이 필요
  ➜ 예: 청년 주거, 디지털 격차 해소 등 구체적 문제에 대한 프로젝트 기반 구조화
- 정책금융기관 중심 ➜ 민간 금융기관의 '사회적 기획' 유도
  ➜ 민간 금융사가 자체적으로 사회문제 해결 모델을 설계하고 자금을 유치하는 구조
  ➜ 그 자체가 ESG 시장의 'S'를 확장시키는 경로
- 성과 기반 인센티브 및 세제 유인 구조 정비
  ➜ 민간 참여를 위한 세제 지원, 사회성과에 따라 차등금리 적용 등 성과 연동형 보상체계 마련
- 사회성과 측정·공시 기준 확립
  ➜ 단순 사용처 보고가 아닌 '투입-산출-성과' 매트릭스 구축 필요

■ **정책적 시사점**

- 사회적 채권은 단지 착한 돈이 아니다. '무엇을 얼마나 효과적으로 해결했는가'의 증거를 제시해야 한다.
- 정책금융기관의 활동을 사회적 채권으로 '치장'하는 수준을 넘어, 민간 주체의 문제 해결 기획을 유도해야 한다.
- '라벨링의 시대'에서 '설계의 시대'로. 사회적 채권은 이제 구조화의 역량이 핵심이다.

《측정 구조 – 포용금융, 어떻게 측정하고 설계할 것인가》

포용은 개념이 아니라 메커니즘이다.
성과는 말이 아니라 숫자다.

'포용금융'이라는 단어는 이제 금융정책의 필수 키워드가 되었지만,
그 실질적 성과는 측정도 어렵고, 평가도 모호한 영역으로 남아 있다.
기존 제도는 공급 중심의 수치(대출 건수, 금액 등)에 치우쳐 있고,
정작 얼마나 회복됐는지, 얼마나 구조가 바뀌었는지는 드러나지 않는다.

■ 기존 한계와 개선 방향

구분	기존 방식	개선 방향
평가 지표	대출 건수, 금액 중심	회복률, 채무조정 성과, 재진입률 등 복합 지표
대상 기준	정책상품 이용자 중심	고령자, 청년, 경력단절 등 생애주기 기반 맞춤 설계
운영 방식	중앙정부·금융기관 중심	지역금융복지센터 등 현장 기반 전달체계 강화
인센티브 연계	포용 성과와 분리	포용금융 실적을 KPI·감독·세제 등과 연동 설계

포용금융 성과의 정량화 시도(예시)

지표 항목	측정 방식
채무조정 후 회복률	채무조정 대상자 중 2년 내 신용등급 회복률
사각지대 도달률	금융취약계층 중 실제 제도 접근률(%)
지역불균형 해소도	지역별 포용금융 이용 격차(상·하위 10%) 비교
상담-실행 전환율	금융상담 이용자 중 실제 실행률(상품 이용 등)

정책적 시사점

- 포용금융은 단순히 '돈을 더 빌려주는 것'이 아니라,
  재기와 복귀가 가능한 구조를 제도화하는 작업이다.
- 성과가 보이지 않으면, 정책은 예산으로만 평가받고 신뢰를 잃는다.
- 금융회사에게도 포용의 성과가 책임이자 유인이 되는 시스템 설계가 필요하다.

2.3 전략 한눈에 보기

"금융이 사회로 향하지 않으면, 신뢰는 제도 밖으로 이탈한다."

구분	내용
전략의 목적	금융의 사회적 책임 구조화를 통해 포용성과 지속가능성을 제도화
핵심 문장	"금융이 진정한 신뢰를 얻으려면, 개인과 시장을 넘어 사회 전체에 대한 책임을 다해야 한다."
위기 구조	선언적 ESG ➜ 신뢰의 공백 ➜ 포용·접근 실패 ➜ 금융 신뢰도 하락
정책 핵심 과제	① ESG 금융상품 구조화 및 사용처 추적 ② ESG 정보공개 확대 및 사회성과 중심 관리체계 구축 ③ 사회적 책임 KPI 제도화 및 이사회 책임구조 설계 ④ 지역 연계형 사회문제 해결 금융모델 및 전달체계 정비
정책 설계 원리	선언보다 실행, 자금보다 구조, 포용성과 연결된 인센티브 설계
핵심 메시지	"사회에 응답하지 않는 금융은, 결국 신뢰를 잃는다."

Ⅲ 제2전략이 남긴 질문

제2전략이 말하는 구조

금융의 신뢰는 법률이나 규제 조항이 아니라,
작동 가능한 설계와 투명한 실행에서 시작된다.

- 2.1은 이해를 설계하는 금융판매 구조의 재설계
- 2.2는 시장의 불신을 유발하는 구조적 허점을 차단하는 질서 복원
- 2.3은 금융이 도달하지 못했던 사회적 영역과의 연결 회복

이 전략은 '사고 이후의 보상이나 수습'이 아니라,
이해 가능한 설계와 작동하는 규율을 통해
금융의 신뢰를 구조적으로 회복하는 방향을 제안한다.

? 우리가 던져야 할 질문:

- 금융은 책임지는 구조인가, 아니면 판매만 반복하는 구조인가?
- 법은 있는데 신뢰가 없는 시장, 그 사이에 빠진 것은 무엇인가?
- 이해하지 못한 동의는, 금융의 책임인가 소비자의 책임인가?
- ESG의 'S', 즉, 사회적 책임은 실제 금융 안에서 구현되고 있는가?

전략자의 시선: "신뢰는 시스템 안에서 만들어져야 한다"

시장은 스스로 신뢰를 만들지 않는다.
그 신뢰는 작동하는 제도, 감시하는 시스템,
그리고 책임을 구조화한 설계에서 비롯된다.

- 감시가 작동하지 않으면, 규제는 외면당하고
- 책임이 설계되지 않으면, 시장은 반복해서 신뢰를 잃는다.

신뢰는 주어지는 것이 아니라, 제도가 그것을 만들어줘야 한다.

Ⅳ 현장 진단과 전략적 통찰

1. 정책이 놓친 장면들

《환율은 통제할 수 없었고, 설명은 이해되지 않았다》

- 2.1 금융소비자 보호와 신뢰 회복 -

2008년, 중소기업들이 외환파생상품 '키코(KIKO)'에 가입했다가 환율 급등으로 수천억 원대 손실을 입었다. 은행은 이를 "헤지 상품"이라며 적극적으로 팔았지만, 구조는 일정 수준 이상 환율 상승 시 손실이 무한대로 확대되는 설계였다. 설명은 있었지만, 이해는 없었다. '설명 책임'은 있었지만, '이해 가능성'은 설계되지 않았다.

이 장면이 말하는 정책의 과제

- 복잡한 금융상품에 대한 '이해 기반 설계' 미비
  - ➜ 소비자의 금융 이해 수준을 고려하지 않은 고위험 상품 설계 및 판매
- '설명 책임'에만 집중하고, '이해 가능성'을 고려하지 않은 설명 구조
  - ➜ 정보 제공은 있었지만, 소비자의 실제 이해를 유도하는 설계와 검증 장치는 부족
- 사후 규제 중심의 대응 한계
  - ➜ 키코 사태 이후 파생상품 규제와 금융소비자보호법이 도입됐지만, 선제적 상품설계·판매 프로세스 개선은 여전히 미흡

《펀드는 있었고, 책임은 없었다》

- 2.1 금융소비자 보호와 신뢰 회복 -

'라임·옵티머스' 사태는 사모펀드 시장의 규율을 무력화시킨 대표적 사건이다. 판매사들은 '안정적 수익'을 강조하며 고령자 등에게 무리하게 판매했고, 내부통

제는 작동하지 않았다. 제도는 있었지만, 책임은 외면되었다. 문제는 '판매 후'가 아니라, 애초에 '판매되기 전'부터 시작된 구조였다.

이 장면이 말하는 정책의 과제

- 고위험 상품을 '안정적 수익'으로 포장한 불완전판매 구조
- 판매사-운용사 간 책임 회피와 형식적 내부통제
- 실효성 부족한 금융소비자보호법, 사전심사-책임연계 강화 필요

《보험은 설명했지만, 소비자는 이해하지 못했다[31]》

- 2.1 금융소비자 보호와 신뢰 회복 -

보험 상품은 '약관'이라는 복잡한 구조 위에 설계된다. 보험연구원이 실시한 설문조사에 따르면, 소비자의 절반 이상이 약관과 상품설명서의 용어가 어렵고, 제공정보가 과도하다는 이유로 보험상품을 이해하는 데 어려움을 겪고 있다. 약관은 제공됐지만, 이해는 설계되지 않았다. 소비자는 동의했지만, 그 내용까지 이해하긴 어려웠다는 현실이 반복되고 있다.

이 장면이 말하는 정책의 과제

- '설명된 상품'과 '이해된 상품' 사이의 구조적 간극
- 약관의 표준화 + 요약정보 제공 + 시뮬레이션 기반 설명 체계 필요
- "이해 가능성 없는 동의는, 계약이 아니라 구조적 실패"라는 인식 전환 필요

《챗봇이 틀린 말을 해도, 책임지는 이는 없다》

- 2.1 금융소비자 보호와 신뢰 회복 -

금융사들은 고객 응대에 AI 챗봇을 도입하고 있지만, 오류가 섞인 정보 제공이 늘면서 민원이 증가하고 있다. 그러나 현행 제도상 "직접적인 권유가 아닌 경우"

31) 보험연구원, 『보험계약 유지율에 관한 연구』, 2022.

책임을 묻기 어렵다. 사람이 말하면 책임이 있지만, 챗봇은 구조에 불과하다는 논리. 이제는 ‘비의도적 권유’도 제도 안에 담아야 한다.

이 장면이 말하는 정책의 과제

- 디지털화된 고객접점(프런트엔드)에서 발생하는 구조적 소비자 오판 가능성
- AI 기반 금융정보 제공에 대한 규율 공백
- “사람이 아니라 시스템이 책임지는 구조”를 설계할 필요성 대드
- 디지털 환경에 맞는 소비자보호법 및 책임 구조 재정립

《라덕연 사태 – 시장은 조작됐고, 감시는 뒤따랐다[32)]》

- 2.2 불법·불공정행위 대응 -

SNS, 사설 리딩방, 연예인 마케팅, 허위정보 유포…

2023년 라덕연 사건은 불공정 거래가 단일 행위가 아니라 ‘알고리즘처럼’ 작동하는 복합 구조임을 보여줬다. 시장은 교란됐지만, 제도는 따라가지 못했다. 경고는 늦었고, 탐지는 사후에 이루어졌다.

이 장면이 말하는 정책의 과제

- 비인가 디지털 채널 기반 불공정 거래에 대한 실시간 탐지 부족
- 시장감시 인프라의 아날로그성
  ➜ AI 기반 조기경보·패턴 분석 체계 구축 필요
- 디지털·비정형 정보 환경에 대응하는 감시체계로의 전환 시급

《범죄는 진화하고, 제도는 멈춰 있었다》

- 2.2 불법·불공정행위 대응 -

---

32) 「‘주가조작’ 라덕연 징역 25년…“역대급 시세조종, 유례 없어”」, 한겨레, 이혜미 기자, 2025.2.14.

AI 음성합성, 금융앱 위장, 링크 전송 사기…

2023년의 보이스피싱은 단순한 전화사기를 넘어, '알고리즘형 금융범죄'로 진화했다. 피해는 증가했지만 대응은 여전히 피해자 신고 중심에 머물러 있다.

문제는 기술이 아니라, 초기 유입을 차단하지 못한 구조에 있다. 사기 전화, 링크, 앱은 대부분 통신망과 플랫폼을 통해 유통되며, 범죄의 출발점은 종종 금융사가 아닌 통신사다.

그러나 현재 통신사의 기술적 차단 책임이나 사전 모니터링 의무는 제도적으로 명확하지 않다. 이제는 금융과 통신이 공동으로 범죄 차단의 책임을 나누고 협업하는 구조가 필요하다.

이 장면이 말하는 정책의 과제

- 피해자 중심 구조 ➜ 입구 단계에서의 차단 중심 구조로 전환
- 통신사·플랫폼 사업자의 보안 책임 강화 ➜ 악성 앱, 스미싱 링크 등 유통 경로 차단 의무 법제화
- 실시간 이상거래 탐지 및 금융사기 유형 DB화 필요
- 금융사 내부망·플랫폼 보안 강화를 법제화할 필요
- 범죄는 하늘을 날고 있는데, 감시체계는 여전히 땅만 보고 있다. ➜ 이제는 통신·금융·플랫폼이 함께 하늘을 감시할 기술과 책임 구조를 갖춰야 한다.

《ESG의 간판은 있었고, 석탄은 여전히 담보였다[33]》

- 2.3 ESG·사회적 금융 -

금융기관들은 ESG를 선언하면서 동시에 해외 석탄화력발전소에 수천억 원을 투자한다. 친환경을 말하면서, 자금은 탄소로 향한다. 이는 단지 모순이 아니라, 실행되지 않는 내부기준과 검증되지 않은 ESG 구조의 결과다.

33) 「그린피스 '한국 투자한 해외 석탄발전, 연 5천명 조기사망 유발'」, 『연합뉴스』, 2020.01.23.

이 장면이 말하는 정책의 과제

- ESG 선언과 실제 투자 간 괴리 ➜ 신뢰도 약화
- 공시·평가·사후검증 등 ESG 정책의 구조화 필요
- 내부 투자 기준과 책임성 설계 부재가 본질적 문제

《'사회'는 있었지만, 성과에는 없었다[34]》

- 2.3 ESG·사회적 금융 -

금융기관들은 포용금융, 사회적 책임, ESG 경영을 말한다. 그러나 그 '사회'는 주로 대외 메시지에 머물 뿐, 조직 내부의 전략 설계나 성과 평가 시스템(KPI)에는 실체로 자리잡지 않는다. ESG 보고서에는 봉사활동 실적, 금융교육 횟수, 기부금 규모 등이 나열되지만, 실질적인 포용금융 성과나 취약계층 접근성 확대, 사회적 리스크 설계는 보기 어렵다.

'사회'는 있었지만, 그것이 관리되고 추적되고 책임지는 구조 안에는 없었다. 성과로 측정되지 않는 가치는 결국 조직 안에서 우선순위가 되기 어렵다. ESG의 'S'가 단지 보고서의 항목이 아니라 전략의 일부가 되기 위해선, 사회적 가치가 실제 경영관리 시스템 안으로 들어와야 한다.

이 장면이 말하는 정책의 과제

- ESG 'S' 요소의 형식적 공시 중심 구조 탈피
- 포용금융, 취약계층 접근성 등 사회적 가치의 KPI화
- 성과관리·내부평가 체계에 사회 지표 반영
- ESG의 'S'를 조직 내 의사결정의 기준으로 정착시킬 구조 설계 필요

---

34) 삼정KPMG 경제연구원, 『금융과 ESG의 공존: 지속가능한 금융회사의 경영 전략』, KPMG Insight 제77호, 2021.7.

2. 저자의 메모 – 정책의 언어로 생각하다

《저자의 메모 | 금융소비자 보호, 왜 여전히 구조는 변하지 않았는가》

- "금융이 신뢰를 잃을 때, 시스템보다 소비자가 먼저 무너진다"

DLF 사태, 키코, 라임·옵티머스, 사모펀드, 그리고 최근의 가상자산 투자 피해까지…
수많은 사건들이 반복되고 있지만, 늘 비슷한 질문이 남는다.
"왜 우리는 매번 사후에야 보호를 말하게 되는가?"

■ 문제는 개별 사건이 아니라 '구조'다

감독체계 내에서 금융소비자 보호는 여전히 중심이 아니라, 부속적인 기능으로 취급되는 경향이 뚜렷하다.

- 감독기관은 소비자 보호 리스크를 주요 리스크로 인식하지 않고, 선제적 대응보다 사후 조치에 집중해왔다.
- 상품의 위험성과 정보 비대칭에 따른 불완전판매 가능성을 사전에 식별·대응했어야 했던 대표 사례가 바로 키코와 DLF였다.
- 금융소비자 보호 조직은 독립적인 법규 제·개정권도 없고, 구조적으로 제한된 권한 속에 있다.

■ 금융소비자보호 조직의 제도적 한계

현재 소비자 보호 기능은 감독기구 내에서 구조적으로 제약을 안고 있다.

- 조직 내 위상이 주변적이며
- 독자적 관점에서의 검사권·제재권이 제한적이고,
- 법령이나 감독규정 제·개정과 관련해 독자적 권한을 행사하지 못한다.

■ 그래서 '연성형 쌍봉 구조'가 필요하다(☞ 5.1 전략 참조)

금융소비자 보호 기능은 건전성 감독과 동등한 기능으로 재설계돼야 한다.
나는 이를 위한 현실적이고 바람직한 대안으로 '연성형 쌍봉 구조'를 제안한다.
구체적으로는, 금감원 조직을 '건전성감독 기능'과 '금융소비자보호 기능'으로 이원화하고,
이를 조율할 총괄조정지원 기능(법규·정책) 및 검사지원 기능 등과의 연동 구조를 함께 설계하는 방식이다.

항목	설명
감독 체계	건전성 감독과 소비자 보호 기능을 병렬적·대등하게 배치
권한 구조	검사·제재·해석·법령 개정 등 기능별 독립성 확보
조직 운영	기구 분리는 하지 않되, 기능별 권한과 책임은 분명히 분리
정책 방향	사후 민원 중심 대응에서, 구조 설계·사전 검증 중심으로

■ 정보 비대칭과 구조 위험은 반복되고 있다

키코, DLF, 사모펀드 등 사건들은 단지 판매 방식만의 문제가 아니었다.

- 상품 자체가 소비자에게 불리하게 설계된 측면이 있거나,
- 정보 비대칭이 심해, 전문가조차 위험을 사전에 파악하기 어려운 구조였다.

그런데도 감독당국은 사전적 판단도 개입도 없었고,
사고 발생 후에는 책임 대신 제재만 내렸다.
사고가 터지기 전에는 침묵했고, 터진 뒤에는 제재자로만 등장했다.

■ 판매 이전, '상품 위험성 검토 체계'가 필요하다

신규 금융상품이 시장에 출시되기 전, 다음과 같은 항목을 기준으로
정보 비대칭 리스크와 구조적 불완전성 여부를 평가·검토하는 체계가 필요하다.

- 상품 구조의 복잡성, 투자대상의 투명성, 정보 비대칭성
- 투자자에게 불리하게 설계된 요소가 존재하는지
- '상품 다양성 확대'와 '불완전판매 위험' 간 균형 형량

이는 별도의 '승인 제도'가 아니라 하더라도,
금융당국 내 사전 심의, 테스트베드, 상품위원회 기능 등을 통해 충분히 구현 가능하다.

■ 전자금융 플랫폼도 새로운 사각지대다

2023년 티몬·위메프 정산 지연 사태는
전자상거래 플랫폼이 사실상 자금중개 기능을 하면서도
금융소비자 보호의 제도권 밖에 있다는 문제를 드러냈다.

소비자는 금융사가 아닌 플랫폼에 돈을 맡겼고, 그 구조 안에서 누구도 책임지지 않았다.
관련 법령은 책임주체와 보호범위가 불명확하다.
디지털 기반 플랫폼에 대한 소비자 보호 설계가 시급하다.

■ 마무리 질문

- 왜 우리는 늘 사고가 터진 뒤에야 감독을 다시 설계하는가?
- '설계 단계'에서 위험을 검토하지 않으면, 보호는 늘 사후적이다.
- 소비자는 정책의 대상이 아니라, 감독을 구성하는 주체다.
- 이제는 '보호'가 아니라 '설계와 권한 부여'가 필요한 시점이다.
- 반복된 소비자보호 실패의 이면에는, 감독 시스템의 구조적 한계가 있었다고 봐야 하지 않을까? (제5전략을 참조)

《저자의 메모 | 저출산 시대, 학자금은 국가의 전략이 되어야 한다》

- "자녀 교육은 가정의 부담이 아니라, 국가의 공동 책임이다"

아직 고등학교도 들어가기 전인데, 벌써 '학자금 대출'을 고민해야 한다면,
이는 단순히 사교육의 문제가 아니라, 사회 구조의 문제다.
자녀 교육비는 이제 출산율의 핵심 요인이며,
'부모의 자산 규모'가 '자녀의 대학 진학률'을 결정하는 구조는
결코 지속가능하지 않다.

이제는 묻자.
"학자금은 왜 오직 가정의 몫이어야 하는가?"
"국가는 청소년의 미래에 어떤 방식으로 투자하고 있는가?"

■ **지금의 구조, 이대로 괜찮은가?**

- 고등교육 진입 전부터 부채가 시작되는 구조
- 저출산의 주요 요인: 교육비 부담이 자녀 수 결정의 핵심 변수
- 청소년기 금융교육 부재, 장기투자 문화 실종
- 사회 전체가 미래세대에 공동 책임을 지는 구조는 아직 없다.

■ **제안: 미래세대가 스스로 준비하고, 국가가 응답하는 학자금 시스템**

핵심 구조: "개인이 준비하고, 국가는 보장하며, 사회는 함께 투자하는 구조"

1. 기본 구조 - 부모(또는 학생)의 자발적 적립 + 정부 보장

항목	설명
적립 방식	학부모 또는 학생이 정기적으로 적립식 투자
투자 대상	안정적 자산(국채 ETF, 우량 배당 ETF 등)
정부 보장	원금 또는 일정 수익률 보장 + 비과세 혜택
대상 시점	대학 입학 시 학자금으로 활용
금융교육	전용 앱을 통해 금융·경제 교육 병행

"청소년이 자기 미래에 투자하고, 국가는 그 가능성을 보장한다."

2. 저소득층 학생은 국가가 직접 지원

- 일정 소득 이하 가정에는 투자금 일부 또는 전액 정부 매칭
- 복지적 접근이 아닌 성장 자산 형성 지원
- 자녀 수, 소득 수준 등에 따라 차등적 인센티브 제공

3. 참여형 포인트로 추가 적립 기회 제공(소득 무관)

기본 적립 외에 학생의 노력에 따라 학자금 추가 적립 가능

활동 분야	예시 설명
공공봉사	헌혈, 환경 정화, 양로원 방문, 독거노인 케어 등 지역 활동 참여
민주주의 체험	'우리 동네 정책 제안서' 작성, 국회·금융위 견학 후 리포트 작성 등
공교육 연계	뉴스 요약, 수업 정리, 독서토론 클럽 운영, 학교 프로그램 참여
건강 활동	만보 걷기 챌린지, 운동 인증 캠페인 등(건강-금융 연계 포인트 제공)
재능 나눔	후배 멘토링, 디지털 콘텐츠 제작, 경제학습자료 제작 등

- 활동당 포인트 ➜ 연간 일정 한도 내에서 펀드에 자동 적립. 이 시스템은 단순한 봉사가 아닌, 사회 참여와 자기 계발을 학자금과 연결하는 미래형 시민교육이다.
- 앱에서 활동을 관리하고, 포인트 기록 및 수익 예상 시뮬레이션 제공
- 공공성·책임감·미래 설계에 대한 학습을 유도하는 비금전적 인센티브

4. 사회 전체가 함께 투자하는 구조

주체	역할
국가	제도 설계, 세제 혜택, 기본 보장(기재부, 복지부, 교육부)
금융당국	금융상품 인증, 금융교육 콘텐츠 개발 및 감독(금융위·금감원)

주체	역할
지자체	지역 청소년 참여 프로그램 설계, 공공시설과 연계
금융회사	금리 우대, 전용 상품 개발, ESG 펀딩, 전용 앱 개발 및 기금 출연
대기업	사회공헌, ESG 차원의 매칭 기부, 활동 연계 캠페인
교육청·학교	커리큘럼 연계, 학교 활동 인증, 교사 연수 및 학생 활동의 제도화 지원

"이 구조는 각 주체의 역할을 분산시키는 것이 아니라, 미래세대 투자라는 하나의 비전을 중심으로 각 주체가 연대하는 구조다."

■ 해외 사례와의 차별점

국가	제도	특징
미국	529 플랜	세제 혜택 중심의 자녀 명의 저축제도
영국	Junior ISA	비과세 저축계좌, 소득 제한 없음
캐나다	RESP	정부 매칭
한국(제안)	미래세대 투자펀드	적립+보장+참여형+금융교육 통합형 시스템

■ 기대 효과

영역	기대 효과
학부모	교육비 부담 완화, 저출산 문제 완화, 자녀의 '학자금 대출' 걱정 감소
청소년	금융·경제 지식 내재화, 자기 주도적 미래 설계 경험, 공공성·책임감 함양
저소득층	자산 형성 기회 확대, 가구 소득과 무관한 학자금 기회 보장
국가	장기투자 문화 정착, 미래세대 중심 자산구조 전환, 공공 신뢰 기반 확대
금융시장	건전한 장기투자 기반 확대, 포용적 금융소비자군 형성, ESG 기반 상품
교육현장	실질적 금융·사회교육 사례, '경제와 삶의 연결'을 체험하는 교육기회 제공

전략적 시사점

- 청소년에게 필요한 건 대출이 아니라, 미래를 준비할 수 있는 디딤돌이다.
- 가정의 몫을 줄여야 저출산을 막고, 미래세대의 몫을 키워야 사회가 유지된다.
- 교육은 더 이상 선택이 아니라, 국가 존속의 기반이다.
- 그 책임은 가정에만 둘 수 없다. 사회 전체가 함께 준비해야 한다.

《저자의 메모 | 상생은 선언이 아니라, 사회가 공유하는 합의다》

- "위기에 빠진 국민이 살아야, 금융도 다시 살아난다."

지금 우리는 초유의 복합경제위기 국면에 있다.
고금리, 고물가, 고부채 -
이 세 가지 파고는 국민을 짓누르고,
금융의 수요자이자 동반자인 서민·소상공인·자영업자를 위기로 몰아넣고 있다.

그런데 같은 이유로, 금융권은 사상 최대의 실적을 내고 있다.
결국 같은 시장, 같은 위기 안에서
누군가는 쓰러지고, 누군가는 성장하는 구조가 만들어진 셈이다.

이때 정부는 금융권에 '상생'을 요구한다.
ESG, 포용금융, 금융취약층 지원…
그런데 이 질문은 남는다.
"금융권이 국민을 위해 기여하는 만큼, 정부는 금융권에 어떤 길을 열어줄 수 있는가?"

■ 이건 일상적 계약이 아니라, 위기 시기만의 '연대 제안'이다

금융(특히, 은행)은 공공성과 창의성을 동시에 가진 산업이다.
정부는 그 공공성을 존중해야 하고,
금융권은 그 창의성을 발휘할 수 있는 자율적 여지를 보장받아야 한다.

그런데 지금은 평시가 아니다.
위기의 시기에는, 새로운 방식의 공감과 균형이 필요하다.

- 은행이 상생에 나서고,
- 정부는 금산분리, 지주회사 규제, 전업주의, 망분리 완화 등 제도적 유연성을 모색한다.
- 이 일시적 균형 구조 속에서, 국민이 다시 살아날 수 있는 기회를 만든다.

■ 지금 필요한 것은, 상호 이해의 구조

지금은 영원한 '주고받기 계약'을 말하는 것이 아니다.
단지 지금의 이 위기 국면에서는,
정부와 금융권이 서로를 이해하고 함께 움직여야 한다는 말이다.

- 정부는 금융의 공공적 기여를 이끌어낼 수 있는 제도적 인센티브를 제공해야 한다.
- 금융은 포용과 신뢰의 금융으로, 공동체적 책임을 다해야 한다.

금융은 시장이지만, 그 시장은 공공의 신뢰 위에서만 작동한다.

■ **핵심 메시지:**

- 금융업권과 정부, 국민은 이해가 충돌하는 주체가 아니라, 지금 이 위기를 함께 넘는 공존의 동반자여야 한다.
- 상생은 계약이 아니라, 지금 이 시기 우리가 선택해야 할 공감의 구조다.
- 금융이 사회를 위해 한 걸음 내디딜 때, 정부는 그 길을 유연하게 설계할 수 있어야 한다.
- 그리고 그 결과로 살아나는 것은, 국민이고, 다시 금융이다.

《저자의 메모 | STO 논쟁, 왜 자꾸 본질을 비껴가는가》

- "토큰이 아니라, 권리와 구조가 핵심이다"

요즘 정부가 잇달아 내놓는 STO(토큰증권), 조각투자 활성화 방안을 보면
묘한 이질감이 든다.
단어는 낯설고 기술은 화려하지만, 정작 핵심 개념은 모호하다.

정말 묻고 싶다.

"우리는 지금 무엇을 '쪼개' 투자하려는 것인가?"
"왜 블록체인이라는 단어에 이렇게까지 집착하고 있는가?"
"이 제도가 말 그대로 '쓸모 있는 제도'가 되려면, 무엇이 먼저 논의되어야 하는가?"

■ 본질은 토큰이 아니고 블록체인이 아니다. 중요한 건 '권리의 조각화'다

STO란 결국,
지분을 나눠 투자자를 모집하고,
그 지분이 수익을 어떻게 배분받을지를 설계하는 제도다.
그런데 지금 논의는 자꾸 토큰이냐, 블록체인이냐, 유통이 되냐, 유통적 플랫폼 가능 여부 같은 기술적 디테일로 흐르고 있다.
이 논쟁은 핵심을 비껴간다.

■ 지금의 구조가 가진 3가지 혼란

1. '토큰'이 목적이 돼버린 제도

정부는 마치 '토큰'이라는 단어만 붙이면 뭔가 혁신인 것처럼 포장하는 것 같다.
하지만 정작 중요한 것은 그 토큰이 표상하는 '권리의 실질'이다.
블록체인은 수단일 뿐, 본질이 될 수 없다.

2. 전전유통 중심의 설계가 오히려 혼란을 키운다

정부는 거래소 개설, 유통 허용 여부 등 '2차 시장' 중심 설계에 무게를 두는 듯하다.
하지만 대부분의 투자자는 그 권리를 보유하고 싶어하지,
매일 사고팔 생각은 하지 않는다.

- 오히려 이를 수익모델로 설계하는 사업자들이 전전유통을 전제로 한 플랫폼을 원한다.
- 결과적으로 정책은 투자자 보호보다 사업자 이해관계에 기울 수 있다.

3. 투자계약증권과 신탁수익증권의 구조 차이에 대한 설계 미비

- 투자계약증권(2자 구조)은 유연하지만, 발행자-투자자 간 직접 연결로 소비자 보호 장치가 상대적으로 미약하다.
- 신탁수익증권(3자 구조)은 신탁기관이 중간에 개입해 자산과 수익을 관리하며, 리스크 분산 효과가 있다.

➜ 그러나 정부의 제도 설계는 이 구조 차이를 아직 충분히 반영하지 못하고 있다.

■ **'쪼갤 수 있는 권리'는 무엇인가?**

조각투자가 가능한 권리는 대체로 다음 두 가지 유형이다:

① 실물 기반 조각화(물건 기반)

- 명화, 부동산, 송아지 등 '자산'을 조각 내고, 수익을 분배
- 하지만 실질적으로는 물권이 아닌 수익권에 가깝고
- 등기·소유권 미비로 사기, 이중매매 등 소비자 리스크가 크다

➜ 이 모델은 유통 플랫폼 사업자에게는 유리하지만,
➜ 투자자 보호와 제도 안정성은 취약하다.

② 수익 기반 조각화(한시적 동업형 사업 기반)

- K드라마, 공연, 축제, 콘텐츠 등 현금흐름이 발생하는 프로젝트 사업
- 사업자와 투자자가 수익을 나누는 구조
- 유통보다는 '보유 중심', 신탁형 수익증권 설계로 안정성 확보 가능

➜ 이 구조는 정책 실험 대상으로 의미 있는 출발점이 될 수 있다.

■ **핵심은 '유통'이 아니라 '지분과 수익 구조'다**

전전유통을 전제로 하지 않는다면,
'1좌당 가격' 자체는 사실상 의미가 없다.
투자자가 알고 싶은 건 다음과 같다:

- 내가 전체 사업의 몇 퍼센트를 보유했는가?
- 거기서 발생한 수익 중 얼마가 내 몫인가?

- 수익률은 어느 정도이고, 그 지급 방식은 투명한가?

➜ 수익권 중심 조각 구조는
지분율 + 배당률만 명확하면 이해도도 높고, 소비자 보호 설계도 쉬운 구조다.

➜ "투자한 만큼 가져간다"는 간결하고 공정한 구조이기도 하다.

■ 소비자 보호를 위한 선결 조건

조각화가 제도화되려면, 반드시 이 리스크들부터 점검해야 한다:

- 사기, 불완전판매, 허위 광고에 대한 사전적 규제 설계
- 신탁형 구조를 통해 발행자의 자산과 투자자 자금을 분리 관리
- 증권사, 은행 등 제도권 기관이 검증·관리 주체로 참여해 감시와 리스크 분산
- 소규모 사업부터 단계적 허용, 실증 기반의 제도 정착
- 비영리로 프로젝트를 진행할 수 있다면 좋은 테스트베드가 될 수 있음(예: 스마트팜 관련 모델 참조)

■ 그래서 어떻게 설계해야 하는가?

소비자 피해 리스크가 낮은 모델부터 시작해 보면 어떨까?

조건	설명
사업 성격	한시적 프로젝트형(영화, 드라마 등)
수익 구조	명확한 현금흐름, 분배 방식 사전 명시
발행자 책임	사업자도 일정 지분 투자(책임과 유인 확보)
유통 방식	유통은 옵션, 보유가 기본값
구조 설계	신탁형 수익증권 모델(3자 구조로 안정성 확보)
제도 참여	증권사·은행 등 제도권 기관이 감시자로 참여

■ 마무리 질문

- 우리는 지금, 기술이 아니라 금융제도를 설계하고 있는가?
- 블록체인이 아니라, 투자자 권리를 어떻게 보호할지를 논의하고 있는가?

STO는 혁신일 수 있다.
그러나 진짜 혁신이 되려면,
토큰이 아닌 '권리'와 '책임'을 설계해야 한다.

《저자의 메모 | 조각투자의 미래, 아이가 주인되는 스마트팜에서 시작하자》

- "아이들이 농장을 지켜보며, 투자와 수익을 체험하는 새로운 금융교육 실험"

이 메모는 내가 농협은행 부행장으로 근무하던 시절, 교육·금융·농업이 결합하고 도시와 농촌이 상생하는 조각투자 모델을 구상하며 떠올렸던 아이디어에 기반하고 있다.

"이 모델은 단순한 농촌 체험이 아니다.
실제 수익을 나누는 '권리'가 학생들에게 귀속되며, 이는 '조각투자'의 가장 공공적인 실험이 될 수 있다."

초등학생이 투자자라면 어떨까?
자신이 주인이 된 농장에서 자라는 작물을 스마트폰 앱으로 지켜보고,
주말마다 가족과 함께 땀 흘려 일손을 돕는다.
그 농작물을 자기 가족이 직접 주문해 먹는 것까지 연결된다.
수확의 기쁨을 가족이 함께 나누고, 연말이면 수확의 수익을 '배당금'처럼 받아본다.
그 배당금은 장래의 학자금으로도 이어진다.

이건 단순한 교육 프로젝트가 아니다.
아이들이 진짜 '주인'이 되는 첫 번째 조각투자 실험이다.

■ 왜 이 아이디어가 필요한가?

요즘 정부는 'STO', '조각투자'를 외치지만,
정작 "무엇을 어떻게 쪼갤 것인가"에 대한 설계는 흐릿하다.
대부분의 사업은 블록체인, 전전유통, 거래소 중심의 모델에 매몰되어 있다.
하지만 진짜 중요한 건 '권리의 설계'와 '신뢰의 구조'다.
조각투자의 시작은 꼭 금융시장에서만 이뤄져야 할까?
오히려 공공성과 교육적 가치를 중심으로,
어린 투자자들을 위한 비영리형 조각투자 실험부터 시작하는 게 더 합리적일지 모른다.

■ 제안: 조각투자 실험, "스마트팜+학생 투자" 모델로 시작하자

핵심 개념:
스마트팜의 수익권을 조각화 ➜ 인근 초중고 학생들이 투자자로 참여 ➜ 수익 배분 + 경제교육 + 공동체 체험

☑ 구조 요약

구성 요소	내용
발행자	농협경제지주(비영리), 스마트팜별 SPC 설립
관리기관	농협은행(신탁업자) - 자금 관리 및 감시, 수익 배당
투자자	초·중·고 학생(개별 또는 학급 단위 참여) 또는 학부모
경작자(운영자)	귀농인력 등 지역 일자리 연계 인력(일자리 창출)
수익배분	실비 제외한 모든 수익을 연 1회 정산 ➜ 학생 펀드 계좌에 배당
앱 플랫폼	수익 조회, 생장 현황, 활동 포인트 적립, 배당 시뮬레이션, 각종 교육
지자체	각종 지원, 경작지 무상 지원
교육청	1교-1스마트팜 연계 투자 활동 지원
금융당국	전용 앱 개발, STO 조각투자 등 신속한 법제도 지원, 각종 금융교육
금융회사·기업	ESG 차원의 각종 기금 출연, 스마트팜 지원 등
농협	ESG 내실화, 그룹 브랜드 이미지 제고, 청소년 고객 확보

■ 학생이 직접 '투자자'가 되는 경험

- 스마트폰 앱으로 작물 생장과 수익 예측 확인
- 스마트팜에 정기적 봉사활동 참여
- 수익배당은 학자금 펀드에 자동 적립
- 금융·경제·농업·공공성 교육이 자연스럽게 통합됨
- '나의 농장일기', '나의 투자기록'으로 진로·수행평가 연계도 가능

■ ESG와 공공의 연대

- 지자체: 스마트팜 부지 무상 제공, 지역 농업 활성화
- 기업: ESG 기부로 초기 운영비 지원
- 금융사: 상품 개발 및 신탁 역할, 금융교육 콘텐츠 기획
- 교육청: 교육과정과 연계, 학교 단위 실험 허용

■ 이 모델이 가지는 5가지 정책적 가치

조각투자의 공공적 실험 모델

: 수익 극대화보다 학습, 공동체, 경험 중심(비영리 모델이라 가능)

디지털+농업+금융 융합 교육

: 스마트팜 ➜ IT 활용 ➜ 실물경제 체험 ➜ 금융학습

저출산·교육·지역균형 문제의 접점

: 교육비 완화, 농촌 일자리 창출, 도농 상생, 도시민의 농촌·스마트팜에 대한 관심

'비영리 조각투자'라는 정책 실험

: 자산·수익권의 유동화 가능성을 사회적 실험으로 전환

➜ 수익 추구가 목적이 아니므로 투자 실패에 따른 부담이 낮고, 정책 실험으로서의 실행 가능성과 수용성이 높음

기존 STO 담론을 실천적으로 확장
: 기술 집착에서 벗어나, 신뢰와 참여 중심의 STO 모델 제안

■ **마무리 질문**

- 왜 조각투자는 늘 투기와 연결돼야 하는가?
- 아이들이 키운 상추 한 줌이, 자기가 투자한 농장에서 왔다면?
- 진짜 주주로서의 책임과 보람을 느끼는 조각투자,
  그 시작은 아이들에게서부터 가능한 것이 아닐까?

《저자의 메모 | 청소년 디지털 경제주권 프로젝트, 공공 STO 왜 지금 필요한가》

**"정부, 지자체, 학교, 지역사회, 기업, 금융회사, 그리고 시민까지
모두가 함께 아이들의 내일을 키우는 공동의 프로젝트"**

이 프로젝트는 필자가 앞서 정리한 두 가지 아이디어,
즉, '아이들이 주인이 되는 스마트팜 조각투자 실험'과
'참여형 미래학자금 펀드'를 통합 설계한 정책 제안이다.

핵심은, 청소년이 단순한 소비자나 교육 수혜자가 아니라,
직접 투자자로서 참여하고 공공적 권리를 형성해 나가는
'디지털 주권자'로 설계된다는 점이다.
디지털 기술 기반의 조각투자 ➜ 스마트팜이라는 실물경제와 연결
수익은 단순 배당이 아닌 학자금 펀드로 자동 적립 ➜ 미래설계와 연결
학습, 체험, 노동, 공공참여 등 비금전적 활동이 투자 포인트로 환산 ➜ 주권의 체득과 연결

"디지털 세대에게 필요한 것은 단순한 금융 교육이 아니라,
직접 체험하고 권리를 행사할 수 있는 '참여형 금융민주주의의 장'이다."

☞ 「정책의 전체 구조와 흐름도」는 저자의 메모 뒤에 나오는 '붙임 그림'을 참조
(각 세부 구조는 앞서 제시한 두 개의 저자 메모에 자세히 기술되어 있다)

《저자의 메모 | 보이스피싱과 불법 사금융, 왜 우리는 늘 같은 피해를 되풀이하는가》

- "금융은 최후의 방어선일 뿐, 범죄는 이미 그 전에 시작된다."

보이스피싱, 불법 사금융[35], 불법 채권추심…
이 단어들은 이제 낯설지 않다. 오히려 너무 익숙하다. 그만큼 많은 사람이 이미 피해자였고, 여전히 피해자다.
그런데도 피해는 줄지 않고, 범죄는 더욱 지능화된다.
왜 우리는 이렇게 오랫동안 반복되는 피해를 근절하지 못하는 걸까?

이 두 범죄는 성격도 구조도 다르지만, 하나의 공통점이 있다.
바로 입구에서 막지 못하면, 출구에선 이미 늦다는 것이다.

■ 보이스피싱: 입구는 열려 있고, 출구만 막는다

보이스피싱은 보통 세 단계로 전개된다.

① 입구 단계: 개인정보 탈취, 가짜 문자 발송, 불법 회선 개설
② 진행 단계: 대출 유도, 가짜 수사기관 사칭 등
③ 출구 단계: 금융기관을 통한 자금 송금, 인출

지금까지의 대응은 상대적으로 범죄의 진행과 출구 단계,
즉, 금융기관을 통한 자금 차단에 무게가 실려 있었다.
하지만 그 시점이면 이미 범죄는 절반 이상 성공한 셈이다.

입구 단계, 즉, 개인정보 수집, 불법 회선 개설, 메시지 유통 단계에서의 사전 차단은
제도적으로 분산되어 있거나 아직 미흡한 경우가 많다.

■ 입구를 닫아야 민생 범죄가 근절될 수 있다: 통신 영역의 책임 강화

이제는 통신사가 단순한 통로가 아니라,
보안책임을 분담하는 참여자가 되어야 한다.

- 불법 회선 개설 시 실명 확인·사용자 검증 강화
- 반복된 피싱 신고 회선은 '자동 정지' 또는 '위험 회선' 지정
- 소비자가 피싱 문자를 신고하면, 통신사가 즉시 차단·조치 의무
- AI 기반 스팸·피싱 탐지 시스템 구축(민관 공동 플랫폼)
- 통신-금융-경찰이 실시간 연동되는 범죄대응 체계 필요

■ **그런데 현실은 어떤가?**

통신사는 여전히 고객 이탈, 민원, 규제 리스크를 우려하며
보다 강력한 대응에 소극적이다.
정부 역시 금융당국과 달리 정보통신 분야의 주무 부처는 상대적으로 적극성이 부족해 보인다.

하지만 이건 단순한 규제가 아니라, 국가적 범죄 예방 시스템 구축이다.
비용과 민원 회피보다는, 국민 생명과 재산을 보호한다는 대승적 책임감이 필요한 때다.

■ **불법 사금융: 민생에 가장 가까운 범죄, 그러나 가장 분산된 대응**

불법 사금융은 고금리 불법 대출뿐 아니라,
협박, 가족 연락, 사생활 침해를 동반한 불법 채권추심으로 이어진다.
그런데도 이 범죄는 누구 하나 전적으로 책임지는 기관 없이, 부처마다 권한과 역할이 나뉘어
대응은 늘 뒤따른다.

- 경찰: 현장 단속 주력(그러나 인력 부족)
- 지자체: 권한은 제한적, 책임의식도 낮음
- 금융위: 등록·정책 중심, 실질 단속은 곤란

이 구조에서는 어느 누구도 "내 책임"이라 말하지 않는다.

■ **그래서 제안한다: 통합 민생범죄 대응 체계 구축**

① 불법 사금융 전담 컨트롤타워 신설
(총리실 또는 금융위 산하) ➜ 정책, 단속, 수사 연계
② 광역지자체·기초지자체 전담조직 설치 및 특별사법경찰 권한 부여
➜ 실질 단속 + 주민 보호 + 예방 교육
③ 금융위·경찰·지자체 간 실시간 정보공유 시스템 구축
➜ 불법업체 탐지, 광고 유통, 피해 데이터 연계
④ 불법 광고 플랫폼 규제
➜ 반복 게시한 플랫폼에 삭제 의무 및 제재 부과

■ **마무리 질문**

- 피해는 매번 뉴스가 되지만, 구조는 늘 제자리다.
- 금융은 마지막 방어선일 뿐이다.
  진짜 필요한 건, 그 이전-범죄의 입구부터 막는 시스템이다.
- 범죄는 진화하고 있다. 그렇다면 우리의 대응도 더 앞당겨야 하지 않겠는가?

35) 불법사금융 피해상담·신고접수(건) : ('23上) 6,784 ➜ ('24上) 7,303 (+7.7%)

《저자의 메모 | 금융의 ESG, 포용과 신뢰로 완성된다》

- "금융은 탄소를 줄이지 않지만, 배제를 줄일 수는 있다."

요즘 ESG라는 말이 너무 흔하게 들리지만,
정작 금융회사에서 ESG를 이야기하면 어색한 분위기가 감돈다.
탄소를 줄이자니 금융은 제조업이 아니고,
사회에 기여하라니 어디까지가 '과잉 개입'인지 헷갈리기 일쑤다.

그래서 ESG는 '공시' 중심의 의무가 되었고,
그 공시는 다시 외부 평가를 위한 '점수 받기'로 변질된다.
그 안에서 금융은 자기 역할을 찾지 못한 채, 스스로 ESG의 주변인이 되어간다.

그런데 묻고 싶다.

"은행이 존재할 수 있는 이유는 무엇인가?"
"금융이 단지 돈을 옮기는 시스템이라면, 우리는 왜 이토록 많은 제도를 만들어 지키고 있을까?"

그 질문에 진심으로 답할 수 있다면,
금융의 ESG는 남의 얘기가 아니라 자기 정체성의 문제가 된다.

■ 한국형 ESG, 왜 'S'와 'G'에 주목해야 하는가?

금융은 공장도 없고 배기가스도 배출하지 않는다.
하지만 대출이 누구에게 가는가, 금리가 누구에게 차등 적용되는가,
누가 리스크로 밀려나고, 누가 기회를 얻는가는 전적으로 금융의 결정에 달려 있다.

이는 곧 사회(S)의 구조를 만드는 일이고,
그 결정을 누가, 어떤 책임 하에, 어떤 기준으로 내리는가는 거버넌스(G)의 문제다.
➜ 결국 금융의 ESG는,
"무엇을 얼마나 공시했는가"보다
"누가 어떤 사회를 설계하고 있는가"가 핵심이다.

■ ESG, 이제는 숫자가 아니라 구조를 봐야 한다

1. 'E' 중심의 글로벌 규범 수입에 머물고 있는 국내 금융

- 각종 환경 정보 공시 의무, 탄소배출 정보, K-Taxonomy 연계 등은 급속히 도입 중
- 그러나 금융은 물리적 제품을 만들지 않기 때문에 E에 직접 작용하기 어렵다.

➜ 반면 사회적 금융, 포용금융, 금융접근성 향상, 지역금융 강화는 금융이 할 수 있고, 해야만 하는 'S'와 'G'의 영역이다.

2. "은행은 공공과 계약한 민간기업이다"

은행은 국가의 특별한 허가 없이는 존재할 수 없다.
예금자보호, 대출 규제, 금리 정책 등 전방위적 보호와 개입 속에서 운영된다.

그런데도 상업은행이 일반 민간기업처럼만 행동하고,
사회적 책임을 시혜나 일회성 캠페인으로 여기는 건 구조적 오해다.

➜ 포용금융은 기업의 착한 기부가 아니라, 시스템 설계의 원리여야 한다.

3. '관치금융'이 아닌 '책임금융'을 위한 G의 재설계

2023년 7월 시행된 개정 지배구조법은
금융회사의 지배구조를 '의사결정 책임의 흐름'으로 시각화하는 '책무구조도' 제도를 도입했다.

- 누가, 어떤 과정을 통해 의사결정을 하고 있는지를 구조적으로 진단하겠다는 취지
- 단순히 ESG 위원회를 설치하는 것과는 다른, 경영 내면의 투명성 강화 노력
- 이는 G의 형식이 아니라 책임의 흐름을 그리는 거버넌스 모델로 발전 가능

➜ 앞으로는 ESG의 G가 '제도적 책임성'으로 구체화되는 흐름이 강화될 것이다.

■ ESG가 성과로 이어지려면: 한국 금융의 3가지 과제

과제	설명
S: 포용과 신뢰의 시스템화	포용금융을 단순 캠페인이 아니라 제도 설계에 내재화해야 함(예: 디지털 취약계층 지원, 자영업자 채무조정 자동화 등)
G: 지배구조·내부통제의 투명성과 책임성	'책무구조도'는 누가 결정하고, 누가 책임지는지를 보여준다. ESG도 논의 ➜ 결정 ➜ 실행이 연결되는 체계를 갖춰야 함
E: 간접적 기여 방식으로 재설계	제조업처럼 탄소를 직접 줄이지는 못해도, 친환경 기업에 대한 금융 지원, 녹색 프로젝트에 대한 자금 배분 등 간접 기여 가능

마무리 질문

- ESG가 평가 점수를 관리하는 데 그친다면, 금융은 사회 문제 해결의 주체가 아니라, 형식에 협조하는 외부자에 머물 수밖에 없다.
- 하지만 ESG가 사회 구조를 설계하는 일이라면, 금융은 중심에 있어야 한다.
- 이제는 '금융이 어떤 사회를 만들 것인가'에 대해 스스로 답할 차례다.

[붙임] 청소년 디지털 경제주권 프로젝트

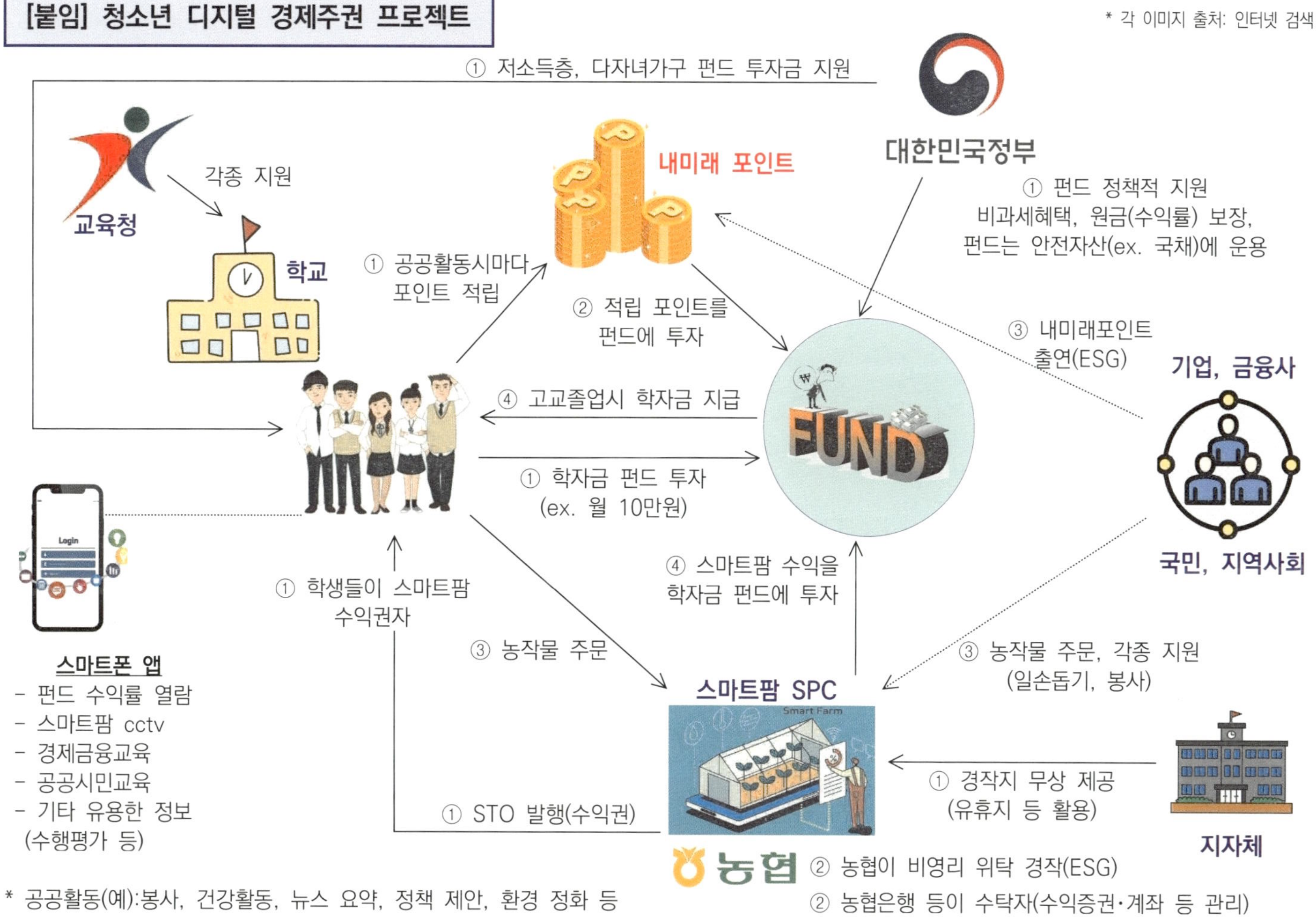

* 공공활동(예):봉사, 건강활동, 뉴스 요약, 정책 제안, 환경 정화 등

이제 질문은 바뀐다.
신뢰를 회복한 금융은
과연 누구에게 닿고 있는가?
금융이 사회와 실물경제를 어떻게
연결하는가를 묻는 것이,
다음 전략의 과제다.

제3전략

성장과 회복을 설계하는 금융 전략

"미래를 키우고, 실패를 회복시키며, 누구도 배제되지 않도록 설계하는 금융 전략"

I 제3전략의 문을 열며

왜 이 전략인가?:

금융은 실물경제의 동맥이다.
지금 한국 경제는 두 가지 단절 앞에 서 있다.
미래를 선도할 산업에 자금이 닿지 않고 있으며,
도약 가능한 사람들이 금융의 문턱에서 멈추고 있다.

AI, 반도체, 배터리, 바이오...
가능성은 충분했지만, 위험이 크다는 이유로
금융은 이 산업들을 설계하지 못했다.
결국, 자금은 늦게 도착했고, 구조는 따라가지 못했다.

청년 자영업자, 재기 중인 창업가, 기술은 있지만 담보가 없는 스타트업…
이들도 단지 '신용이 부족한 사람'이 아니라,
금융이 외면한 가능성이었다.

금융은 성장의 사다리이자, 실패의 충격을 막아주는 그물이어야 한다.
지금 금융의 과제로 필요한 것은,
"어떤 산업을 키울 것인가"와 "누구도 놓치지 않는 금융"을 함께 설계하는 일이다.

전략의 흐름과 설계도:

성장 ➜ 회복 ➜ 포용 ➜ K-금융 글로벌화 | 기회 설계와 복원을 위한 전략

지금 우리는 다음 두 가지 현실 앞에 서 있다.
하나는, 미래를 책임질 산업에 자금이 도달하지 못하고 있다는 점.
다른 하나는, 도약 가능한 사람들이 금융의 문턱에서 좌절되고 있다는 점이다.

이는 단순한 정책 부족이 아니라,
금융이 기회를 어떻게 설계하느냐의 문제다.

제3전략은 이 단절된 구조를 복원하고,
금융이 '성장을 지원하고', '실패를 회복시키고',
'누구도 놓치지 않도록' 작동하는 구조를 설계하는 전략이다.
단편적인 지원이 아니라, 기회 설계의 전체 흐름을 재구성하는 접근이다.

이를 위해 제3전략은 다음 네 가지 축으로 작동한다:

3.1 정책금융 리디자인 - 미래산업과 중소·벤처기업에 집중

- 미래산업, 스타트업, 벤처기업 등 성장 가능성이 높은 영역에 선제적으로 자금이 도달하도록 구조화
- 산업 성장의 구조적 사다리 설계

3.2 구조조정과 회생 생태계 정비 - 실패에서 재기로 연결되는 구조 설계

- 실패한 기업과 개인이 재기로 복귀할 수 있는 구조적 안전망 설계
- 사전정리형 회생제도(P-Plan), 공적 AMC, 조기경보 시스템 등 위기감지-회복-복귀의 구조화된 루프 구축

3.3 포용금융 강화 - 누구도 금융에서 배제되지 않도록

→ 디지털 소외계층, 고령층, 저신용자, 지역기반 소상공인 등 금융에서 배제된 계층에 실질적으로 도달하는 설계

→ 생애주기별 상품 + 지역 기반 전달 창구 + 성과연계 인센티브 체계로 접근성의 구조화

3.4 K-금융의 글로벌 도약 - 금융산업의 외연 확장

→ 금융회사와 금융플랫폼이 해외 진출, 금융외교, 허브 구축 등으로 글로벌 금융 생태계 확장의 축으로 작동하도록 설계

→ 산업 성장의 외연 구조화

제3전략 요약: "금융은 사다리이자 그물이다"

하위전략	핵심 개념	정책 방향
3.1 정책금융 리디자인	미래 성장 가능성 중심 자금 배분	전략산업 중심 자금공급 + 중소·벤처기업 자금 지원 강화 + 신용보강-보증-유동화 연계 구조
3.2 회생시장 재설계	실패-회복-재기로 연결되는 구조	사전정리형 회생제도(P-Plan) + 공적 AMC 활용 + 조기경보 연계 체계
3.3 포용금융 강화	금융의 문턱을 낮추는 시스템 설계	생애주기별 상품 + 현장 중심 창구 + 전달 성과 연계 인센티브
3.4 K-금융 글로벌 도약	금융산업의 외연 확장	금융허브 인프라 + 해외진출 총력 지원 + 금융외교 플랫폼 + 내수용·수출용 규제 이원화

Ⅱ 제3전략은 이렇게 작동한다

3.1 정책금융 리디자인 - 첨단미래산업과 중소·벤처기업에 집중

"금융이 산업에 투자하는 방식부터 바꿔야 한다"

✔ 전략의 첫 장면

"정책금융은 있는데, 창구는 없다."
기술은 있지만, 신용이 없다는 이유로 탈락했고,
자금은 있다고 했지만, 현장에선 그 흐름을 느낄 수 없었다.

정책금융은 한때 산업화를 견인한 국가 성장 전략의 핵심 축이었다.
하지만 지금, 금융이 다시 미래산업의 사다리가 되어야 할 시점에서
그 구조는 낡았고, 방향은 모호하다.

첨단산업에는 민간 자금이 망설이고,
정책금융기관은 공공성과 수익성 사이에서 멈칫한다.
지금 필요한 건 단순한 자금 공급이 아니라,
누구에게, 어떻게, 어떤 방식으로 금융이 닿을 것인가를 다시 설계하는 일이다.

- 현장에서는 여전히 "정책금융은 있는데, 설명해 주는 창구는 없다"는 목소리가 나온다. 청년 창업자, 기술 기반 스타트업, 지방 소상공인들은 제도가 아닌 구조에서 배제되고 있다.
(➜ 《정책이 놓친 장면들 - 정책금융은 있는데, 창구는 없다》 참조)

지금 필요한 정책금융의 재설계 방향은 다음과 같다.

① 미래 첨단산업 중심 자금공급 확대

➜ "미래를 책임질 산업에는 자금이 먼저 도달해야 한다."

정책금융은 단순한 공급이 아니라,
방향성을 담은 '전략적 수단'이어야 한다.
그 첫 출발은 미래 첨단산업에 대한 선제적 자금공급이다.
민간 자본이 접근하기 어려운 고위험·고성장 영역에는
정책금융이 먼저 진입해야 하고,
그 자금은 단순히 '지원'이 아니라 '선택과 집중'의 구조로 설계되어야 한다.

특히 반도체, 이차전지, 인공지능, 바이오 등
국가전략산업을 중심으로 정책금융의 포트폴리오를 조정하고,
소외된 성장 기업을 선제적으로 발굴·연결하는 체계가 필요하다.

- 반도체, AI, 이차전지, 바이오 등 전략산업 중심으로 공급을 확대
- 민간 모험자본이 꺼리는 고위험 영역에 정책금융을 우선 진입
- 5대 중점분야[36] 직접투자 규모 1,500억 원('24) ➜ 1조 원 이상('25)으로 확대[37]
- '혁신프리미어 1000' 등 전략 수요 발굴체계와 연계한 자금 배분 구조 도입

● 정책금융은 '혁신프리미어 1000' 같은 전략적 수요발굴체계를 통해, 제도에서 소외된 기업들을 중심으로 재배치되어야 한다.[38]

---

36) "5대 중점분야 직접투자 목표액도 전년도 1,500억원에서 `25년 1조원 이상으로 대폭 확대"(금융위)
37) 동아일보, 「반도체·AI·배터리 집중 지원…첨단전략산업기금 50조원 조성」, 2025.3.5.,
기획재정부, 「대한민국 미래 산업 50조 투자! 반도체·AI·배터리 글로벌 1위 노린다」, 2025.3.5.
38) 금융위원회, 「2025년 정책금융 공급계획」 보도자료(2024.12.24.)

② 정책금융기관 기능 재정립

➜ "기관이 아닌 전략이 먼저 결정돼야 한다."

지금까지의 정책금융은 '누가 할 것인가'에 집중돼 있었다.
산업은행, 기업은행, 수출입은행 등 여러 기관이 유사한 업무를 중복 수행하거나,
기능이 명확하지 않은 상태에서 분산적으로 운영돼왔다.

하지만 전략이 명확하지 않으면, 자금은 흩어지고 책임도 모호해진다.
정책금융은 기관 중심이 아니라 전략 중심으로 설계되어야 한다.
즉, '무엇을 지원할 것인가'를 국가가 먼저 결정하고,
실행은 각 기관이 역할을 나눠 수행하는 구조가 필요하다.

- 산업은행 수권자본금 확대(30조원 ➜ 50조원)로 중장기 여력 확보
- 기업은행, 수출입은행 등 간 기능 중복 해소 및 역할 전문화
- 국가 차원의 미래산업 전략체계(예: 반도체, AI, 우주항공 등) 우선 수립
- 전략 수립은 국가, 실행은 기관이라는 책임 분리 원칙 명확화

● 지금 한국에는 전략의 방향이 없고, 책임의 주체도 없다. 정책금융은 전략의 도구가 아니라, 전략의 표현이 되어야 한다.

➜ 《저자의 메모 | 국가전략 없는 정책금융, 미래는 어디로 가는가》 참조

---

③ 신용보강-유동화-모험자본 유입 구조 구축

➜ "단순 대출을 넘는, 스케일업 중심 자본 설계가 필요하다."

정책금융이 단순히 자금을 '빌려주는 역할'에 머문다면,
시장은 절대 혁신 기업을 스케일업으로 이끌 수 없다.

지금 필요한 것은 대출 중심 구조를 넘어,
보증·지분투자·전환사채 등 다양한 자본유입 루트를 갖춘
'다층형 정책금융 구조'다.

이 구조는 특히 스타트업이 중견기업으로 넘어가는
성장 곡선의 가장 가파른 구간에서 결정적인 역할을 할 수 있다.

- 보증, 전환사채, 기술 기반 금융 등 스케일업 중심의 정책 수단 확대
- 초기-중견-성장단계별 자금 지원 포트폴리오 세분화
- 민간 벤처·PE 자본과 연계한 혼합 금융 구조 설계
- 신용보강과 유동화 장치를 통해 민간 자본 유입 유도

● 이 세 가지 방향은 단순 병렬적 과제가 아니다. 전략산업 중심의 공급(①)이 금융의 방향성을 설정하고, 기관 기능 재정립(②)은 그 공급을 실행 가능하게 하며, 구조화된 자본 설계(③)는 그것이 시장에서 작동하도록 만든다. 지금 필요한 것은 이 연결 구조 자체를 설계하는 일이다.

핵심 메시지:

- 정책금융은 '자금 공급 기관'이 아니라 '국가 전략 실행 플랫폼'이어야 한다.
- 공급 중심에서 '전략 중심 - 실행 기능 - 자본 구조'로 이어지는 설계 전환이 필요하다.
- 미래 산업을 선택하고, 사각지대를 연결하며, 가능성에 투자할 수 있는 정책 금융 기반을 만들어야 한다.

《정책금융, '공급'이 아니라 '설계'다》

한국의 정책금융은 산업화를 이끌던 시대에는 "양적 공급"이 핵심이었다.
"2023년 정책금융 136조 공급"과 같은 수치는 그 성과를 드러내는 대표 지표였다.
그러나 지금, 정책금융의 과제는 '얼마나' 공급했는가가 아니라, '어떻게' 설계했는가로 이동하고 있다.

---

39) 금융위원회, 「2025년 정책금융 공급 247.5조원…136조원을 5대 중점분야에 집중공급」, 2024.12.24.

[참고] 2025년 정책금융 공급 계획 요약[39]

구분	내용	비고
총 공급 규모	247.5조 원	전년 대비 +7조 원
5대 중점 분야 공급액	136조 원	전년 대비 +20조 원 / +17.2%
① 첨단전략산업	반도체, 디스플레이, 2차전지, AI, 바이오 등	37.2조 원
② 미래유망산업	나노, 수소, 콘텐츠, ICT, 태양전지 등	21.5조 원
③ 기존산업 재편	조선, 철강, 섬유, 석유화학, 태양광 등	31.0조 원
④ 중소·중견기업	스케일업, 해외 진출 지원	16.7조 원
⑤ 대외여건 대응	기계·전기 등	29.7조 원
직접투자 확대	1조 원 이상(2024년: 1,500억 원)	6배 이상 확대
기금 연계 투자	AI 특화펀드(5,000억), 혁신성장펀드(3조), 반도체 설비대출(4.25조)	저금리 정책 연계

3.1 전략 한눈에 보기

"정책금융은 존재하지만, 전략은 없다."

구분	내용
전략의 목적	산업 성장성과 사회적 사각지대를 연결하는 금융 설계
핵심 문장	"금융은 기술 그 자체보다, 그 기술이 얼마나 성장할 수 있을지를 봐야 한다."
위기 구조	정책은 있지만, 정작 필요한 곳에는 닿지 않는다.
정책 핵심 과제	1 전략산업 중심 자금 공급 2 정책금융기관 기능의 재정립 3 구조화된 자금 지원 설계
정책 설계 원리	대상 재정의 – 경로 다층화 – 성과 연계화
핵심 메시지	"정책금융은 자금을 주는 일이 아니라, 필요한 곳에 연결하는 일이다."

3.2 구조조정과 회생 생태계 정비 – 실패에서 재기로 연결되는 구조 설계

"퇴출이 아니라, 회복 가능한 실패를 설계하라"

전략의 두 번째 장면

회복을 설계하지 않는 금융은, 실패한 기업만 남기는 것이 아니라
투자자, 고용, 지역경제 전체에 연쇄적 비용을 남긴다.

한국의 구조조정 시스템은 여전히 '법정관리' 중심에 머물러 있다.
기업이 위기에 처하면, 법적 절차를 거쳐 회생을 시도하고, 실패하면 청산된다.
그러나 이 방식에는 사전적 대응도, 회복을 위한 설계도 없다.

한 번 실패한 기업은 금융 접근이 차단되고,
잠재력이 있는 기업도 구조 속에서 퇴출된다.
이는 개별 기업만의 문제가 아니라 자본의 낭비이며,
고용, 지역경제, 투자자에게 연쇄적 손실을 남기는 사회적 리스크다.

- 구조조정은 있지만, '회복의 설계'는 없다. 워크아웃이나 회생절차를 거친 기업은 자본시장에 재진입하기 어렵고, 성장을 위한 금융 지원도 단절된다.
  (➜ 《정책이 놓친 장면들 – 구조조정은 있었지만, 생태계는 없었다》 참조)

지금 필요한 구조조정·회생시장 개편 방향은 다음과 같다:

① 신속회생 제도의 실효성 강화

➜ "회생은 빠르게, 회복은 이어지도록"

기업이 위기에 빠졌을 때,
구조조정은 단지 손실을 정리하는 절차가 아니라

'회복 가능한 기업'을 다시 경제에 연결시키는 전략이다.

하지만 현재의 회생제도는 느린 절차, 복잡한 요건, 자금 단절이라는
세 가지 병목에 걸려 있다.

결국 많은 기업은 회생을 시작도 못 하거나,
회생 절차 중에 회복의 동력을 잃어버린다.

이제는 회생의 시점을 앞당기고,
회복의 속도를 높이는 구조적 재설계가 필요하다.
대표적인 방식이 사전정리형 회생제도(P-Plan, Pre-packaged Plan)다.
이 제도는 회생 개시 전,
채권자·투자자와 사전 합의를 통해 회생계획안을 마련하고,
법원이 이를 신속하게 인가함으로써 기업이 빠르게 정상화될 수 있도록 돕는다.

또한, 회생 절차와 자금 지원이 단절되지 않고 연결되어야 한다.
지금은 회생 기업에 대한 금융기관의 신용 경색이 심각하고,
정부의 지원은 사후적이다.
그러나 위기 기업의 회복 가능성을 고려한 정책금융 매칭, 브릿지 자금,
M&A 연계형 투자유치 지원이 병행돼야 회생이 작동한다.

즉, '정책적 회생 설계'가 필요하다.
법적 절차만으로는 회생이 되지 않는다.
금융, 제도, 투자, 정보가 함께 움직이는 복합 구조가 갖춰져야 한다.

- 사전정리형 회생제도 확대 및 정착 ➜ 사전채권 조율 ➜ 법원 인가 간소화
- 회생 절차와 정책금융 연계 ➜ 회생 기업 전용 브릿지 자금, 투자 매칭 펀드 마련
- 회생 기업과 M&A 연계를 통한 민간 유입 유도 ➜ 회생 중에도 투자자가 관심을 가질 수 있도록 구조 설계

● 구조조정 시장의 활성화를 위해서는 전문 투자자의 육성과 정책적 지원이 필수적이다.
- 이코노믹리뷰, 『기업 구조조정 시장, 전문 투자자 육성이 관건』, 2022.6

---

② 부실채권 시장 및 AMC 기능 강화

➜ "정리-회복-성장으로 이어지는 구조화"

지금까지의 구조조정 시장은 '정리'에만 초점이 맞춰져 있었다.
부실채권(NPL)을 매입하거나, 기업의 채무를 정리하는 데 그쳤고,
그 이후의 회복이나 재도약은 '시장에 맡기는 것'으로 처리돼왔다.

하지만 구조조정은 단지 망한 기업을 청산하는 절차가 아니라,
회복 가능성을 가진 기업을 다시 경제 생태계에 연결하는 일이다.
그 출발점이 바로 AMC(자산관리회사)의 역할 재정립이다.

AMC는 단순히 부실채권을 정리하는 '청산 도구'가 아니라,
정리-회복-성장을 연결하는 구조의 허브가 되어야 한다.
예를 들어, 민간 AMC와 정책금융기관이 협력해
부실채권을 매입한 뒤,
사업 구조조정-재무 리모델링-재도약을 위한 투자 연결까지
한 번에 설계할 수 있어야 한다.

또한 지금까지는 NPL 시장 자체가 미성숙했다.
투명한 가격 형성 구조, 다양한 투자자 참여,
회수 이후 투자 연계 시스템이 부족했다.
유동화 시장 육성, 민간 재기 투자자 진입 유도,
부실채권 회수 이후 후속 자금 공급까지 설계돼야
비로소 구조조정이 사회적 낙인보다 '재기 구조'로 기능할 수 있다.

- 민간-공공 협력형 AMC 체계 정비 ➔ 정책금융기관과 민간 AMC의 역할 분담
- NPL 유동화시장 육성 ➔ 정리 후 재도약 자금까지 연결하는 이중 구조 설계
- 단일 트랙이 아닌 '정리-회복-성장'의 다단계 구조 설계 ➔ 단순 회수보다 재도약을 중심으로 재구조화

"구조조정은 시장을 정리하는 일이 아니라, 미래를 보전하는 일이다."

③ 위기 예측-정보 공유체계 구축

➔ "실패를 미리 감지하고, 함께 공유한다."

지금까지의 구조조정 시스템은 '사고가 터지고 나서 대응하는 방식'이었다.
기업이 회생을 신청하거나, 채무 불이행이 발생한 이후에야
비로소 감독기관이나 금융기관이 움직이는 식이다.

그러나 진짜 복원력 있는 금융 시스템이라면
부실의 징후가 나타나는 단계부터 위험을 감지하고,
관련 기관이 사전에 정보를 공유하며 선제적으로 대응할 수 있어야 한다.

이를 위해 필요한 것은 빅데이터 기반 조기경보 체계다.
예를 들어, 기업의 재무 상태, 납세·인허가 정보, PF 대출 상환 일정,
신용등급 변동, 유동성 흐름 등을 통합 분석해
이상 징후를 조기에 탐지하고,
그 정보를 금융기관-신용평가사-정책당국이 함께 공유하는 구조를 만들어야 한다.

또한 이런 조기경보는 '시장'에도 작동해야 한다.
민간 구조조정 투자자, 사모펀드, 회생 컨설팅 기관 등에게도
투명한 위험 신호를 공유함으로써
시장 주체들이 적절한 대응과 투자를 할 수 있는 구조가 갖춰져야 한다.

- 빅데이터 기반 조기경보 시스템 구축
  → 재무정보, 시장거래정보, 공공데이터 통합 분석
- 금융기관-정책금융-신용평가사 간 리스크 정보 연계체계 마련
- 민간 구조조정 투자자 대상 선제적 정보공개 플랫폼 마련
  → 회생 가능 기업에 자금 유입 유도

● 지금까지는 '사후 구조조정'이었지만, 앞으로는 '사전 감지-조기 대응-연계 지원'으로 구조를 바꿔야 한다. 구조조정은 단순히 위기 이후의 문제가 아니라, 위기가 '보이기 시작할 때'부터 설계되어야 한다. 구조조정 시장은 양적으로 확대되고 있으나, 민간 투자자의 참여는 여전히 제한적이다.
- 삼일PwC, 『글로벌 및 국내 구조조정 동향』, 2022.9

---

④ 구조조정 투자시장 활성화

→ "회복 가능성에 투자하는 시장 구조"

구조조정은 단지 부실을 정리하는 절차가 아니라,
회복 가능성과 재도약을 설계하는 투자 과정이어야 한다.
그러기 위해서는 '구조조정 이후의 생존'에 자금이 닿아야 하고,
그 자금을 유입시킬 수 있는 투자시장이 필요하다.

그러나 지금의 구조조정 시장은
채권 회수에만 초점이 맞춰져 있고,
민간 자본의 진입은 여전히 제한적이다.
디스트레스 펀드, 구조조정 특화 PE(Private Equity) 등은
국내에서는 제도적 기반과 투자 유인이 부족하다.

이제는 구조조정 시장에 정책금융과 민간자본이
함께 들어갈 수 있도록 설계해야 한다.
정부는 초기 손실보전 장치나 성과 연동형 보증을 제공하고,
세제 혜택이나 규제 유연성을 통해 위험 대비 보상 구조를 만들어줘야 한다.

- 구조조정 특화 사모펀드, 디스트레스 펀드 등 민간자본 유입 확대
- 정책금융기관의 초기 손실보전 또는 성과연동형 보증 장치 마련
- 구조조정 대상 기업 투자 시 세제 인센티브 + 절차 간소화
- 회생 신청부터 자본 유입까지 연결되는 '투자 유도형 구조조정' 체계 구축

2023년 기업회생 신청은 전년 대비 54.9% 증가하며 역대 최고치를 경신했다. 구조조정 시장은 양적으로 급증했지만, 민간 참여와 회복 설계는 여전히 미흡하다.
– 삼정KPMG, 『기업회생시장 동향과 전망』, 2024.7[40]

핵심 메시지:

- 실패에 어떻게 대비하고 구조화하느냐가 금융정책의 지속가능성을 결정한다.
- 회생 가능한 기업을 살려내는 것은 금융의 사회적 내구성을 높이는 일이자, 자본의 생산성을 회복하는 가장 전략적인 선택이다.
- 그리고, 그 선택을 가능하게 하는 구조를 설계해야 한다.

《정책구조 리뷰 – 회복 가능한 실패란 무엇인가》

구조조정은 한 기업을 정리하는 일이 아니라,
미래의 생산성과 고용을 보전하는 사회적 선택이다.

한국의 구조조정 시스템은 과거 IMF 이후 '신속정리'에 초점을 맞췄다.
하지만 지금 필요한 건 '신속퇴출'이 아니라 '신속회복'이다.
지금도 많은 기업이 법정관리에 들어가는 순간 투자 유치가 단절되고,
정책금융은 리스크 회피, 민간은 정보 부재 속에서
구조조정 시장은 '진공상태'에 머물러 있다.

■ 현실의 단절

"법정관리 들어가면, 투자 받는 건 사실상 끝이다."
"회생은 있어도, 투자 유치는 끊긴다."
"정책금융은 위험회피, 민간은 정보 부족… 구조조정 시장은 '진공 상태'다."

---

40) 아시아경제, 〈기업회생·파산 신청 '역대 최다'…"파산 후 회생도 어려워"〉, 2024.7.29.

■ **한국 구조조정 시스템의 병목 지점**

항목	현재 구조	주요 한계
회생 절차	법정관리 중심(법원 주도)	진입 장벽 높고, 절차 장기화
투자 연계	회생 ➜ 투자 연결 거의 없음	PE, AMC 시장 참여 미흡
사전 대응	구조조정 '사후 대응' 중심	부실 예측·조기 경보 부재
민관 협업	정책금융-민간 분절	정보 비대칭 심각

■ **회복 가능한 실패를 위한 설계**

전략축	설계 방향
① 예측 시스템화	빅데이터 기반 조기경보 시스템 + 민관 정보 연계 인프라
② 민간 투자 활성화	디스트레스 펀드 + 성과보증 + AMC 연계
③ 절차 다층화	P-Plan 중심 사전구조조정 제도 정비

3.2 전략 한눈에 보기

"구조조정의 목적은 퇴출이 아니라 회복이다."

구분	내용
전략의 목적	실패 이후의 연쇄 손실을 차단하고, 회복 가능한 기업에 자금이 닿도록 설계
핵심 문장	"회생을 설계하지 않는 금융은, 실패를 반복하게 만든다."
위기 구조	구조조정은 있지만, 회복은 없는 시스템 ➜ 사회적 손실 고착
정책 핵심 과제	1 신속회생 설계 2 AMC 및 투자시장 재편 3 조기경보 체계 4 민간자본 유입 구조
정책 설계 원리	회생 전 대응 - 회복 연계 자본 구조 - 민관 연계형 인프라 구축
핵심 메시지	"살릴 수 있는 기업을 살리는 것이 진짜 구조조정이다."

3.3 포용금융 강화 - 누구도 금융에서 배제되지 않도록

"금융의 문턱을 넘지 못한 이들을 위한 설계"

전략의 세 번째 장면

정책은 있는데, 왜 사람들은 모를까?
서민금융의 핵심 문제는 상품이 아니라, 도달하지 못하는 구조다.
닿지 않는 금융은 존재하지 않는 것과 다르지 않기 때문이다.
이제는 제도를 만드는 것보다, 도달하도록 설계하는 일이 더 중요해졌다.

햇살론, 사잇돌, 국민행복기금…
정책서민금융은 있다. 그러나 '도달성'은 낮다.
상품은 존재하지만,
전달 경로는 복잡하고,
대상자는 정보를 모르고,
심지어 '디지털 문턱' 앞에서 포기한다.[41]

● 금융당국 민생안정 계획(금융위, 2025.1.8.)

구분	내용
연체前 자영업자	❶ 연체우려 차주 맞춤형 채무조정, ❷ 폐업자 저금리·분할상환, ❸ 상생 보증·대출 등 추가자금 지원, ❹ 주거래은행이 상권분석 등 컨설팅
연체 자영업자	❶ 지원대상 확대, ❷ 요건개선 → 사각지대 완화, ❸ 재기지원 강화
취약층	채무조정과 재취업·복지서비스 등 복합지원 강화

많은 취약계층은 정책 설계의 지형도 바깥에 있다.
청년, 고령자, 경력단절자, 부도경험자…
제도에 결함이 있는 게 아니라, 아예 그들을 상정하지 않은 구조였다.

41) 개인채무조정 연간 신청 추이(만명, 신복위) : ('21)12.7 ('22)13.8 ('23)18.5 ('24)19.5

지금 필요한 정책 서민금융의 구조적 보완 방향은 다음과 같다:

① 생애주기별로 회복을 설계

➜ 단순 대출이 아닌 '회복 중심'의 정책금융 구조로 전환

지금까지의 서민금융은 긴급 대출 중심으로 설계돼왔다.
하지만 실직, 폐업, 고령, 경력단절 같은 생애 리스크에 직면한 사람에게는
일시적 자금보다 '회복 가능한 구조'가 필요하다.

청년 자영업자, 고령층, 신용불량 재기자 등은
단지 취약한 금융소비자가 아니라,
금융이 애초에 설계하지 않았던 사각지대다.

이제는 단순 상품 공급을 넘어서
'회복 가능성'에 기반한 생애주기형 정책금융 구조로 전환해야 한다.

- 청년, 고령자, 경력단절자, 재기 시도자 등 생애주기별 타깃 상품 정교화
- 채무조정, 이자 감면, 상환 유예 등 회복형 구조의 확대
- 사회적 낙인 없이 재도전 가능한 금융 안전망의 설계

- 정부는 2025년 서민금융에 사상 최대 규모인 11조 원을 투입한다.[42] 고금리와 불법 사금융에 내몰린 금융취약계층을 보호하겠다는 포부지만, 현실은 여전히 갈 길이 멀다. 2023년 공급된 7.15조 원 상당이 단기 자금 위주였고, 자립 지원을 위한 비금융 서비스는 이제야 확대되는 중이다.[43]

---

② 디지털과 현장을 잇는 복합전달망을 구축

➜ '도달성'을 설계하는 전달 인프라 중심으로 전환

42) 금융위원회, 「'25년 정책서민금융 역대 최대 규모인 11조원 수준 공급」, 2025.1.8.
43) 서민금융진흥원, 『2023 ESG 경영성과보고서』, 2023

서민금융이 닿지 않는 이유는 단지 '몰라서'가 아니다.
모바일 신청은 어렵고, 현장 창구는 줄었고, 상담은 단절돼 있다.

지금 '상품 공급 확대'도 중요하지만,
금융 전달이 실제로 작동하는 복합 네트워크가 필요하다.

- 서민금융진흥원 중심 통합 포털 + 모바일 간소화 체계 구축
- 지역 금융복지센터 확대 및 창구 기반 대면상담 복원
- 모바일·전화·창구를 병행하는 접근 경로 설계

> "햇살론 신청해보려 했는데 앱도 어렵고, 어디서 해야 할지 몰랐어요… 결국 포기했죠."
> – 70대 이용자 인터뷰

③ 성과로 평가받는 전달체계를 설계

➜ 단순 실행이 아니라 '도달성과 회복률'에 기반한 구조 전환

그동안의 정책금융은 '집행액'으로 성과를 평가해 왔다.
하지만 진짜 중요한 건 '얼마를 집행했느냐'가 아니라
'누가 도움을 받았고, 실제 회복했는가'다.

정책금융의 평가지표도
전달 실적, 회복률, 상담 전환율처럼
정책의 효과가 측정될 수 있는 구조로 바뀌어야 한다.

- 상담 ➜ 실행 전환율, 회복률 등 성과 기반 KPI 도입
- 금융기관이 '실적'이 아닌 '도달성과'로 평가받는 구조 설계
- 정책금융의 실질 수혜자 분석 및 사각지대 도달률 측정 구조화

> "불법사금융은 단속의 문제가 아니라, 제도가 도달하지 못한 결과다."
> ➜ 해당 내용은 2.2 '불법·불공정행위 대응 전략'과 연계 필요

💬 **핵심 메시지:**

- 정책은 있지만 정작 필요한 곳에 닿지 않는다.
- 금융이 설계해야 할 것은 상품이 아니라, 도달 가능한 구조다.
- 포용은 시혜가 아니라, 접근성과 회복력을 갖춘 제도여야 한다.

《정책구조 리뷰 - 제도는 있지만, 구조는 도달하지 못했다》

청년 자영업자, 기술 스타트업, 경력단절 여성, 부도 경험자, 고령자…
이들은 단지 '취약한 금융소비자'가 아니라,
금융이 처음부터 설계하지 않았던 사람들이다.

서민금융은 있다. 하지만 보이지 않는다.
상품은 있지만, 구조는 닿지 않는다.
제도는 존재하지만, 그 제도에 도달할 수 없는 사람들이 있다.
이 문제는 단순한 정보 부족이 아니라, 설계와 전달 방식의 구조적 한계다.

■ 금융이 배제한 대상은 누구인가?

유형	구체적 사례	구조적 배제 요인
청년 자영업자	사업 초기, 신용정보 부족	전통적 심사모형 부적합
기술 기반 스타트업	정형화되지 않은 수익구조	자산 중심 담보 불인정
경력단절 여성	소득·고용 기록 단절	신용평가 시스템에서 불리
부도경험자(재기 준비자)	회생 이후에도 낙인 유지	정책금융 재진입 불가
고령자	앱 활용 불능, 디지털 문해력 부족	비대면 중심 채널 설계

■ 정책은 많은데, 체감은 낮은 이유

- '정책서민금융' 상품 수: 20여 종 이상
- 금융취약계층의 실제 체감률: 미공식 추정 20~30% 이하
- 정책금융 접근성 조사 결과:
  "정보 부족" "신청 복잡" "디지털로만 신청"이 상위 응답

■ 포용금융을 위한 설계 전환 과제

① 전달체계 구조 전환
- 서민금융진흥원 중심 통합 플랫폼 구축
- 지역 금융복지센터 확대 및 창구 기반 대면상담 복원
- 모바일·전화·창구 병행 체계 설계로 접근성 강화

② 생애주기별 맞춤형 상품 정비
- 청년, 고령자, 경력단절자, 재기 준비자 등 타깃 상품 정교화
- 채무조정, 이자 감면, 상환 유예 등 회복형 구조 내재화

③ 성과 연동형 전달체계 구축
- 상담-실행 전환율, 회복률 등을 KPI화
- 금융기관이 '도달성과'로 평가받는 구조 설계
- 실질 수혜자 분석 및 사각지대 도달률 측정

3.3 전략 한눈에 보기

"금융은 부족했고, 그나마 있는 제도조차 닿지 않았다."

구분	내용
전략의 목적	정책금융의 '접근성 격차'를 해소하는 포용 설계
핵심 문장	"금융은 그냥 만들어두는 게 아니라, 제대로 닿도록 설계돼야 한다."
위기 구조	정책은 있으나, 도달 경로는 설계되지 않음
정책 핵심 과제	[1] 생애주기별 회복 설계 [2] 전달체계 통합 및 상담 강화 [3] 성과 연동 전달 인프라 구축
정책 설계 원리	구조 기반 접근성 설계 - 생애주기별 적합성 - 현장 기반 전달 강화
핵심 메시지	"포용은 시혜가 아니라 시스템이다."

3.4 K-금융의 글로벌 도약 - 금융산업의 외연 확장

"외연의 확장은 새로운 성장판을 여는 일이다."

✔ 전략의 네 번째 장면

K-금융의 외연 확장은 단순한 시장 진출이 아니라,
배제 없는 접근 구조를 국경 밖으로 확장하는 일이다.
그리고 금융허브란 공간을 넘어서,
어떤 제도와 문화가 외국 금융사를 끌어들이는가를 설계하는 플랫폼이어야 한다.

한국 금융시장은 지금,
좁은 내수시장·낮은 수익성·과포화된 경쟁이라는 구조적 한계에 직면해 있다.
이제 새로운 성장판은 외부에 있다.
해외 진출과 글로벌 유치, 두 방향 모두에서 새로운 질서를 설계할 때다.

● 현장의 목소리는 여전히 냉정하다. "진출 전략은 있지만, 인허가·컨설팅·외교적 기반은 준비돼 있지 않다"는 것이다. 그리고 금융허브라는 구호는 있었지만, 그 허브에 도달하기 위한 제도적 조건은 부재한 경우가 많다.
(➜ 《정책이 놓친 장면들 - 허브를 외쳤지만, 조건은 없었다》 참조)

지금 필요한 글로벌 전략 방향은 다음과 같다:

① 해외 진출의 전략화 및 현지화

➜ "시장 타겟팅에서 제도적 착륙까지"

지금까지의 해외 진출은 '지점 개설' 중심의 선언적 접근에 머물렀다.
그러나 글로벌화는 단순한 확장이 아니라,
현지 수요를 읽고 제도에 착륙하는 정교한 전략이어야 한다.
특히 동남아, 중동, 아프리카 등 신흥시장은 '공략 대상'이 아니라,

제도적 맞춤모델을 설계해야 할 현장이다.

이를 위해 금융회사의 개별 대응이 아닌
전담 플랫폼과 금융외교 체계가 결합된 정책적 지원 인프라가 필요하다.

- 단순한 지점 개설이 아니라, 현지 수요 맞춤형 진출 전략 필요
- 금융당국에 전담 지원조직 설치, 애로사항 수렴 및 지속 지원
- 동남아, 중동, 아프리카 등 신흥시장 중심의 타겟팅과 모델화
- 해외법인 설립·인허가·컨설팅 전담 플랫폼 구축
- 외교부·KOTRA·수은 등과 연계한 '금융외교 플랫폼' 운영 필요
- 해외에서 실증된 금융모델은 국내에서 신속히 확산될 수 있도록 '역외 실증 기반 패스트트랙' 등 제도화 필요

② 글로벌 유치를 위한 제도 환경 정비

➜ "들어오고 싶은 도시를 설계"

글로벌 금융허브는 단순히 물리적 위치가 아니라,
제도와 생태계가 외국 금융사를 유인하는 구조다.
세제 혜택보다 더 중요한 건 규제의 예측 가능성과 운영 안정성이다.

서울과 부산은 '금융특구'라는 간판은 있지만,
실제로 외국계 본사를 끌어올 수 있는 매력적인 조건 설계는 부족하다.
이제는 금융특구의 실효성을 높이고,
디지털 전용 은행 등 특화 라이선스 체계도 검토해야 한다.

- 외국 금융기관 유치를 위한 진입장벽 완화 및 운영 예측성 확보
- 세제 혜택보다 더 중요한 것은 규제 투명성과 예측 가능성
- 서울·부산 금융특구의 실효성 강화와 디지털 금융 유치 위한 제도 설계

③ 디지털금융, 리스크관리, 제도설계까지

➜ "한국형 시스템 금융모델 브랜딩"

이제 금융의 수출은 단순한 상품이나 솔루션을 넘어서야 한다.
예컨대, 디지털 기술 + 제도 설계 + 리스크관리 + 핀테크 노하우를 패키지화한 '시스템형 수출 모델'이 한국형 금융의 새로운 브랜드가 될 수 있다.
예컨대 마이데이터 기반 신용평가, 디지털 소액결제 인프라 설계 역량 등 금융의 '신뢰'와 기술의 '속도',
그리고 한국만의 경험이 결합된 통합형 모델이 필요하다.

- 단순한 금융상품이나 IT 솔루션 판매를 넘어,
  '디지털 기술+제도 설계+리스크관리'를 결합한 패키지형 수출 모델 구축 필요
- 예시:
  (1) 마이데이터 기반 고객신용평가 시스템 수출
  (2) 디지털 소액결제 인프라 수출(동남아 핀테크 협력 사례)
  (3) 서민금융 설계 모형
- 금융의 제도적 신뢰 + 디지털 기술 = 한국형 시스템 금융모델 브랜딩

④ 글로벌 진출과 국내 규제의 획기적 완화

➜ "국내 규제의 선별적 유연화"

현재 글로벌 진출은 내수용 규제에 얽힌 단일 트랙에서
제한적으로 추진되고 있다.
하지만 해외사업은 내수용 규제 틀로 설명될 수 없는 다른 게임이다.

금산분리, 전업주의, 지주회사 규제 등 국내 중심 규제가
그대로 해외 자회사에 적용되면 진출 동력은 약화될 수밖에 없다.
이제는 '국내용-글로벌용' 이원적 규제체계를 설계할 때다.

- 국내 금융회사의 글로벌 진출은 규제와 분리된 새로운 트랙이 필요
- 해외 자회사에 국내 규제 일괄 적용 시 진출 동력 자체 약화
- 금산분리·전업주의·지주사 규제 등에 대해 해외사업 예외 인정 고려
- 이원적 규제 체계 검토 - 내수용 규제와 해외용 규제 분리 운용
- 예시적 규제 개선 방향(고려 가능한 이슈)
  - 해외 금융자회사에 대한 금산분리 예외 적용
  - 전업주의 규제 완화(예: 신탁업, 핀테크 융합)
  - 완전지주회사 의무 완화
  - 부수업무·자회사 규제의 해외현지화 인정
  - 감독기준: '국내본사 중심'이 아닌 '현지 기준 금융자회사 중심' 관리

💬 **핵심 메시지:**

- 금융의 글로벌화는 단순한 외연 확장이 아니라 제도와 시스템의 수출이다.
- 전략 없는 진출은 확장이 아니라, 방향 잃은 확산이 될 위험이 있다.
- 진짜 금융허브란, 외국 금융회사가 '들어오고 싶어하는 도시' - 금융허브란 물리적 공간이 아니라, 규제·조세·인력·문화가 어우러진 제도 설계 플랫폼이다.

《정책구조 리뷰 - 진출과 유치, K-금융 확장의 두 갈래》

'K-금융의 글로벌 진출'은 산업 전체의 생존 전략이며, '금융허브화'는 그 전략의 반대축에서 작동하는 성장 기반이다.
진출은 우리가 나가는 일이고, 허브화는 남이 들어오게 만드는 조건을 설계하는 일이다.

중요한 건 얼마나 많이 나갔느냐가 아니라,
어떤 시장을 선택했고, 어떤 질서를 수출했는가이며,
허브화는 단지 '입지'의 문제가 아니라,
어떤 규제와 세제, 문화가 외국 금융사를 끌어들이는가의 문제다.

■ 왜 구조인가 - 글로벌 진출의 현실과 한계

"해외법인 설립은 지원 대상이 아니라 규제 대상이었다."

"해외 인허가는 돕는 시스템이 아니라, 넘기 어려운 절차였다."
"현지화 전략은 제도에 기반하지 않고, 개인 실무자의 역량에 좌우됐다."

국내 금융회사의 해외 진출은 꾸준히 시도되고 있지만,
그 과정은 전략이 아니라 생존, 시스템이 아니라 경험에 의존한 구조였다.
금융의 글로벌화는 단순히 진출 숫자를 늘리는 일이 아니라,
진출이 가능한 조건을 제도적으로 설계하는 일이다.

■ 금융허브인가, 간판만 있는 도시인가?

금융의 글로벌 진출은 바깥으로 나가는 문제지만,
금융허브화는 바깥에서 안으로 들어오게 만드는 문제다.

그러나 지금의 서울·부산은
'금융중심지'라는 간판은 있지만,
외국계 금융사가 본사를 이전하고 싶은 도시는 아니다.

- 글로벌 진출은 전략과 지원 없이 진행되고,
- 금융허브는 조건 없이 선언되고 있다.

"서울은 금융허브인가?"라는 질문에,
국제 금융사들은 아직 확신을 갖지 못하고 있다.

■ K-금융 외연 확장의 두 축

K-금융의 외연 확장은 단일한 전략이 아니라, 두 개의 방향을 가진 구조적 과제다.
국내 금융의 한계는 명확하다.

좁은 내수시장, 낮은 수익성, 경쟁 과포화.
이제 외연 확장은 생존의 전략이지만, 그 전략은 전혀 다른 두 방향으로 설계돼야 한다.

구분	글로벌 진출 전략	금융허브화 전략
목표	한국 금융회사의 해외 확장	외국 금융사의 국내 유치
전략 질문	"어디로, 어떻게 나갈 것인가"	"누가 왜 들어오고 싶어할 것인가"
핵심 조건	현지화 모델, 제도 착륙 인프라, 규제 유연성	제도 신뢰, 인허가 간소화, 생태계 조성

구분	글로벌 진출 전략	금융허브화 전략
주요 과제	현지 규모화, 수출형 금융 시스템, 금융외교 플랫폼, 규제 이원화	금융특구 실효화, 외국계본사 유인 인센티브, 글로벌 클러스터 구축
전략 지향	해외진출 전략적 지원, 한국 회사간 시너지, 수출형 금융 제도 설계	비즈니스 중심 도시 인프라 구축

■ **전략적 요약**

- K-금융의 외연 확장은 수출 전략과 외국계 유치 전략이라는 두 축이 동시에 작동할 때 비로소 완성된다.
- 이제는 단순히 나가는 것도, 간판만 내거는 것도 아닌, 제대로 '나가고', '들어오게 만드는' 구조를 설계할 때다.

3.4 전략 한눈에 보기

"진출은 전략으로, 허브는 조건으로 설계하라."

구분	내용
전략의 목적	K-금융의 글로벌 외연 확장 및 외국계 금융 유치를 통한 성장 기반 확보
핵심 문장	"금융의 글로벌화는 시장의 몫이 아니라, 금융당국이 전략적으로 설계하고 지원해야 할 과제다."
위기 구조	내수 시장 한계 고착 ➜ 해외 진출과 유치 모두 제도적 기반 미비 ➜ 글로벌 경쟁력 약화
정책 핵심 과제	[1] 현지 맞춤형 진출 전략 및 금융외교 플랫폼 구축 [2] 외국계 금융사 유치를 위한 규제·세제 조건 정비 [3] 시스템형 금융 수출 모델(KFS) 설계 [4] 해외사업 규제 이원화 및 전략적 완화
정책 설계 원리	전략-실행의 일관성, 규제의 예측 가능성, 글로벌 시야의 제도 설계
핵심 메시지	"K-금융의 외연 확장은 '제대로 나가는 전략'과 '기꺼이 들어오게 만드는 구조'가 함께 작동할 때 완성된다."

III 제3전략이 남긴 질문

제3전략이 말하는 구조

제3전략은 금융의 방향성을 아래로, 옆으로, 바깥으로 확장하는 전략이다.

- 3.1은 미래 산업을 향한 자금 지원 시스템
- 3.2은 실패 이후의 회복 구조 설계
- 3.3는 배제된 이들을 위한 금융의 재설계
- 3.4는 금융 외연의 글로벌 확장 전략

이 전략은 실물경제와 금융의 연결성을 복원하고,
금융의 역할을 보다 평등하게, 회복 가능하게,
그리고 확장 가능하게 다시 설정한다.

그리고 전략 3은 다음의 단절을 해소하려는 시도다.
① 산업과 금융의 단절
② 금융과 사회의 단절
③ 실패와 회복 사이의 단절
④ 정책과 체감 사이의 단절

우리는 지금,
단절된 구조를 잇는 설계자로서의 금융정책을 다시 써야 한다.

? 우리가 던져야 할 질문:

- 금융은 지금, 누구를 향해 설계되고 있는가?
- 닿지 않는 금융은 과연 존재한다고 말할 수 있는가?

- 실패한 이에게 두 번째 기회조차 설계하지 않는 금융은, 공공성의 책임을 다하는 것인가?
- 정책금융은 '있다'는 것으로 충분한가, '도달하는 구조'로 설계되어야 하는가?
- K-금융의 글로벌 진출, 시장에만 맡겨도 되는 일인가, 아니면 국가가 전략을 설계해야 하는가?

■ 전략자의 시선: "설계된 금융이란, 필요한 사람에게 닿는 구조를 말한다"

정책은 존재하는 것만으로는 충분하지 않다.
금융이 산업에 투자하고, 실패를 회복시키며,
가장 취약한 사람에게 도달하기 위해 설계되지 않는다면-
그 정책은 기능은 하되, 의미는 잃게 된다.

- 구조화된 회복이 없다면, 실패는 낙인이 된다.
- 접근 가능한 경로가 없다면, 제도는 존재하지 않는 것과 다름이 없다.
- 정책금융은 자금을 '주는 것'이 아니라,
  그 자금이 '어떤 변화를 만들어내는지'까지 설계하고 책임지는 일이다.

지금 금융정책이 향해야 할 질문은 단 하나다:
"이 구조는 누구에게 도달하고 있는가?"

IV 현장 진단과 전략적 통찰

1. 정책이 놓친 장면들

《정책금융은 있는데, 창구는 없다》

- 3.1 정책금융 및 실물경제 회복 지원 -

청년 창업자 A씨는 기술기반 아이템으로 정책보증을 신청했지만,
"신용등급 없음"이라는 이유로 탈락했다.
소상공인 B씨는 "신청은 온라인으로만 가능하다"는 은행의 안내에 발길을 돌렸고,
지방의 스타트업은 "제도는 많지만,
어디서 어떻게 신청해야 하는지 알 수 없다"고 말했다.
공급은 있지만, 연결은 없다.
정책금융이 산업의 사다리가 되려면, 자금의 존재보다 도달 방식 설계가 먼저다.

이 장면이 말하는 정책의 과제

- 가능성 기반 평가 부재 ➜ 기술 창업자·비정형 기업은 배제
- 중간지원·지역 창구 미흡 ➜ 정보 전달 및 컨설팅 인프라 약화
- 디지털 중심 전달체계 ➜ 고령층·비문해 계층의 구조적 배제

《자금은 있는데, 미래는 없다》

- 3.1 정책금융 및 실물경제 회복 지원 -

경북의 한 대학 캠퍼스 근처.
미국 전기차 부품사 출신의 석박사들이 창업한 딥테크 스타트업은
AI 기반 반도체 공정 최적화 기술로 글로벌 특허를 확보했다.
하지만 이 팀은 정책금융 3곳의 문을 두드리고도 자금 연결에 실패했다.
한 곳은 "신용등급 없음",

다른 곳은 "매출 실적 없음",
또 다른 곳은 "제조 중심은 어렵다"는 이유였다.
결국, 그들은 싱가포르 정부 기술펀드에서 초기투자를 유치하고 출국했다.
자금은 있었지만, 그 방향은 미래를 향하고 있지 않았다.
기술은 떠났고, 기회는 사라졌다.

이 장면이 말하는 정책의 과제

- 신성장 분야 중심의 정책금융 배분 전략 미흡
- 가능성·기술 기반 기업에 대한 심사체계 미정비
- 글로벌 경쟁 속 미래산업 탈한국화 방치
- 금융정책과 산업전략의 연계 미흡

《구조조정은 있었지만, 생태계는 없었다》

- 3.2 기업 구조조정 및 회생시장 정비 -

A기업은 부도 후 워크아웃에 들어갔지만,
회생 이후 사무실 하나 얻지 못한 채 흩어졌다.
재창업은 고사하고,
기존 대표는 '부실기업' 이력 때문에 어디에도 재신청서를 내기 어려웠다.
B기업은 채무조정을 받았지만,
한 번의 실패가 시장 전체에 낙인처럼 번졌다.
정책금융은 "회복 후"를 설계하지 않았다.
제도는 존재했지만, 회복 이후를 위한 다시 뛰는 생태계는 없었다.

이 장면이 말하는 정책의 과제

- 회복 이후의 연결 단절 ➜ 제도는 있으나 자본의 회복 동력은 없음
- 낙인 효과 지속 ➜ 재진입 가능한 정책금융·신용구조 재설계 필요
- 구조조정은 퇴출이 아닌 회복을 위한 재도전 플랫폼으로 설계되어야 함

- 실패 이후의 회복 서사가 없는 사회 ➜ 정책은 '정리'가 아니라 '재출발'을 말해야 함

《닿지 않는 금융, 닿지 않는 구조》

- 3.3 금융취약계층 지원 및 서민금융 강화 -

청년 F씨는 신용 회복 후 서민금융을 신청하려 했지만,
얼굴인증 앱이 세 번 실패하면서
화면은 "고객센터로 문의하라"는 메시지만 반복했다.
고령자 G씨는 은행 창구에서 상품 설명은 들었지만,
신청은 "디지털로만 가능하다"는 말에 결국 스마트폰을 들고 돌아섰다.
금융은 있었지만 닿지 않았고,
정책은 있지만 사람에게 도달하지 못했으며,
제도는 디지털만 남기고 사람은 잊었다.
정책금융의 디지털화는 결국 접근 비용을
사회적 약자에게 전가하는 구조로 작동하고 있다.
'비대면'은 편의가 아니라, 포기와 배제를 의미할 수 있다.

이 장면이 말하는 정책의 과제

- 디지털 중심의 전달체계 한계
  ➜ 기술이 아닌 사람 중심의 접근 재설계 필요
- 복잡하고 비직관적인 상품 구조
  ➜ 이해 가능한 설계, 상담-신청 일원화 시스템 필요
- 성과 연동형 전달 KPI 도입 필요
  ➜ 실행률과 회복률 중심의 성과 책임 설계
- 책임 있는 전달 체계 부재
  ➜ 금융회사의 정책금융 전달 책임과 인센티브 설계 필요

《허브를 외쳤지만, 조건은 없었다》

- 3.4 해외 금융시장 진출 및 글로벌 금융허브화 -

서울은 '금융허브'를 외쳤지만, 외국계 금융사의 진입은 여전히 제한적이다.
세제는 복잡하고, 규제의 예측 가능성도 낮은 수준에 머물러 있다.
생활환경과 국제 인력 수용 시스템도 미흡하다.
싱가포르와 홍콩이 '허브'라 불리는 이유는 단지 금융회사가 많아서가 아니다.
자금과 인재가 모이고, 머무르고, 다시 확산될 수 있는 생태계가 있기 때문이다.

이 장면이 말하는 정책의 과제

- 외국계 유치에 필요한 규제·세제·인재 환경 등 '기반 설계'의 부재
- 금융허브는 '공간'이 아니라 '기능' ➜ 제도와 시장 신뢰의 플랫폼 필요
- '허브화'는 선언이 아닌, 조건을 만드는 정책 설계여야 함
- 금융만 보고 허브를 설계하면, 정작 허브 전략 자체가 작동하지 않는다.
  ➜ 금융+비금융 복합 생태계(교육, 문화, 국제 정주성)까지 통합된 국가 전략 필요

《진출은 했지만, 확장은 없었다》

- 3.4 해외 진출 금융사의 현장 경쟁력 실종 -

동남아 대형 인프라 프로젝트.
중국계와 일본계 은행은 공동 투자에 빠르게 참여했고,
한국계 은행은 본사 승인 회신을 기다리다 끝내 기회를 놓쳤다.
문제는 속도만이 아니다. 판단은 중앙에 있고, 책임은 현장에 없다.
더 큰 문제는 국내 규제 기준이 해외에서도 그대로 적용된다는 점이다.
현지 금융사와 전략적 파트너십을 맺거나,
기술 기반 기업과 융합 프로젝트를 추진할 기회가 있었지만,
국내의 금산분리, 전업주의, 내부통제 기준이 그대로 발목을 잡는다.
위험은 없는데도, 융합은 불가능하다.

정부는 "진출 전략"을 말하면서도,
해외 진출에 필요한 법제 대응, 정보 지원, 규제 유연성 확보에는 소극적이다.
그 결과, 우리는 글로벌 시장에서 확장하지 못한 채,
우리끼리 경쟁하며 버티고 있다.

이 장면이 말하는 정책의 과제

- 의사결정 권한의 현장 위임 부재 ➜ 기회가 와도 참여를 못한다.
- 획일적 규제의 해외 적용 ➜ 현지 적응력과 시너지 창출력 모두 제약
- 정부의 전략·정보·제도적 후방 지원 미비 ➜ 실패는 민간 책임, 조정은 없다.
- '진출' 이후의 전략 부재 ➜ 금융사의 글로벌 성장 조건(전략, 경험, 경로)이 없다.

2. 저자의 메모 – 정책의 언어로 생각하다

《저자의 메모 | 국가전략 없는 정책금융, 미래는 어디로 가는가》

– "자금은 흐르는데, 미래는 설계되지 않았다."

정책금융은 단지 자금을 푸는 일이 아니다.
그것은 국가가 어떤 산업에 미래를 걸 것인가를 선택하는 수단이다.
다시 말해, 정책금융은 단순한 '지원'이 아니라, 국가 전략의 표현이어야 한다.
그리고 지금처럼 세계가 동시에 전환기에 놓인 시점에서,
그 선택은 한 국가의 경제방향과 생존 전략을 가르는 분기점이 된다.

■ 지금, 어떤 문제가 벌어지고 있는가?

1. 전략이 보이지 않는 자금
   - 산업은행, 기업은행, 수은, 기보, 신보 등 다양한 기관이 있지만
     각자의 실행만 존재할 뿐, 그 위에서 방향을 제시하는 전략 컨트롤타워는 부재하다.
   - 결국 "정책금융은 집행되지만, 변화는 설계되지 않는다."

2. 미래에 대한 판단은 아무도 하지 않는다.
   - 정책금융기관들은 대부분 관료제의 하위기관으로 기능한다.
   - 산은·기은 등은 짧은 임기, 낮은 자율성, 과도한 정치 리스크에 묶여 있고
     금융위·기재부는 전략을 설계하기보다는 예산·규모·리스크 관리에 치중돼 있다.

3. 민간은 방향을 기다리고, 정부는 책임을 회피한다.
   - 기업은 '투자할지 말지'를 결정해야 하는데,
     정책은 여전히 '지원 대상 선정'에만 머물러 있다.
   - 실패가 두려워 아무도 결정을 하지 않는 구조 속에서
     정책금융은 점점 더 보수적이 되고, 결국 "기회가 아닌 보전"에 머무른다.

■ 그런데 다른 나라들은?

미국은 백악관 국가안보회의(NSC)와 국가경제위원회(NEC)가
반도체, AI, 이차전지 등 전략산업을 지정하고,
CHIPS Act, IRA 등을 통해 금융과 세제, 규제 패키지를 종합 설계한다.

중국은 '중국제조 2025' 등 장기 전략 하에
산업정책과 금융정책이 유기적으로 설계되고,
정책금융기관은 철저히 실행 플랫폼으로만 작동한다.
➜ 정책금융은 전략의 '결과'이지, 전략의 '출발점'이 아니다.

이에 비해 한국은
- 금융기관이 산업을 판단하고
- 산업부와 금융위는 예산·제도 조정에 그치며
- 지금의 대통령실은 미래 전략을 설계할 조직도, 시스템도 없다.

"누가, 어떤 책임으로 미래를 결정할 것인가?"
가장 핵심적인 자리가 비어 있다.

■ 그렇다면, 지금 필요한 것은?

① "선택"을 할 수 있는 국가전략 의사결정 구조

- 반도체, AI, 바이오, 우주항공, 첨단소재 등
  미래산업에 대한 선택과 집중은
  단지 은행의 신용평가로 할 수 있는 일이 아니다.
- 이는 국가 차원의 판단과 책임이 필요한 문제다.

② 전략을 설계하고 실행까지 연결되는 통합 구조

- 기재부, 산업부, 금융위뿐 아니라
  민간의 산업 전문가와 투자자, 기술 리더들이 참여하는
  민관 통합 전략본부 구성이 필요하다.
- 전략 수립 ➜ 정책 설계 ➜ 자금 집행 ➜ 성과 평가가
  하나의 루프 안에서 작동하는 구조여야 한다.

③ 산은·수은은 실행 주체, 판단은 전략본부가

- 지금은 산은이 산업을 판단하고 수은이 해외 리스크를 해석한다.
- 그러나 이들은 판단기관이 아니라 집행기관이어야 한다.
- 정책금융은 전략 아래서 움직이는 전담 실행 부대여야 한다.

■ 마무리 질문

"국가 전략이 없는 정책금융은, 그저 행정일 뿐이다."

"우리는 지금도 막대한 자금을 쓰고 있다.
그러나 그것이 어떤 미래를 만드는지는 아무도 설명하지 않는다."

"누가, 어떤 책임으로, 미래를 결정할 것인가?

그 구조가 없다면,
정책금융은 영원히 '뒤따라가는 금융'에 머무를 것이다.

《저자의 메모 | 설계 없는 집행, 전략 없는 반복》

- "정책금융이란, 국가의 의도를 가진 자금이다. 그런데, 그 의도가 보이지 않는다."

한국의 정책금융은 규모로만 보면 거대하다.
GDP의 약 12%, 총액으로는 1,900조 원에 달한다.44)
그리고 지금, 정책금융은 말 그대로 '국가 자본의 최전선'에 서 있다.

고금리, 고물가, 저성장, 기술 패권 경쟁, 그리고 복합 경제위기까지 -
이 모든 변수들이 동시에 작동하는 지금과 같은 시기엔 특히 그렇다.

그런데 이 거대한 자금이
어디로 흘러가고 있는지,
누구에게 도달하고 있는지,
무엇을 바꾸고 있는지 묻는 순간-
우리는 선뜻 대답하지 못한다.

■ 왜 그런가?

1. 수도권과 대기업 중심의 쏠림 구조

➜ 지역균형을 말하지만, 실제 자금의 56% 이상이 수도권으로 향한다.
➜ '자금 접근성이 있는 기업'이 정책금융을 반복 수혜하는 구조.

2. 중첩된 기능, 흐릿한 역할

➜ 산업은행, 기업은행, 기보, 신보, 수은…
기관은 많지만, 누가 무엇을 책임지는지 명확하지 않다.
➜ 전략적 설계도 없이, 유사한 정책이 반복된다.

3. 신산업과 미래 전략에 대한 공백

➜ 반도체, AI, 이차전지, 바이오헬스, 우주항공, 첨단소재 등
미래 산업에는 '투자 위험'이라는 이유로 공백이 생긴다.
➜ 오히려 민간보다 보수적인 정책금융의 관행이 문제다.

이러한 현실 속에서 정책금융은
지원은 이어지지만, 방향은 모호하고,
성과는 쌓이지만, 구조는 반복되며,

평가는 이행률 중심에 머무른다.
지금 정책금융에 필요한 건, '집행'의 속도보다 '설계'의 철학이다.

■ 그렇다면, 정책금융은 어떻게 설계되어야 하는가?

정책금융은 단지 자금을 공급하는 장치가 아니라,
시장 실패를 보완하고 미래를 선도하는 유인 시스템이어야 한다.

- 기보는 기술창업 1~3년 차 기업의 스케일업 사다리,
- 산은은 중견기업의 글로벌 확장과 민간 인수합병 리스크 인수,
- 수은은 전략산업의 해외 진출과 공급망 리스크 완화에 보다 집중해야 할 것이다.

그 역할은 지금보다 더 선명해야 하고,
'자금 배분'이 아니라 '경제 구조 재설계'를 목표로 해야 한다.

■ 그리고 지금, 우리가 던져야 할 질문

"정책금융은 지금 '지원을 위한 지원'에 머물고 있는가?
아니면
'시장 구조를 바꾸는 설계된 개입'이 되고 있는가?"

돈은 많았다.
그러나 방향이 없었다면,
그건 금융이 아니라 단순한 행정일 수 있다.

■ 덧붙이는 말: '책임 있는 제안'의 마음으로

이 글은 정책금융의 필요성과 정당성을 부정하려는 것이 아니다.
오히려 지금 이 혼란과 불확실성의 시기에 정책금융이 얼마나 전략적으로 작동해야 하는가를 함께 고민하자는 제안이다.

이 메모의 문제제기는 비판보다 설계에 가깝고,
행정의 개선보다 국가의 의도와 책임을 되묻는 성찰에 가깝다.

정책금융이야말로 지금의 위기를 넘어,
미래 산업과 국민의 삶을 설계할 수 있는 가장 직접적인 도구라는 믿음.
그 믿음으로 이 메모를 남긴다.
똑같은 국민의 세금을 쓰더라도, 더 큰 효과를 거둘 수 있지 않을까.

44) 경향신문, 「정책금융 1900조 시대…GDP 대비 73%, 국가채무의 1.7배」, 2024.11.11.

《저자의 메모 | 현장에서 본 해외진출의 현실》

"중국계 은행은 5일 만에 투자 결정을 내리고, 한국계는 본사 회신에 몇 주가 걸린다."

해외에 나가 있는 한국계 은행 지점들의 경쟁자는 결코 옆자리의 우리나라 은행들이 아니다. 중국계, 일본계, 대만계 은행이 우리보다 왕성하게 활동하는 현지 시장에서, 우리는 너무 작고, 너무 느리다.

나는 해외 현장을 직접 돌아보며 느꼈다:
현지에서의 경쟁이 문제가 아니라,
한국 본사의 느린 의사결정 구조가 더 큰 리스크가 아닐까?

왜 우리는 서로 눈치만 보며 구멍가게처럼 경쟁해야 하나?
왜 우리는 진출했지만 확장하지 못하고, 버텨야 하는 구조에 머물러 있나?

- 의사결정 권한의 과감한 위임
- 실패를 두려워하지 않고 도전하고 혁신하는 자세
- 당국의 사후 감독 중심 접근 및 적극 조장하고 지원하는 기능으로의 전환
- 현지 경쟁력을 고려한 규제·지배구조 유연화(내수용과 수출용의 규제 이원화)

이제는 "나간다"가 아니라 "뿌리 내린다"는 전략으로 전환해야 한다.
그리고 그 뿌리의 조건은 규제의 유연성과 의사결정의 속도다.

《저자의 메모 | 우리는 왜 '현지화'가 아닌 '교민화'에 머무르고 있나》

- 진짜 '현지화'는, 사람의 국적이 아니라 판단의 주체를 바꾸는 일이다.

한국 금융회사들은 아세안, 중동, 아프리카 등 다양한 지역에 진출해 있지만,
그 운영 구조를 들여다보면 '진출'만 있고, '정착'은 없는 것 같다.

많은 지점이 한국 본사에 의사결정을 의존하고,
현지 채용은 교포 중심에 머물러 있고, 의사결정자는 본사 파견자가 대부분이다.
심지어 한 지역 내 우리나라 은행끼리 소규모 점포 경쟁을 반복하고,
정보 공유는 없고, 전략적 연합도 거의 없다.

"우리의 경쟁자는 바로 옆의 우리나라 은행들이 아니라,
중국계, 대만계, 일본계 은행이 되어야 한다."

그런데 금융당국은 이들을 주로 감독과 규제의 대상으로만 보고,
전략적 지원이나 규제 유연성의 설계는 거의 없는 것 같다.

■ 현지화 부족의 실상

➜ 현지 직원 비율 낮고 대부분 교포 중심
➜ 본사 승인 중심의 구조
➜ 현지 정부와의 관계 설정 부족
➜ 외국계 은행과의 역량 격차

진짜 현지화란, 본사 눈치 안 보고
현지에서 판단하고 실행할 수 있는 시스템을 설계하는 일이다.
그 중심은 권한 위임, 현지 전문 인력의 전략 참여,
그리고 리스크를 감당할 수 있는 구조 설계다.

■ 정책 제언 요약

- 의사결정 권한의 분산화: 현지 법인 중심 의사결정 구조 허용
- 현지 인력 채용 비율 가이드라인 및 인센티브
- 금융당국의 역할 전환: 규제 ➜ 파트너, 감독 ➜ 동반자
- 진출 심사 시 현지화 전략 평가 요소화(인허가 시 반영)

1. 한국 금융회사의 해외 진출, '현지화 부족'은 구조적 문제

항목	내용
현지 채용 비중	현지 채용은 교포 및 본사 파견 인력 중심으로 운영되며, 현지 전문 인력 채용은 전략적이지 않고 제한적인 수준에 머물러 있음
교포 채용 비중	채용은 현지인 중심이 아닌 교포 중심에 머물러 있어, 실질적 '현지화'보다는 '교민화'라는 평가가 많음
지점장 및 핵심 의사결정자	대부분 한국 본사 파견 인력으로 구성. 현지 문화·법규·시장 감각 부족으로 민첩한 사업 추진 어려움

2. 외국계 은행과의 비교

구분	외국계 은행 (예: HSBC, MUFG)	한국계 은행
현지 인력 비중	80~90% 이상(지점장 포함)	교포와 본사 파견 인력 중심 운영 ➜ 현지 전문 인력 비중 낮음
의사결정권	현지 법인 또는 지점에 상당한 권한 위임	한국 본사 중심, 지점은 실행기관
현지 정부·금융당국 관계	현지 임원을 통해 네트워크 형성	주로 한국 본사를 통한 간접 조율
사업 전략	'현지-지역-본사'의 3층 구조	'본사-지점'의 수직 구조

《저자의 메모 | 허브를 외쳤지만, 조건은 없었다》

- "허브는 구호가 아니라, 구조다."

서울은 오래전부터 '금융허브'를 외쳐왔다.
그러나
"금융허브를 외쳤지만, 왜 아무도 오지 않을까?"
"서울은 이름만 남았고, 조건은 채워지지 않았다."

실제로 서울은 아시아에서 금융 중심지로 자리잡은 도시들과 비교해
세제·인허가·인프라·인재 수급 등 거의 모든 조건에서 뒤처져 있다.
부산도 금융중심지 지정 이후 오랜 시간이 지났지만, 여전히 기반 부족 지적이 많다.

정책이 구호에 머무른 가장 큰 이유는,
"허브란 공간을 지정하는 것이 아니라, 환경을 설계하는 것"이라는 전략적 철학이 부재했기 때문이다.
입지보다 중요한 것은, "왜 이곳에 오고 싶어 하는가?"라는 동기 설계다.
그리고 그 설계는 정책의 일관성과 실행력이 뒷받침되어야 한다.
정책이 정치적 고려나 지역 간 균형 논리와 충돌하면서,
전략의 일관성과 실행력이 흔들리는 경우도 여전히 반복되고 있다.

■ **실제 사례:**

- 한 외국계 금융기관은 서울 진출을 검토했지만,
  세제나 제도 인센티브, 정책 일관성 측면에서 “여기에 있어야 할 이유를 찾지 못했다”며 결국 홍콩과 싱가포르로 방향을 틀었다.
- 서울이 ‘허브’라는 이름을 내걸고 있지만,
  정작 금융회사가 머물 이유, 활동할 조건, 성장할 설계는 없다는 것이다.

■ **정책적 시사점:**

- 허브는 선언이 아니라 설계다.
  ➜ 단순 지정이 아닌, 규제·세제·인재·데이터 접근·인허가 등 복합적 유인 조건의 설계가 핵심
- 자발적 유입이 허브의 본질
  ➜ 기업이 머무르고 싶고, 고객이 접근하고 싶고, 금융 전문가가 일하고 싶은 도시가 되어야 함
- 정부 간 역할 분담과 외교적 지원도 필요
  ➜ 인허가, 정책 협약, 현지당국 협력 등은 금융사가 독자적으로 감당하기 어렵기 때문
- 허브를 ‘금융’의 시선(과제)으로만 바라보면 실패
  ➜ 허브는 산업 정책, 교육 전략, 글로벌 정주성까지 아우르는
  국가 전략 속에 통합되어야 함

《저자의 메모 | 관치금융인가, 공공적 책무인가》

- “은행은 민간기업이지만, 단순한 기업이 아니다.”

은행 산업은 본질적으로 정부로부터 ‘특허’를 부여받는 산업이다.
이는 행정법상 일반적인 허가보다 훨씬 강한 재량의 영역이며,
그만큼 정부의 개입은 제도적으로도, 법리적으로도 정당화된다.

뿐만 아니라, 은행은 단지 금융정책의 수단이 아니라
국가 시스템이 제공하는 구조적 혜택 위에서 작동하는 산업이기도 하다.

- 예금자보호제도와 지급결제 인프라를 통한 안정성 보장
- 수신 기능에 대한 독점적 지위 보장과 시장 진입장벽
- 예대마진 기반의 단순하고 안정적인 수익구조
- 공적자금 지원 가능성이라는 최후의 보증선

이 모든 요소는 은행이 일반 민간기업과는 완전히 다른 존재임을 말해준다.
그리고 이 특권은 단순한 경쟁우위가 아니라, 공공적 책무를 수반하는 지위다.

■ **그렇다면, 위기 상황에서 정부의 개입은 '관치'가 아니라 '정당한 책무'다.**

지금처럼 고금리와 고물가가 서민과 중소기업을 압박하는 상황에서
은행이 사상 최대 실적을 기록하고 있다면,
그 성과 일부는 다시 사회에 기여되는 구조여야 한다.

이것이 바로 '금융의 사회적 책임'이다.
단지 CSR 차원의 임의적 기부가 아니다.
경제 순환의 균형을 회복하는 책무로서의 상생금융이다.

■ **그럼에도 '정부의 개입'은 위험하지 않은가?**

당연히, 개입의 방식은 정교해야 한다.

- 장단기적 인기 정책이나 정치적 동기를 배제하고
- 시장의 자율성과 가격 메커니즘, 신용 배분의 원칙을 훼손하지 않으면서
- 합리적 유인 설계를 통해 공공성 강화와 사회적 연대를 이끌어내야 한다.

예컨대 다음과 같은 방식이 있을 수 있다:

- 상생기여금: 예외적 초과이익이 발생할 경우, 사회 기여금 형태로 재투자
- 정책 협약형 상생금융: 정부-은행 간 자율 협약을 통해 서민금융 재원 확충
- ESG 평가 연계 인센티브: 사회적 금융 실적에 따라 인허가·감독 유연성 부여

이것은 강제적 징벌이 아니라,
자율에 기반한 계약이자 신뢰에 기반한 공공금융 설계다.

■ **핵심 메시지**

- 은행은 단순히 시장참여자가 아니라, 사회 기반을 구성하는 행위자다.
- 정부의 개입은 위기 시기의 책임이지, 항상의 통제여서는 안 된다.
- 지속가능한 금융은 공공성과 자율성이 균형을 이룰 때 시작된다.
- 지금 필요한 건 규제냐 자유냐의 이분법이 아니라,
  공공성의 방향성을 명확히 한 '책임 있는 연대'다.

《저자의 메모 | 위기의 무게는 늘 가장 약한 고리에 걸린다》

- "금융위기란, 누구에게 가장 먼저 도달하는가에 따라 정의가 달라진다."

금리가 오르면 모두가 어렵다.
그러나 모든 이자가 똑같은 무게로 다가오는 것은 아니다.
자영업자, 저신용자, 청년, 고령자, 다중채무자에게 고금리는
단순한 '시장 가격'이 아니라 생존의 문턱이다.

그렇다면 지금 우리가 던져야 할 질문은 이것이다:
"정책은 금융이 가장 필요한 사람에게 먼저 도달하고 있는가?"

이자 장벽의 시대

- 가계부채 1,800조 원(2023년말 기준. 한국은행)
- 다중채무자 500만 명
- 1금융권에서 밀려난 이들은 연 15~20%의 고금리에 노출
- 불법 사금융과 플랫폼 대출이 그 빈틈을 파고들고 있음

서민금융은 '상품'이 아니라 재기·자립을 위한 '기회'여야 한다.
그러나 지금의 서민금융은 '입장권'을 가진 소수만을 위한 제도처럼 작동한다.

■ 지금의 서민금융, 어디에서 멈추고 있는가?

① 자격은 좁고, 절차는 복잡하며, 자금은 적다.
→ 햇살론, 새희망홀씨, 미소금융 등 이름은 많지만, 여전히 높은 장벽

② 지원보다 회수를 먼저 고민하는 구조
→ 상환 가능성 중심 심사, 조건부 보증, 고정금리 대출
→ 결국 '가장 위험한 계층'이 또다시 배제

③ 중앙-지역 간, 정책-현장 간 분절된 전달 체계
→ 서민금융진흥원 중심, 온라인 기반 중심
→ 지역 기반 오프라인 접점 부족, 생활밀착형 접근 실패

■ **그렇다면, 어떻게 바뀌야 하는가?**

① 조건보다 상환 의지를 먼저 보는 정책금융

소득·신용등급 중심 ➜ 생활 기반 행동평가(통신료, 월세 등 납입 이력)
'자격 심사' 이전에, 금융 접근성 자체를 '정책 대상'으로 삼는 전환 필요

② 신용회복 ➜ 재기지원까지의 연속 루프 설계

지금은 '부채 조정' 이후의 복귀 경로가 설계돼 있지 않음
신용회복 완료 시 자동 연계되는 정책금융 패키지 도입 필요
(소액 신용공여, 생활안정금융, 마이크로론 등 원스톱 회복 플랫폼)

③ 지역 기반 생활 밀착형 금융센터 도입

- 읍·면·동 단위 복지 인프라와 결합된 생활금융 거점센터 설계
- 민간(신협, 새마을금고), 공공(서민금융진흥원), 지자체가 공동 운영
- 신용상담, 긴급자금, 재기 프로그램이 현장에서 통합적으로 제공

④ 금융회사의 사회적 책무, 제도적 유인으로 구조화

- 포용금융 실적 ➜ 인허가, 감독평가, ESG 기준과 연동
- 우수 실적에 자본 규제 유연성, 정책 인센티브 제공
- '자율'이 아닌 '책무'로서 서민금융에 참여하도록 구조화

■ **핵심은 이 질문이다:**

"신용이 회복돼도, 왜 금융은 다시 문을 열지 않는가?"
"서민금융은 존재하지만, 왜 사람들은 외면당했다고 느끼는가?"
"복지는 회복을 도왔지만, 금융은 왜 복귀를 보장하지 않았는가?"

정책은 사람을 평가하는 구조가 아니라,
사람이 다시 일어설 수 있도록 기회를 설계하는 구조여야 한다.
필요한 것은
'동정을 전제로 한 금융'이 아니라, '재기를 가능하게 하는 시스템'이다.

그렇다면 이제 금융이 기술과 연결되는
구조는 어떠한가?
포용이 닿지 못하는 디지털은
또 다른 배제를 설계한다.
기술의 속도를 따르면서도 신뢰를
설계하는, 금융의 네 번째 전략이
시작돼야 한다.

제4전략

AI·디지털 시대, 금융혁신 구조의 재설계

"기술, 제도, 시장, 산업 - 네 개의 축을 연결하는 금융혁신 전략"

I 제4전략의 문을 열며

왜 이 전략인가?:

지금, 금융은 기술로 다시 설계되고 있다.
대출은 알고리즘이 심사하고,
플랫폼은 은행과 같은 서비스를 제공하며,
고객은 앱 하나로 모든 금융서비스를 누린다.

이 변화는, 금융소비자에게 더 빠르고 편리한 접근을 제공한다.
하지만 동시에, 우리가 경험해보지 못한 새로운 리스크를 만들어내고,
기존 규율과 경쟁 질서와의 충돌도 함께 유발하고 있다.

금융은 더 이상 고립된 업권이 아니다.
이제 금융은 디지털 생태계 안에서 작동하는 기능이다.

이러한 변화에 대응하려면,
금융도 기술에 걸맞은 새로운 제도적 틀과 규제 구조를 함께 설계해야 한다.

지금 우리가 물어야 할 질문은 단순하다.

- 디지털 혁신은 소비자에게 어떤 편의를 줄 수 있는가?
- 그 편의 속에서 어떤 위험이 통제되어야 하는가?
- 지금의 규제는 디지털 혁신을 '돕고' 있는가, '막고' 있는가?
- 디지털 기술의 도입과 위험 통제에 대한 결정은 어떻게 공정하고 책임 있게 내려져야 하는가?
- 디지털 시대의 금융시장과 산업 규제는 어떻게 재설계되어야 하는가?

디지털 전환은 선택이 아니라 현실이다.
하지만 그 혁신이 금융에 작동하려면,
기술, 제도, 시장, 산업의 네 축이 함께 혁신되고,
공정하고 지속 가능한 금융 구조로 재설계되어야 한다.
그리고 무엇보다 중요한 질문은, 그 기술이 실제 금융 현장에서
'작동할 수 있도록' 제도와 인프라가 준비되어 있느냐는 것이다.

이 전략은,
금융소비자의 편의성과 접근성을 높이면서도
새로운 리스크에 대응하고
공정한 질서 위에서 지속 가능한 금융혁신을 가능하게 하는 구조를 설계한다.

전략의 흐름과 설계도:

> 기술 혁신 ➜ 제도(규율) 혁신 ➜ 시장 혁신 ➜ 산업 혁신

제4전략은 금융 내부의 기술 혁신 구조와
외부 경쟁 환경을 동시에 재정비하는 전략이다.

단순한 기술 촉진이 아니라,
"공정성과 책임을 내포한 기술 기반 혁신 구조"를
어떻게 만들 것인가를 묻는다.

이를 위해 제4전략은 다음 네 가지 축으로 작동한다:

4.1 AI·디지털 금융혁신 구조화 - 기술 기반 서비스의 신뢰화

➜ AI 여신심사, 로보어드바이저, 가상자산 등 기술 기반 금융서비스 전반을 구조적으로 수용하고,

➜ 검증-확산-감독이 연결된 제도 기반을 통해 신뢰 가능한 기술 생태계 설계

➜ 실행을 가로막는 제도적·물리적 병목(망분리 등)을 함께 해소함으로써, 기술이 실제 작동 가능한 인프라 설계까지 포함

4.2 AI·디지털 시대의 제도 재설계 - 새로운 금융 리스크에 대응하는 규율체계

➜ AI 판단, 설명 불가 구조, 알고리즘 편향 등 디지털 리스크에 대응

➜ 금융플랫폼 행위규제, 설명 가능한 AI(XAI, eXplainable AI, 설명 가능한 인공지능), 기능 중심·행위 중심 감독체계 전환

➜ 기술과 책임이 함께 작동하는 금융 규율 체계 설계

4.3 AI·디지털 시대 자본시장 재설계 - 혁신과 자금의 연결 구조 구축

➜ 기술기업 상장, ATS 도입, 투자상품 다양화, 외환시장 정비

➜ 자금이 혁신에 도달하고, 투자자가 신뢰할 수 있는 시장 인프라의 깊이와 개방성 확보

4.4 금융산업 규제 프레임 재설계 - 낡은 틀을 디지털 시대에 맞게 정비

➜ 금산분리, 전업주의, 금융지주제도 등 아날로그 시대의 규제 유산을 AI·디지털 전환 환경에 맞게 재정렬

➜ 융합형 산업구조를 수용할 수 있는 유연한 규제 프레임으로 전환

제4전략 요약: "기술이 만든 결과에도, 결국 책임은 사람이 져야 한다."

하위전략	핵심 개념	정책 방향
4.1 AI·디지털 금융혁신 구조화	기술 기반 금융의 확장과 신뢰 구조 설계	AI·데이터 기반 서비스 확산 + 알고리즘 책임 설계 + 디지털 자산 리스크 관리 + 기술이 실제 작동할 수 있는 실행 인프라 설계(망분리 등 병목 해소)
4.2 AI·디지털 시대의 제도 재설계	디지털 리스크에 대응하는 새로운 규율 구조	금융플랫폼 행위규제 + XAI 의무화 + 기능 중심 감독체계 전환
4.3 AI·디지털 시대의 자본시장 재설계	혁신과 자금의 연결 구조 설계 + 시장의 깊이 재설계	상장·상폐제도 개편 + ATS 도입 + 상품 다양화 + 외환시장 정비 + 기업가치 제고 및 주주 신뢰 회복
4.4 금융산업 규제 프레임 재설계	낡은 규제 틀의 재정렬과 융합형 산업구조 수용	금산분리 등 레거시 규저 틀 정비 + 금융지주제도 개편 + 융합형 산업모델 수용을 위한 규제 개혁

Ⅱ 제4전략은 이렇게 작동한다

4.1 AI·디지털 금융혁신 구조화 – 기술 기반 서비스의 신뢰화

"기술이 판단해도, 결국 책임은 사람이 져야 한다."

✔ 전략의 첫 장면

AI가 대출을 심사하고, 챗봇이 자산을 추천하고, 알고리즘이 주식을 사고판다.
이제 우리는 '비대면' 그 이후의 금융, 판단의 주체가 보이지 않는 금융을 마주하고 있다.
기술은 혁신을 약속하지만, 그 결정에는 설명도 없고 책임의 주체도 없다.
속도가 신뢰를 대체할 수 없다면, 그것은 더 이상 금융이 아닌 '기계적 결정'일 뿐이다.

기술은 혁신인가, 아니면 눈에 보이지 않는 불균형인가?
디지털은 누구를 위한 속도인가?

문제는 기술이 너무 빠르게 앞서가고 있다는 점이다.
규제는 그 속도를 따라가지 못하고, 소비자의 권익은 알고리즘 뒤에 가려진다.
또한, 지금의 금융은 '기술을 가졌지만 작동하지 못하는 시스템'에 머물러 있다.
망분리, 데이터 단절, 규제 공백 —
기술은 준비됐지만, 이를 뒷받침할 제도와 환경은 여전히 미비하다.

결과적으로, 금융은 편리해졌지만 설명되지 않고,
빠르지만 책임이 흐려졌고,
기술을 가졌지만 작동은 하지 않는 구조가 되었다.

● 실제로, 알고리즘 금융은 판단의 속도는 높였지만 그 결정에 대한 설명도, 이의제기도, 책임의 주체도 불분명한 구조를 만들어내고 있다.
(➜ 《정책이 놓친 장면들 – AI가 대출을 거절했을 때, 누구에게 물어야 하는가》 참조)

지금 필요한 정책 설계는 다음과 같다:

① AI 기반 금융서비스의 검증-기준정립-확산 체계 구축

➜ "검증에서 신뢰까지, 알고리즘 금융의 단계적 제도화"

AI는 이제 금융의 '조력자'가 아니라 '판단자'가 되었다.
은행은 AI를 통해 여신 심사를 하고, 보험사는 언더라이팅(위험 평가)을 맡긴다.
로보어드바이저는 투자자에게 맞춤형 자산 포트폴리오를 제안한다.
문제는 기술이 빠르게 확산되고 있지만,
그 신뢰를 담아낼 제도는 아직 충분하지 않다는 데 있다.
그리고 더 본질적인 병목은, 기술을 실행할 수 없는 물리적·제도적 인프라에 있다.

대표적인 사례가 '망분리' 규제다.[45]
보안을 명분으로 데이터와 시스템을 물리적으로 격리하는 현재의 구조는,
실시간 학습·분석이 생명인 AI 금융 서비스의 작동 자체를 가로막고 있다.
기술은 준비됐지만, 제도가 기술을 가둔다는 구조적 모순이다.

AI 금융서비스의 제도화는 기술 도입 자체보다,
신뢰와 실행을 함께 담보할 수 있는 제도·인프라 설계의 문제다.

- AI 여신심사, 로보어드바이저, 보험 언더라이팅 등 핵심 서비스에 대해 '검증-기준-확산' 3단계 제도 프레임 구축
- 테스트베드와 가이드라인을 연계한 AI 금융 샌드박스 체계 설계
- 알고리즘에 대한 사전 성능평가 및 사후 모니터링 기준 마련
- 망분리 규제에 대한 예외적 유연성 부여 ➜ 금융 AI 도입 환경에서는 보안 기준을 강화하되, 실시간 작동이 가능한 구조 설계 병행

45) 현장에서는 "AI보다 먼저 해결돼야 할 것은 망분리"라는 말이 나올 정도로, 인프라의 제약이 가장 큰 장애물로 작용하고 있다.

- 클라우드 기반 분석 허용 범위 확대 및 보안인증 제도 도입을 통한 기술-신뢰의 병렬 설계 추진

● 실제 현황: 2024년 기준 국내 주요 은행의 80% 이상이 AI 여신심사 시스템을 도입하고 있으며, 로보어드바이저 시장은 1조 원을 돌파했다.[46)]

---

② 금융데이터 활용 인프라 고도화 및 공정접근권 설계

➜ "데이터가 독점되면, 금융도 불공정해진다."

디지털 금융은 결국 데이터를 중심으로 움직인다.
그러나 지금의 데이터 구조는 빅테크 중심의 집중, 소비자 동의의 형식화,
그리고 중소 사업자의 접근 한계라는 세 가지 문제를 안고 있다.
정보가 많다고 해서, 그 정보에 대한 통제권까지 갖는 것은 아니다.
데이터의 주인은 국민이지만, 실제 권한은 플랫폼에 있다.

이제는 '정보 공개'에서 한 걸음 더 나아가, 공정하게 접근하고, 설명받고,
통제할 수 있는 데이터 인프라를 설계해야 한다.

- 마이데이터 2.0[47)]: 조회에서 실행 중심으로 진화
- 금융회사-빅테크-핀테크 간 데이터 비대칭을 해소하는 공정 접근권 제도화
- 데이터 결합을 위한 중립적 플랫폼과 기술·법 기준 정비
- 개인정보 보호와 활용의 균형을 설계하는 가이드라인 재정비

---

46) 삼성SDS, 「2025년 은행의 미래를 여는 AI 기술」, 2024,
이성복, 「국내 로보어드바이저 현황과 성과 분석」, 자본시장연구원 연구보고서 21-05, 2021년 12월.

47) 그런데, 2.0은 소비자의 결정·실행권을 강조한다지만, 그 실행을 유도하고 설계하는 건 대부분 플랫폼의 알고리즘이다. 겉으로는 '정보의 주인은 국민'이라 하지만, 데이터를 저장하고 처리하며 수익화하는 구조는 여전히 플랫폼(또는 사업자)이 통제하고 있다. 이것이 우리가 경계해야 할 '비대칭의 진실'이다.

● 지금의 마이데이터는 소비자가 아니라 사업자의 마케팅 수단이 되어가고 있다는 점에서, 제도 설계의 정당성과 균형이 재검토돼야 한다. 그리고, 데이터 활용은 '동의'라는 명분 아래 이뤄지지만, 그 동의는 형식적인 절차에 그치는 경우가 많고, 활용 내역 역시 국민에게 충분히 설명되거나 투명하게 공유되지 않는다.

③ 디지털 자산에 대한 제도 정비와 리스크 관리

➜ "자산인가, 위험인가? 디지털자산에 맞는 이중 규율[48] 프레임 필요"

디지털 자산은 더 이상 주변에 머물고 있지 않다.
600만 명 이상이 보유하고 있고,
기업도 토큰 기반 투자(예: STO)를 본격화하고 있다.
하지만 이 자산들이 어떤 기준으로 관리되는지, 투자자는 어떻게 보호되는지,
시장 전체의 리스크는 어떻게 통제할 수 있는지-
그 체계는 아직 정비되지 않았다.

디지털 자산은 새로운 기회이지만, 동시에 새로운 위험이다.
따라서 규제도 '이중의 구조',
즉, 투자자 보호와 시장 안정 두 축으로 작동해야 한다.

- 가상자산, 증권형 토큰(STO) 등 유형별 분류체계 정립
- 자산 성격에 따른 맞춤형 보호 규율 + 시장 리스크 안정 장치 마련
- 거래소·수탁기관 등 핵심 인프라에 대한 요건 및 내부통제 기준 강화
- 거래의 투명성 확보 및 감독체계 정비를 위한 법·제도 보완

● 실제 현황: 디지털 자산 보유자는 600만 명을 넘어섰지만, 여전히 자산 유형별 기준과 리스크 관리 체계는 부재한 상태다.[49]

---

48) 디지털 자산의 이중성에 대응하여 '투자자 보호 규율 + 시장안정 규율' 병렬적 규율 프레임
49) TRM Labs, 「한국의 디지털 자산 개발: 혁신과 리스크의 균형 맞추기」, 2024.

④ 알고리즘 감시 체계 구축: 설명가능성(XAI), 책임, 데이터 편향 통제

➜ "AI가 판단해도, 금융의 책임은 사람이 진다."

알고리즘은 눈에 보이지 않지만, 소비자에게 실질적인 영향을 미친다.
대출이 거절됐는데 왜인지 모르고,
추천이 불리했지만 기준을 설명받지 못하는 현실.
이것은 기술이 아니라 책임의 문제다.

설명 가능한 AI, 즉, XAI 기반 금융 시스템은 단순한 기능이 아니라,
신뢰받는 금융이 되기 위한 최소 조건이다.

- 설명 가능한 AI 의무화(XAI) 및 블랙박스 모델에 대한 감독 기준 확립
- 금융소비자의 권리(예: 이의신청·재심 요청 등) 명문화
- 데이터 편향이 사회적 차별로 연결되지 않도록, 학습 데이터 인증제[50] 도입
- 금융당국이 직접 알고리즘을 감시하고 개입할 수 있는 감독 체계 구축

📊 실제 현황: 금융감독원 조사에 따르면, AI 대출 거절 경험자 3명 중 1명은 그 이유를 전혀 이해하지 못했다. ➜ 설명 가능한 금융(XAI)의 제도화가 필요한 이유다.[51]

💬 핵심 메시지

- 기술은 중립적이지 않다. 신뢰받는 기술만이 금융이 될 수 있다.
- 설명이 없는 속도는 금융이라고 할 수 없다.
- 디지털 금융의 신뢰는 기술 그 자체가 아니라,
  그 기술이 책임을 질 수 있도록 설계된 제도에서 시작된다.
- 그리고 그 기술이 '작동할 수 있는 조건'을 만드는 것-그것이 지금의 정책이

---

50) 예컨대, AI가 대출 심사나 보험 언더라이팅 등 실질적 판단을 수행할 경우, 사전에 "이 모델은 공정한 데이터를 기반으로 훈련되었는가?"를 검증

51) 금융위원회, 「금융분야 AI 활용 가이드라인 발표」, 2021.7.14.,
시사위크, 「'속 보이게' 투명한 AI가 이용자 신뢰를 세운다」, 2023.11.15.
ISSUE ON, 「2024년 ISSUE TOP 5: AI, 책임과 규제의 필요성」, 2024.1.2.

짜야 할 새로운 인프라다.

《공정한 기술은 가능한가? - 알고리즘 금융의 새로운 딜레마》

"AI가 대출 불가 판정을 내렸는데, 왜인지 아무도 설명하지 못했다."

알고리즘은 공정한가?
금융권의 AI 시스템은 이미 대출 심사, 투자 추천, 보험 언더라이팅 등
금융의 핵심 의사결정 영역에 깊이 들어와 있다.

하지만 알고리즘이 만드는 결정은 투명하지 않으며, 그 속에 숨어 있는 편향과 불균형은 '기술의 이름으로 정당화된 차별'이 될 수 있다.

■ AI 기반 금융의 현실적 한계

영역	기술 적용 사례	잠재적 문제
여신심사	AI 대출심사 모델	저소득층·비정형 직업군에 불리한 패턴 학습
자산관리	로보어드바이저	투자성향 분석이 고정화되어 고객 선택 왜곡
보험언더라이팅	건강·소득정보 기반 자동심사	질병 이력자에 대한 과도한 리스크 반영

➔ 기술의 결정도 '설명 가능성'과 '책임' 구조 안에 있어야 한다.

■ 정책 설계 시 고려해야 할 3가지 축

① 책임의 주체 명확화

- 금융사는 "알고리즘이 그렇게 판단했다"는 말로 책임을 회피할 수 없어야 한다.
- 인간 개입 기준, 이의신청 절차 명확화

② 알고리즘의 투명성 확보

- 설명 가능성(XAI), 오류 발생 시 조치 절차 등 규제에 포함
- '블랙박스 모델'의 감독 기준 마련

③ 데이터 편향 관리

- 편향된 학습데이터가 차별을 강화하지 않도록, 데이터 정제·검증 프로세스 포함한 인증제 도입 필요

💬 **핵심 메시지:**

- 기술은 결과가 아니라, 과정이다.
- AI가 만든 판단은 금융회사의 책임이며,
  그 판단의 기준은 공정하고 설명 가능해야 한다.
- 디지털 금융의 신뢰는 속도가 아니라 책임에서 나온다.

4.1 전략 한눈에 보기

"이제 중요한 것은, 기술의 속도를 따라잡는 제도적 설계다."

구분	내용
전략의 목적	기술 기반 금융이 혁신과 책임의 균형 위에서 작동할 수 있도록 제도화
핵심 문장	"기술이 판단해도, 결국 책임은 사람이 져야 한다."
위기 구조	금융AI·데이터 활용의 확산 ➜ 설명 불가·책임 불명 구조 고착 ➜ 소비자 신뢰 하락과 정책 공백 심화 + 기술은 도입됐지만, 제도·인프라는 여전히 '작동하지 않는 구조'에 머물러 있음(망분리 등 물리적 병목)
정책 핵심 과제	1 AI 금융서비스 실증-확산 체계 구축 2 금융데이터 인프라 고도화 및 공정한 접근권 설계 3 디지털자산에 대한 제도 정비 및 리스크 관리 4 설명가능성(XAI), 책임 구조, 데이터 편향 등 알고리즘 감시 체계 구축 5 물리적 인프라 제약 해소 (망분리 유연화 및 클라우드 기반 실시간 AI 운용 설계)
정책 설계 원리	검증-확산의 단계 설계, 데이터 기반 규제, 책임 있는 기술 혁신, 포용적 디지털 설계 + 기술 실행 환경까지 설계 범위에 포함하는 '인프라 중심의 제도 설계'
핵심 메시지	"속도가 아니라 책임이, 디지털 금융의 신뢰를 만든다."

4.2 AI·디지털 시대의 제도 재설계 – 새로운 금융 리스크에 대응하는 규율체계 정비

"금융은 플랫폼 위로 올라갔지만, 규제는 아직 도달하지 않았다."

✔ 전략의 두 번째 장면

금융은 더 빠르고 더 효율적이며 더 투명해졌지만,
그 변화가 과연 모두에게 '공정한 변화'였는지는 다시 물어야 한다.

디지털 전환은 금융의 새로운 질서를 만들어가고 있다.
그러나 그 질서의 외곽에는
중소 금융회사, 정보 취약계층, 낡은 제도적 장치들이 뒤처진 채 남아 있다.

디지털은 연결을 만들지만, 그 연결이 모두에게 열려 있지 않다면,
그것은 또 다른 배제가 된다.

- 실제로 지금의 디지털 금융 환경은, 고령층·저소득층·중소 금융기관을 '연결에서 소외된 존재'로 만들고 있다. 플랫폼 중심 경쟁이 심화될수록, 금융의 포용성과 균형성은 더 멀어지고 있다.
  (➜ 《정책이 놓친 장면들 – 디지털은 모두를 연결하지만, 모두를 포함하지는 않는다》 참조)

지금 필요한 제도 재설계의 방향은 다음과 같다:

① 금융플랫폼 행위 규제 체계화

➜ "금융과 같은 기능에는, 금융과 같은 책임이 필요하다."

요즘 플랫폼에서 대출 상품을 비교하거나 보험을 추천받는 일은 일상이 됐다.
그런데 이처럼 금융과 똑같은 기능을 하면서도,

플랫폼은 여전히 '중개자'로 분류돼 규제 밖에 서 있다.
이용자는 금융을 이용하고 있다고 생각하지만,
실제로는 금융 규제의 보호를 받지 못하는 셈이다.

이제는 '금융이냐 아니냐'가 아니라,
무슨 기능을 하느냐에 따라 책임을 묻는 규제 틀로 바뀌어야 한다.

- 플랫폼의 추천·비교·중개 행위에 대해,
  금융회사와 마찬가지로 공시·설명·이해상충 방지 책임을 부여한다.
- '기능은 금융인데 책임은 없는' 구조에서 벗어나,
  행위 중심의 규율 체계를 마련한다.
- 플랫폼이 금융 소비자의 신뢰로 작동하고 있다면,
  그 신뢰는 제도적으로 규율되어야 할 책임이 된다.

● 국제기구 FSB는 "같은 서비스, 같은 위험, 같은 규칙"의 원칙 아래, 금융 기능이 유사하면 동일한 규제가 적용돼야 한다고 명시하고 있다(FSB의'기능 중심 규제(Function-Based Regulation)' 원칙).

---

② 알고리즘 투명성 및 설명 가능성 확보(XAI 기반 규율 정립)

➜ "AI가 판단해도, 설명할 책임은 사람이 진다."

대출 심사나 투자 추천, 보험료 책정 같은 결정이
더 이상 사람이 아닌 알고리즘에 의해 이뤄지는 시대다.
이제 금융의 의사결정은 '누가 판단했는가'보다,
'무엇을 기준으로 판단했는가'가 더 중요해졌다.
하지만 대부분의 알고리즘은 내부 구조가 공개되지 않거나,
사람도 이해하기 어려운 방식으로 작동한다.

그 결과, 금융소비자는 왜 자신이 탈락했는지,
불리한 조건을 받았는지 알 길이 없다.

이제는 'AI가 결정했으니 어쩔 수 없다'는 말이 아니라,
AI가 어떤 기준으로 판단했는지 사람이 설명해야 하는 책임 체계가 필요하다.

- 알고리즘은 XAI 기반으로 설계돼야 하며,
  소비자가 자신의 평가 결과를 '왜 그렇게 나왔는지' 이해할 수 있어야 한다.
- 의사결정에 오류나 편향이 발생했을 때,
  그 책임이 시스템 탓으로 넘어가지 않도록 명확한 책임 귀속 체계를 마련한다.
- 금융회사가 AI를 활용하더라도,
  책임은 기술이 아니라 사람에게 있다는 원칙이 지켜져야 한다.

③ 디지털 격차 해소 및 중소 금융사 인프라 지원

➜ "속도가 아니라, 포용이 금융의 기본이다."

디지털 전환이 빠르게 진행되면서,
'비대면'과 '모바일'이 새로운 기본이 됐다.
하지만 모든 이용자가 그 속도를 따라가는 것은 아니다.
고령층, 저소득층, 농어촌 거주자처럼
디지털에 익숙하지 않은 사람들은 점점 더 소외되고 있다.
기술이 아무리 편리해도, 누구에게는 '닫힌 금융'이 될 수 있다면
그것은 포용이 아니다.

이와 동시에, 지역 기반 중소 금융사들도 디지털 환경에서 생존을 위협받고 있다.
독자적인 기술투자가 어렵기 때문에,
대형 플랫폼과의 경쟁에서 밀릴 수밖에 없는 구조다.
금융 인프라에 대한 '공공 지원'이 필요한 이유도 여기에 있다.

- 비대면 채널을 보완할 수 있는 대면 창구 확대, 디지털 약자를 위한 맞춤형 금융교육 기회를 제공한다.
- 공동 클라우드, 인증 체계, API 인프라 등을 통한 중소 금융사의 디지털 생존 기반을 마련한다.

- 디지털이 '기본'이 되는 시대에도, '예외'가 존중받을 수 있어야 포용이다.

● 디지털이 당연한 시대지만 아날로그 접근도 선택지로 남아 있어야 한다.

---

④ 기능 중심·행위 중심의 감독 체계 전환

→ "업권이 아니라, 기능이 기준이 되어야 한다."

지금의 금융 규제는 여전히 '업권'을 중심으로 짜여 있다.
은행은 은행법, 보험사는 보험업법, 증권사는 자본시장법.
이처럼 각각 다른 법과 규제 체계가 적용되다 보니,
새로운 융합형 모델이나 플랫폼 기업, 핀테크 회사는
어디에도 제대로 들어가지 못하는 사각지대에 놓이게 된다.

특히 빅테크나 AI 기반 서비스처럼
업권의 경계를 넘나드는 금융 모델이 확산될수록,
기존의 법 체계는 현실을 따라가지 못하고,
오히려 규제의 공백 또는 이중 규제로 이어질 수 있다.

이제는 '어느 업권이냐'가 아니라,
'어떤 기능을 하고, 어떤 위험이 발생하느냐'에 따라
규제와 감독의 기준이 정해져야 한다.

- 업권 중심의 분절적 감독에서 벗어나, 금융이 실제로 작동하는 방식과 그로 인해 발생하는 리스크에 맞춘 '기능 중심·행위 중심' 감독 체계로의 전환이 필요하다.
- 플랫폼·핀테크·AI 기업 등 융합형 사업자들을 포섭할 수 있는 통합적 감독 프레임워크 마련이 요구된다.
- 규제의 경계가 유연해질수록, 그 유연함 안에서 '공정성·책임·투명성'을 확보할 수 있도록 정교하게 설계된 질서가 필요하다.

이는 '4.4 금융산업 규제 재설계' 전략과도 맞닿아 있다.

산업 구조 자체가 업권이 아닌
'기능과 위험' 중심으로 재편되어야 한다는 문제의식은,
단순한 감독체계 개편을 넘어 산업 규제 전반의 리디자인으로 확장되어야 한다.

규제의 목적은 경계가 아닌 신뢰를 지키는 것이다.
지금 필요한 건, 새로운 시장을 담아낼 새로운 질서를 설계하는 것이다.

핵심 메시지:

- 디지털 금융은 단순한 기술의 전환이 아니라, 규율의 전환을 요구한다.
- 디지털 전환기에는 기술보다 책임, 경쟁보다 신뢰, 연결보다 포용이 중요해진다.

《플랫폼은 금융을 하고 있지만, 규제를 받지 않는다?》

"추천받은 보험상품을 클릭했는데,
어디까지가 광고이고 어디까지가 권유인지 알 수 없었다."

지금의 금융 플랫폼은 추천·비교·중개라는 이름으로
사실상 금융상품 판매의 전 과정에 관여하고 있다.
하지만 플랫폼은 금융 유사 기능을 수행하면서도,
'금융회사'로 분류되지 않아 규제 적용에 있어 형평성 문제가 제기되고 있다.

■ 금융플랫폼의 규제 사각지대

행위 유형	실질 기능	잠재적 문제
비교·추천	상품 설계와 소비자 선택에 영향	정보 왜곡 가능성, 이해상충 우려
클릭 유도	특정 상품에 대한 유도 행위	광고인지 권유인지 불분명
중개·계약	실질적 계약 연결 기능 수행	법적 책임의 모호성

■ **정책적 시사점:**

플랫폼이 '금융의 창구 역할'을 하고 있다면,
그에 상응하는 공시, 설명, 책임의 기준이 부과되어야 한다.

"동일한 기능에는 동일한 규제가 필요하다." - 기능 중심 금융감독 원칙(FSB 기준)

《디지털은 모두를 연결하지만, 모두를 포함하지는 않는다》

디지털 금융이 일상이 된 지금,
비대면 채널이 표준이 되는 순간,
그 외부에 있는 사람들은 금융 시스템 자체에서 밀려나게 된다.

■ **디지털 격차의 두 얼굴**

유형	격차 내용	정책 과제
소비자	고령층, 저소득층의 접근성 부족	오프라인 창구 보완, 금융교육 확대
금융사	중소 금융사의 기술 인프라 부족	공동 인프라 지원, 클라우드 인증 확대

■ **핵심 메시지:**

디지털 금융이 속도를 가진다면,
정책은 그 속도에 접근성과 책임을 설계해야 한다.

4.2 전략 한눈에 보기

"디지털 전환은 속도이지만, 정책은 그 속도에 책임과 포용을 더해야 한다."

구분	내용
전략의 목적	디지털 전환기에 금융 기능을 기준으로 한 규제 체계와 감독 질서를 재정렬하고, 디지털 포용성과 소비자 신뢰를 강화할 수 있는 균형 잡힌 규율 구조 설계
핵심 문장	"금융은 플랫폼으로 바뀌었지만, 책임은 여전히 규제 밖에 있다." "디지털 금융의 질서는 기능과 책임으로 설계되어야 한다."
위기 구조	플랫폼 기반 금융행위 확산 ➜ 실질적 규제 공백 AI 판단 확산 ➜ 설명 책임 불명확 디지털 격차 심화 ➜ 소비자·중소금융사 배제 업권 중심 감독 지속 ➜ 융합모델 대응 불가
정책 핵심 과제	1 금융플랫폼 행위규제 체계화(비교·추천·중개 책임 명확화) 2 XAI 기반 알고리즘 투명성·설명 가능성 확보 3 디지털 격차 해소 및 중소 금융사 인프라 지원 4 기능 중심·행위 중심 감독체계로의 전환
정책 설계 원리	◆ 동일 기능 동일 규제 원칙(FSB 기준) 정착 ◆ 설명 가능한 금융 인공지능(XAI) 기반 설계 ◆ 디지털 포용성 강화 ◆ 업권 경계를 넘어선 융합형 감독 체계로 프레임 전환
핵심 메시지	"디지털 전환은 연결의 속도지만, 금융정책은 그 속도에 책임과 포용을 설계해야 한다."

4.3 AI·디지털 시대 자본시장 재설계 – 혁신과 자금의 연결 구조

"금융의 경쟁력은, 결국 자본시장의 깊이로 드러난다."

전략의 세 번째 장면

"정책도 기술도, 자본시장이 버텨줘야 한다."

산업은 기술로 시작되지만, 결국 성장은 자본으로 해야 한다.
기술은 생태계를 만들지만, 자본은 그 생태계를 확장시킨다.

하지만 지금 한국 금융은 정책금융과 플랫폼 기술에만 시선이 고정되어 있고,
자본시장이라는 가장 핵심적인 기반은
여전히 얕고, 좁고, 불균형한 틀에 머물러 있다.

기업이 자금을 조달하고, 투자자가 신뢰를 갖고 참여할 수 있는 구조-
이것이 금융의 내실이자, 미래 경쟁력의 핵심이다.

지금 필요한 자본시장 선진화 방향은 다음과 같다:

① 거래소 플랫폼 경쟁의 실질화와 신뢰 설계

➜ "복수 거래소는 출발점, 이제는 공정하고 투명한 시장 설계가 핵심"

복수 거래소 체제가 시작됐다고 해서
곧바로 시장 경쟁이 이뤄지는 것은 아니다.
투자자 입장에서 거래소를 선택할 수 있는 '형식'은 생겼지만,
신뢰와 투명성이 뒷받침되지 않으면 실질적인 경쟁은 작동하지 않는다.
2025년 3월, 국내 최초의 대체거래소인 넥스트레이드(ATS)가 출범하면서
복수 거래소 시대가 열렸다.

하지만 아직까지 제도적 설계나 운영 기준은 걸음마 수준이다.
투자자 보호, 거래의 투명성, 정보비용 절감 등 실질적인 성과로 이어지려면 다음의 과제가 병행되어야 한다:

- 거래소 간 공정경쟁을 유도할 수 있는 제도적 경쟁 설계
- 투자자에게 정보와 조건을 명확하게 제공하는 규칙 정비
- ATS의 운영방식에 대한 시장 감시 및 투명성 확보 장치 마련

● 미국은 2024년 기준 65개 ATS 운영 중으로, 나스닥·NYSE 외 다수 거래 채널을 보유하고 있다.52)

② 혁신기업에 적합한 상장·퇴출 제도 개선

➜ "기업이 성장단계에 맞춰 올라탈 수 있는 상장 사다리를 설계해야 한다."

지금의 상장 제도는 양극화되어 있다.
코스피는 대기업 위주, 코스닥은 초기 벤처 중심.
그 사이에 있는 후기 스타트업이나 중견기업은 어디로 가야 할지 애매하다.
기술력은 있지만 수익구조가 아직 안정적이지 않은 기업은 상장 요건을 맞추기 어렵고, 그렇다고 외부 자금 유치는 쉽지 않다.
이대로라면 많은 기업이 해외 시장으로 빠져나갈 수밖에 없다.

그래서 상장 제도는 '이분법'이 아니라, 기업의 성장 단계에 맞춘 유연한 구조로 다시 짜야 한다.
특히 다음과 같은 방향이 필요하다:

- 성장형, 기술형, 중소형 등 다양한 상장 요건 체계화
- 퇴출 제도의 유연화 ➜ 일시적 위기 기업엔 유예, 단, 좀비기업엔 과감한 정리

52) 문화일보, 「'12시간 운영' 대체거래소 출범… 유리한 매매조건, 증권사가 골라준다」, 2025.3.4.

- 상장 후에도 기업에 자금이 몰리도록, K-뉴딜지수·기술특례와 연계한 투자 인센티브 설계

● "상장 7개월 만에 거래정지라니"…'상폐 기로'에 성난 주주들(매일경제, 2025.3.4.)

---

③ 투자상품의 다양성과 접근성 확대

→ "상품이 있어야 자금이 모인다."

지금의 자본시장은 투자상품이 부족하다.
투자자들이 돈을 넣고 싶어도 마땅한 상품이 없거나,
상품이 너무 어렵고 복잡해서 접근하기 힘든 경우가 많다.

투자 대중화와 연금 개혁 시대에 맞춰 다음과 같은 변화가 필요하다:

- 실물 자산과 연계된 ETF, 리츠, ESG채권 등 다양한 상품 확대
- 퇴직연금의 가입자 직접 운용(DIY)을 활성화하고, 손실 리스크를 줄이기 위한 안전장치 마련
- 상품 설명, 수수료 구조, 리스크 등을 쉽게 비교할 수 있는 '투명하고 쉬운 투자 환경' 구축

● 한국 ETF 자산 비중은 전체 주식자산의 5% 수준, 미국의 3분의 1에 불과[53)]

---

④ MSCI 선진국 지수 편입 위한 외환시장 선진화 및 국제 정합성 제고

→ "선진국 자본시장의 조건의 전제는 외환의 신뢰다."

한국은 아직 MSCI(모건스탠리캐피털인터내셔널)의 분류 기준에서
'신흥국 지수'에 머물러 있다.
국내 시장 규모나 투자 상품 수준은 선진국 못지않은데,

---

53) 유진투자증권 리서치센터, 「ETF 성장과 시장 영향 & idea」, 2024.5.17.

외환 시장의 폐쇄성과 비표준성이 가장 큰 걸림돌로 꼽힌다.

외환 거래는 '자유화' 자체보다 신뢰성과 접근성이 핵심이다.
글로벌 투자자들이 원하는 건,
환율이 급변할 때의 대처 기준과 투명한 결제 시스템이다.
즉, 외환을 둘러싼 인프라와 규칙이
글로벌 기준과 얼마나 정합적인가가 중요하다는 것이다.

선진국 편입을 위한 외환시장 정비의 핵심은 다음과 같다:

- 외환시장 자유화 ➜ 거래 시간 확대, 장외거래 활성화 등으로 접근성을 높인다.
- 환율 안정 장치 재설계 ➜ 급변 상황에서의 개입 원칙, 완충 장치 등 정교한 운영 기준을 마련한다.
- 파생·결제 시스템의 국제 표준화 ➜ 글로벌 투자자가 신뢰할 수 있는 파생거래 인프라를 구축할 필요가 있다.

● 한국은 MSCI 신흥국지수 유지 중 ➜ 외환 거래의 자유도 및 접근성이 주요 걸림돌

---

⑤ 기업가치 제고 및 주주신뢰 회복

➜ "외부의 평가는 따라오게 마련이다. 중요한 건 안에서부터 단단해지는 것이다."

한국 기업의 주가는 종종 "저평가되어 있다",
또는 "코리아 디스카운트"라는 말을 듣는다.
이는 단지 경제 상황 때문이 아니라, 기업 내부의 문제-낮은 배당,
불투명한 지배구조, 주주 소외-가 반복되었기 때문이다.

특히 최근 몇 년 사이, 물적분할이나 자사주 활용 사례에서 소액주주 보호가 충분히 이뤄지지 않았다는 비판이 커졌다.

예를 들어 LG화학이 LG에너지솔루션을, SK이노베이션이 SK온을
각각 물적분할하고 상장했을 때,
모회사 기존 주주의 지분가치가 희석되면서 신뢰에 큰 타격을 입었다.
금융당국도 이에 대응해 2024년 1월,
'자사주 신주배정 금지' 조치를 발표하며 개선을 시작했다.54)

이제는 다음과 같은 실질적인 '기업 밸류업 전략'이 필요하다:

- 이사의 충실의무 확대(상법 개정) ➜ 회사뿐 아니라 주주의 이익도 보호 대상으로 명시
- 물적분할·자사주 활용 투명화 ➜ 소액주주 권익 침해를 방지하기 위한 제도 정비
- 배당 확대(예: 유보세)·지배구조 개선·좀비기업 정리 등 기업 내실을 강화하는 조치
- 주주환원 강화 및 장기 투자 유인을 통해 시장 신뢰를 회복하고 외국인 자금 유입 기반을 넓힌다.

● 아시아 기업지배구조 협회(ACGA)가 CLSA와 공동으로 발표한 『CG Watch 2023: A New Order』 보고서에 따르면, 한국은 아시아 12개국 중 기업지배구조 순위에서 8위를 차지

핵심 메시지:

- 자본시장은 단순히 돈만 흐르는 관로가 아니다.
- 자본시장은 신뢰의 구조이자, 산업 전략의 지지대다.
- 자본시장이 얕고 좁으면,
  정책금융도, 혁신기업도, 글로벌 진출도 모두 표류할 수밖에 없다.

54) 알파경제, 「'자사주 꼼수' 없앤다… 인적분할 시 신주배정 금지」, 2024.4.29.

"투자는 자유로운데, 왜 자본시장 선진화는 요원한가?"

하루에도 수많은 개인이 ETF를 사고, ESG 채권을 검색하고,
기업들은 IPO를 준비하며 성장 자금을 찾는다.
투자자도 있고, 기업도 있다.
그런데 왜 자본시장은 여전히 깊어지지 않는가?

자유로운 시장을 만들고 거래를 많이 한다고 해서,
저절로 신뢰받는 시장이 되는 것은 아니다.

■ 시사점:

- 투자 환경의 개방성과 시장 구조의 신뢰는 별개의 문제다.
- 자본시장에는 '거래의 자유'뿐 아니라
  '정보의 투명성', '감독의 예측 가능성'이 함께 설계돼야 한다.
- 제도적 설계 없이 만들어진 시장은 자율적일 수 있지만,
  신뢰받지 못하는 시장은 결국 성장하지 못한다.

■ 핵심 메시지:

- 깊이 있는 자본시장은 '투자의 자유'만으로는 완성되지 않는다.
  신뢰받는 공시제도, 책임 있는 감독, 예측 가능한 규율 — 이 세 가지가 자본시장 성장의 바닥을 이룬다.

4.3 전략 한눈에 보기

"신뢰가 설계될 때, 자본시장은 비로소 깊어진다."

구분	내용
전략의 목적	기업의 성장과 투자자의 참여를 연결하는 '신뢰 기반 자본시장'을 설계하고, 구조적 병목을 해소하며 상품·플랫폼의 다양성을 확보
핵심 문장	"얕은 시장은 혁신을 버티지 못하고, 좁은 시장은 모험을 담아내지 못한다."
위기 구조	단일 거래소 독점, 상장 제도 경직성, 투자상품 부족, 외환시장 폐쇄성 ➜ 자본시장 깊이 부족 + 신뢰 미흡 ➜ 혁신 자본 순환의 구조적 제약
정책 핵심 과제	1 다중 거래소 체계 구축(ATS 기반 시장 경쟁) 2 성장단계별 상장·퇴출 시스템 설계 3 ETF·ESG·연금 등 투자상품 다양화 및 접근성 강화 4 MSCI 편입 대비 외환시장 선진화 및 국제 정합성 제고 5 기업가치 제고 및 주주 신뢰 회복(배당·지배구조 투명성 강화)
정책 설계 원리	◆ 경쟁 기반의 인프라 설계(거래소 다양화, 시장 플랫폼 다변화) ◆ 기업 중심 시장 구조 전환(상장 문턱과 퇴출 유연화) ◆ 투자자 보호+선택권 확대(상품 다양화 + 정보 제공 체계) ◆ 국제 기준 정합성 확보(글로벌 자본 유입 대비)
핵심 메시지	"자본시장은 정책만으로 만들 수 없지만, 제도가 제대로 뒷받침돼야 시장이 성장할 수 있다." "신뢰를 설계하는 자본시장, 그것이 금융의 미래 경쟁력이다."

4.4 금융산업 규제 프레임 재설계 - 낡은 틀을 디지털 시대에 맞게

"디지털 금융의 시대, 이제는 규제의 옷을 갈아입어야 한다."

✔ 전략의 네 번째 장면

금융은 디지털로 성장했지만,
여전히 중학생 시절 교복을 입고 있는 고등학생처럼,
과거의 규제가 현실을 따라오지 못하고 있다.
업권별 규율, 전업주의, 금산분리, 업무위탁 제한-
이 오래된 규제 프레임은 오늘날의 금융 현실을 제대로 담아내지 못하고 있다.

은행 앱으로 보험에 가입하고,
플랫폼에서 대출을 비교하며,
로보어드바이저가 자산을 추천하는 시대.
금융의 경계는 이미 융합됐지만,
규제의 시계는 여전히
업권과 조직 구조 중심에 머물러 있다.

이처럼 산업과 기술은 새롭게 진화하고 있는데,
규제는 여전히 '업권은 무엇인가', '허용된 범위는 어디까지인가'에만 머물러 있다.

그 결과, 혁신은 일부 사업자의 독점으로 흐르고,
신생 플레이어는 진입 자체가 가로막히며,
소비자는 서비스 간 단절과 격차를 경험하게 된다.

업권별 규제 체계는 디지털 기술의 발전 속도를 따라가지 못하고,
그 속도 차이는 곧 리스크 관리의 공백으로 이어진다.
이 공백의 최종 피해자는 국민이며,
소비자 보호와 시장의 안정성도 위협받게 된다.

또한 금융과 비금융의 경계가 흐려지는 지금,
서로 다른 업권 간 시너지를 만들 수 있는 융합적 모델조차,
규제의 벽 앞에서 시도되지 못하고 있다.
결국 제도는 기술을 따르지 못하고, 규제는 새로운 가능성의 문을 닫고 있다.

마치 훌쩍 커 버린 고등학생이 여전히 중학생 시절의 교복을 입고 있는 것처럼,
디지털로 성장한 금융은 더 이상 과거의 규제 옷에 맞지 않는다.
지금 필요한 건, 옷을 고치는 것이 아니라-
금융의 체형에 맞는 새로운 옷을 '다시 짓는' 일이다.

● 지금 필요한 것은 '규제 완화'가 아니다. 진짜 문제는 규제의 과잉이 아니라, 규제의 구조가 현실과 맞지 않는다는 데 있다. 금융 혁신을 담아낼 수 있는 새로운 그릇이 필요한 시점이다.

지금 필요한 금융산업 규제 재설계의 방향은 다음과 같다:

① 산업자본의 금융업 진출, 어디까지 허용할 것인가? (광의의 금산분리 또는 은산분리 규제 완화)

➜ "원칙은 유지하되, 구조는 유연해야 한다."

디지털 시대의 금융은 산업과 점점 더 융합되고 있다.
하지만 지금의 법은 금융과 산업을 철저히 분리해 놓고 있다.
금융회사가 산업 쪽으로, 산업자본이 금융 쪽으로 넘어오지 못하게 막는 것이
이른바 '금산분리(광의의 금산분리 또는 은산분리)' 규제다.

이 원칙은 여전히 중요하다.
기업이 금융을 지렛대 삼아 문어발식 확장을 하거나,
금융회사가 산업을 좌우하는 것을 방지하는 기본적인 안전장치이기 때문이다.

하지만 지금처럼 인터넷은행이 등장하고,
빅테크가 금융서비스를 제공하는 시대에는
이 규제가 오히려 현실과 어긋난 제약이 되기도 한다.

이제는 엄격한 기준을 전제로 한 예외 허용 구조를 검토할 필요가 있다.
예컨대, 다음과 같은 경우에는 제한적 진출을 열어둘 수 있다:

- 중금리 대출에 특화된 인터넷전문은행
- 소상공인·저신용자 등 금융 소외계층을 위한 금융플랫폼
- 금융 인프라가 취약한 지역이나 분야(해외)에 진입하는 산업자본 모델

다만 이 경우에도 반드시 다음의 조건이 함께 적용돼야 한다:

- 공공성 기여: 사회적 목적을 갖는 금융 진출이어야 할 것이며
- 지배력 통제 기준: 대주주의 영향력 남용을 막기 위한 제도적 장치가 마련되어야 한다.

당연히 원칙에서 벗어나 필요한 규제를 없애자는 것이 아니다.
지켜야 할 원칙은 유지하되,
그 원칙을 실현하는 방식은 시대에 맞게 설계할 필요가 있다는 것이다.

참고 사례: 미국의 ILC(산업대출회사), 일본·독일의 조건부 산업자본 참여 모델[55)]

② 플랫폼과 금융회사, 같은 경기장에서 경쟁하게 하려면

→ “기능은 금융인데 책임은 없는 구조를 바꿔야 한다.”

이 문제는 앞서 4.2 전략에서도 다뤘듯이,
오늘날 플랫폼은 보험을 비교하고, 대출을 연결하며, 투자 상품을 추천하는 등

55) 오마이뉴스, 「[美금융규제] 산업자본이 금융업 진출?…월마트의 ILC 도전」, 2005.7.18.

사실상 금융회사가 수행하던 기능을 수행하고 있다.
그러나 규제 체계는 이를 따라가지 못한다.
플랫폼은 스스로를 '중개자'로 규정하며 책임에서 비켜서고,
금융회사는 동일한 기능에 대해 무거운 규제를 감내해야 한다.
결과적으로, 같은 기능을 수행하면서도 서로 다른 규칙 아래 경쟁하는
불균형한 시장 구조가 형성되고 있다.

이런 비대칭 구조를 바로잡기 위해선,
플랫폼에도 금융에 준하는 책임을 물어야 한다.
다음은 그 핵심 조치들이다:

- 데이터 공유의 공정 접근권 보장 ➜ 특정 플랫폼이 고객 정보를 독점하지 않도록 공정한 접근이 보장될 필요가 있다.
- 설명 책임·이해상충 방지 의무 부여 ➜ 플랫폼도 금융사처럼 공정한 정보 제공과 투명한 이해관계 구조를 갖춰야 한다.
- 알고리즘의 투명성 강화 ➜ 대출이나 보험 추천에 사용되는 알고리즘의 기준과 방식은 소비자가 이해할 수 있도록 공개해야 한다.

규제를 없애자는 것이 아니다.
이제는 기능 중심의 공정한 규제 설계가 필요하다.

③ 금융지주 규제 체계 재정비

➜ "은행 중심에서 융합·혁신형 모델로"

지금의 금융지주는 은행을 중심으로 설계된 전통적인 틀에 맞춰져 있다.
이는 디지털 기반의 융합 서비스, 플랫폼 금융, 데이터 산업 등
새로운 금융 생태계를 수용하기 어려운 경직된 구조로 작동하고 있다.

특히 현행 금융지주회사법은
다음과 같은 제도적 제약을 통해 혁신을 가로막고 있다(예시):

- 자회사·손자회사·증손회사 등의 범위 제한
- 비금융회사에 대한 투자 및 소유 제한
- 과거에는 허용되었지만 지금은 제한되는 고객정보 공유 제한
- 업무 위탁과 임직원 겸직 제한 등으로 유연한 협업과 신속한 전략 실행이 어렵다.

완전지주-완전자회사 구조임에도 불구하고,
개별 회사 단위로 규제를 구분함으로써
그룹 전체의 전략적 연계와 디지털 전환을 제도적으로 차단하고 있는 실정이다.

이는 마치 하나의 기업처럼 움직여야 할 금융지주를
쪼개진 여러 법인처럼 규율하고 있는 것이며,
기술·시장 변화의 속도를 따라가지 못하는 대표적 사례라 할 수 있다.

이제는 지배 구조를 통제 중심에서 연계·융합 중심으로 전환할 필요가 있다.

■ 다음과 같은 제도 개편이 검토될 수 있다:

- 금융지주회사법 개정 ➜ 완전지주-자회사 간 의사결정 구조를 단순화하고, 하나의 그룹처럼 민첩하게 움직일 수 있도록 전환
- 비금융 자회사·손자회사 보유 제한적 허용 ➜ 플랫폼·데이터·IT기업 등과 결합한 융합형 금융 모델을 수용할 수 있는 구조로 설계
- 겸직 제한 완화 및 유연한 조직 설계 허용 ➜ 신사업 대응 및 융합 서비스 운영을 위한 인적·조직적 유연성 확보

현행 금융지주 체계는 효율성과 안정성을 중시했던 시대의 산물이다.
이제는 새로운 금융 생태계를 담을 수 있도록,
'지배구조의 기술·시장 적합성'을 기준으로 한 리디자인이 필요하다.

④ AI·디지털 시대에 부합하는 금융 규제체계의 재설계

➜ "강도가 아니라, 불투명성과 일률성이 문제다."

규제의 문제는 그 강도가 아니라, 시대에 뒤처진 방식에 있다.
지금 필요한 것은 단순한 규제 완화가 아니라,
낡은 틀을 시대에 맞게 다시 짜는 것이다.

디지털 전환에 따라 금융서비스는 빠르게 변화했지만,
여전히 많은 규제가 금융업권, 전업주의, 신탁, 위탁제한 같은
과거 아날로그 시대의 프레임 안에 머물러 있다.
이로 인해 혁신이 위축되고,
신사업은 출발선조차 밟지 못하는 일이 반복되고 있다.

다음의 영역은 구조적 재설계가 시급하다:

- 금산분리 규제 ➜ 금융사는 부수업무 확대와 자회사 투자에 있어 '목적성 기반 예외'를 적용받을 수 있도록 규제 체계를 네거티브 방식으로 전환해야 한다.
- 전업주의 규제 ➜ 금융회사는 비금융업보다 금융업을 더 잘할 수 있으므로, 시너지를 낼 수 있는 관련 금융업을 겸영업무로 확대 허용해야 한다. 이를 제한하면 우리나라 금융업이 구멍가게식 영업을 벗어나기 어려울 것이다.
- 신탁업 ➜ 자산관리 수요에 대응할 수 있도록, 독립된 신탁업법을 마련하고 자율성과 다양성을 보장해야 한다.
- 업무위탁 규제 ➜ 기술 외주 및 전문기업 활용이 가능하도록 위탁 허용 범위를 넓히고, 안전장치를 마련해야 한다.
- 그림자 규제(구두지침) ➜ 법적 근거 없는 행정지도는 사전 예고제와 명문화로 대체할 필요가 있다.

지금의 규제는 단순히 시장을 통제하기 위해 존재하는 것이 아니라,
새로운 금융 생태계에 맞는 질서를 설계하는 도구가 되어야 한다.
규제의 목적은 시장 통제가 아니라, 새로운 질서를 설계하는 데 있다.

■ 규제개혁 과제(예시)

규제 유형	문제 요약	개혁 방향
금산분리 규제	금융사의 부수업무 규제, 자회사·지분투자 제한	부수업무의 네거티브 규제화 목적성 평가 기반 예외 허용
전업주의 규제	금융사는 업권 외 사업 불가 ➜ 융합 경쟁 낙오	금융업 간 칸칵이를 없애거나 낮춤
신탁업 규제	다양한 금융 수요 대응에 한계 ➜ '자본시장 틀 안의 신탁'에 갇힘	신탁업법 제정, 자율성·다양성 기반 신탁체계 설계
업무위탁 제한	아웃소싱 비효율성 ➜ 기술 외주 불가	위탁 가능 범위 확대 및 안전장치 마련
지주회사 규제	완전지주회사에 지나친 의사결정 분산	단일회사처럼 운영 가능한 내부규정 정비
숨은 행정지도/ 그림자 규제	법제화되지 않은 구두지침과 사후 제재	규제 명문화·사전 예고제 도입

※ 신탁업은 금융의 '제3축'이 될 수 있는 고유성과 다양성을 가졌음에도, 현행 자본시장법 틀 속에 묶여 그 역할이 제한되고 있음. 고령화·자산관리 시대에 맞춰 '독립적 신탁업법' 제정이 필요한 시점이다.

《'협의의 금산분리'는 어떻게 다시 설계돼야 하는가》

> "금융이 산업을 소유하지 못하게 하는 것도,
> 산업이 금융을 소유하지 못하게 하는 것도
> 모두 금산분리다.
> 그러나 지금 우리가 특히 말하고자 하는 것은,
> 금융의 산업 진출을 제한하는 규제–즉, 협의의 금산분리 완화다."

금산분리는 크게 나누면 다음과 같다:

구분	내용	적용 대상
은산분리(광의)	산업자본의 은행 소유 제한	산업 ➜ 은행
금산분리(협의)	금융회사의 비금융 영역 진출 제한	은행 ➜ 산업

특히, 협의의 금산분리는 다시 다음 두 가지로 나뉜다:

구분	의미	현재 주요 쟁점
내적 금산분리	은행의 부수업무 영위 제한	플랫폼·데이터 등 신사업 진출 제약
외적 금산분리	은행의 비금융 자회사 소유 또는 지분투자 제한	융합형 사업모델(핀테크, AI기업 등) 투자 불가

■ 정책적 딜레마는 이렇다:

- 디지털 전환 시대에는 금융회사가 데이터를 중심으로 비금융적 서비스를 결합하는 융합모델이 필수이다.
- 그러나 협의의 금산분리 규제는 이를 형식적으로 차단하고 있다.
- 결과적으로 금융의 혁신적 확장을 막고, 비금융 진입자(빅테크)의 독주를 돕는 결과를 초래한다.

■ 핵심 메시지:

- 금융이 산업을 지배하지 않도록 감시하는 틀은 당연히 필요하다.
- 그러나 융합형 금융이 작동할 수 있도록 금융회사의 비금융 진출 여지는 재설계되어야 한다.
- 차단이 아닌 견제, 규제가 아닌 균형이 협의의 금산분리 개편의 원칙이 되어야 한다.

4.4 전략 한눈에 보기

"규제개혁은 완화가 아니라, 질서를 다시 설계하는 일이다."

구분	내용
전략의 목적	디지털 전환기 금융환경에 맞춰 기존 규제 체계를 업권 중심에서 기능 중심으로 전환하고, 융합형 금융모델을 수용할 수 있는 유연한 제도 설계 기반 마련
핵심 문장	"금융은 바뀌었지만, 규제의 시계는 멈춰 있다." "이제 필요한 것은 완화가 아니라, 기능과 책임을 설계하는 일이다."
위기 구조	업권 중심 규제 고착 ➔ 플랫폼과 금융회사 간 규제 형평성 악화 ➔ 금융의 융합과 혁신이 비대칭 구조에서 작동 ➔ 소비자 보호와 공정경쟁 기반의 불안정
정책 핵심 과제	1 산업자본의 금융업 진출 범위 재조정(광의의 금산분리 규제 완화) 2 금융플랫폼에 대한 기능 중심 규제체계 마련(책임과 설명 의무 정비) 3 금융지주 및 내부통제 체계 개편(플랫폼 기반 조직 구조 수용) 4 누적된 금융규제 구조적 재설계(네거티브 전환 및 목적성 예외 허용) 5 민관 공동의 규제개혁 실행체계(TF 상설화 및 이행점검 체계 포함)
정책 설계 원리	◆ 업권 규제 ➔ 기능 중심 규제 전환 ◆ 포지티브 규제 ➔ 네거티브 규제 + 목적성 기준 보완 ◆ 선언적 개혁 ➔ 현장 이행 중심 구조 설계 ◆ 금산분리 적용 ➔ 지배력 통제 기반 유연화
핵심 메시지	"디지털 시대의 규제개혁은 규제를 없애는 것이 아니라, 새롭게 설계하는 일이다." "금융이 바뀌었으면, 규제도 그에 맞게 설계돼야 한다."

Ⅲ 제4전략이 남긴 질문

제4전략이 말하는 구조

제4전략은 금융의 디지털 전환기에 요구되는 질서 재설계 전략이다. 기술의 확산을 제도로 수렴시키고, 경쟁의 심화를 책임으로 견인하며, 연결의 외연을 포용으로 바꾸려는 시도다.

- 4.1은 AI·디지털 기술 혁신의 제도화
- 4.2는 금융-비금융 융합 질서 정립
- 4.3은 자본시장의 경쟁력과 신뢰 기반 확장
- 4.4는 디지털 시대 금융산업 규제의 재설계

이 전략이 없다면,
금융의 디지털화는 혁신보다 격차를,
산업경쟁력은 신뢰보다 속도를 먼저 추구하게 될 것이다.

그리고 전략 4는 다음의 비대칭을 해소하려는 설계다.

① 기술과 제도 사이의 비대칭
② 플랫폼과 금융회사 간 규제 비대칭
③ 속도와 포용성의 비대칭
④ 디지털 금융과 소비자 신뢰 사이의 비대칭
⑤ 아날로그 시대의 규제와 디지털 금융 환경의 비대칭

우리는 지금,
속도보다 책임을 먼저 설계하고,
연결보다 포용을 먼저 고려해야 하는 시점에 있다.

디지털 금융의 질서를 설계하는 정책의 자리는 그 출발점이어야 한다.

❓ 우리가 던져야 할 질문:

- 디지털 금융의 속도에 비해, 우리의 제도는 어디까지 따라가고 있는가?
- 기술 중심의 금융이 확산되는 지금, 신뢰는 어떻게 설계되고 있는가?
- 동일 기능, 동일 책임의 규제는 왜 여전히 '주체' 중심으로만 작동하는가?
- 연결은 늘었지만, 포용은 충분한가?
- 디지털 금융의 질서는 모두를 위한 질서인가, 일부만을 위한 속도인가?

전략자의 시선: "디지털이 만든 연결, 정책은 그 끝까지 책임져야 한다."

디지털 금융이 연결을 만들 때,
정책은 그 연결이 모두에게 닿도록 설계되어야 한다.
정책은 기술보다 한발 앞서 있어야 한다.
그러나 지금은, 기술이 앞서가고 정책이 뒤따르는 구조가 되어버렸다.
그 역전은 새로운 기회 못지않게,
규율의 공백과 리스크를 함께 키우고 있다.

또한, 금융이 플랫폼을 닮아갈수록, 제도는 더 섬세해야 한다.

- 책임 없는 알고리즘은 판단이 아니라 무책임의 다른 이름이다.
- 규제를 피한 플랫폼은 혁신이 아니라, 질서 밖의 특권이다.
- 디지털이 만든 격차를 보완하지 않는다면,
  정책은 '구조'가 아닌 '선언'에 머문다.

이제 금융정책이 던져야 할 질문은 분명하다:
"이 연결은 누구를 포함하고, 누구를 소외시키고 있는가?"

Ⅳ 현장 진단과 전략적 통찰

1. 정책이 놓친 장면들

《AI가 대출을 거절했을 때, 누구에게 물어야 하는가》

- 4.1 디지털 금융혁신 및 AI·데이터 활용 확대 -

30대 프리랜서 A씨는 소득도 있고 연체 이력도 없었지만, AI 대출 심사에서 거절당했다. "왜 거절됐는지", "어디에 이의제기할 수 있는지" 아무 설명도 들을 수 없었다. 기술은 판단했지만, 제도는 응답하지 않았다. AI는 판단을 했고, 금융회사는 책임을 피했으며, 정책은 그 사이에 없었다.

이 장면이 말하는 정책의 과제

- 설명 가능한 금융(XAI)의 제도화 필요
  ➜ 판단 기준·이의 절차·책임 주체 명시
- 금융회사의 책임 회피 방지 ➜ 알고리즘 결과에 대한 제도적 귀속 구조 설계
- 인간 개입 기준·사전 검증·사후 모니터링 체계 마련 필수

《망분리 규제는 풀지 않고, AI 혁신만 외친다》

- 4.1 디지털 금융혁신 및 AI·데이터 활용 확대 -

AI 기반 신용평가 시스템을 개발한 한 핀테크 기업은 테스트 과정에서 반복적으로 난관에 부딪혔다. 이유는 단 하나, 망분리 규제. 실시간 데이터를 분석하고 학습해야 할 AI 모델은 오프라인 격리망에서는 작동하지 않았다. 클라우드 기반의 실험도 불가능했다. 규제는 보안을 말하지만, 현장은 멈췄다. 결국 기술은 있었지만, 실행할 수 없었다. "AI보다 먼저 해결돼야 할 건 망분리"라는 현장의 목소리는, 지금도 유효하다.

이 장면이 말하는 정책의 과제

- 디지털 금융혁신의 제도적 병목 ➜ 물리적 격리 기반의 망분리 규제 재설계 필요
- AI 학습·실행 환경을 고려한 보안 인프라 이중 구조 설계 ➜ 실시간 처리 환경 보장 + 보안 기준 강화 병행
- 금융권 클라우드 활용 범위 확대 및 보안 인증체계 확립 ➜ 기술-신뢰 병렬 접근 가능 구조 마련
- "기술은 준비됐지만, 제도가 기술을 가둔다"는 현장의 병목 해소 ➜ 기술과 제도의 속도 정렬 필요

《디지털은 모두를 연결하지만, 모두를 포함하지는 않는다》

- 4.1 디지털 금융혁신 및 AI·데이터 활용 확대 -

70대 연금 수급자 E씨는 "앱으로만 신청 가능하다"는 말에 정책서민금융 이용을 포기했다. 지방의 소형 금융사는 공동 인프라가 부족해 디지털 전환에 뒤처지고 있다. 속도는 빨라졌지만, 그 속도에 모두가 올라탄 건 아니다. 디지털은 연결을 만들었지만, 포용은 설계되지 않았다.

이 장면이 말하는 정책의 과제

- 디지털 접근성은 공공재 수준으로 보장 ➜ 고령층·정보취약층 창구 설계 필요
- 중소 금융사 기술 인프라 공동지원 체계 구축
- 비대면 중심 구조의 이면에 있는 격차 ➜ 오프라인 보완·금융 교육 병행 필수
- 업권 중심 감독체계 ➜ 기능 중심·융합 대응형 체계로 개편 필요

《변화를 억제하는 구조 - 망분리 시대의 혁신 한계》

- 4.1 디지털 금융혁신 및 AI·데이터 활용 확대 -

금융당국 고위직조차도, "망분리 때문에 생성형 AI를 공식 업무에 활용할 수 없다"고 말한다. 정보보안을 이유로, 디지털 혁신 수단이 차단되고 있는 현실.

AI를 통한 사고 확장, 지식 생산, 정책 설계 역량 강화는 이미 민간에서는 일상이 되었지만, 공공 부문은 여전히 과거의 제약 속에 머물러 있다. 그야말로 '제도화된 무능'이 아닌가?

혁신은 기술이 아니라 의지에서 시작된다. 보안을 핑계로 혁신을 미루는 시대는 끝났다. 망분리라는 물리적 장벽을 넘어, 안전성과 혁신을 동시에 추구하는 전략적 설계가 필요하다. AI는 위험이 아니라, 통제 가능한 자산이어야 한다.

이 장면이 말하는 정책의 과제

- 망분리 정책을 무조건적 차단이 아니라, 전략적 통제로 전환해야 한다.
- 폐쇄망 전용 프라이빗 AI 구축, 안전한 연결망 허용 등 현실적 대안을 시급히 마련해야 한다.
- AI 활용은 이제 업무 편의가 아니라 국가 경쟁력 유지의 필수 조건이다. 금융당국은 금융회사 망분리 완화를 논하기 전에, 스스로 적용받고 있는 망분리 한계부터 해결해야 한다.
- 기술혁신을 가로막는 내부 규제를 혁신하고, 리더십이 직접 변화를 모델링해야 한다.
- 이러한 과제는 금융당국은 물론, 모든 부처와 대통령실도 마찬가지다.
- 세상은 이제 두 부류로 나뉜다 — 생성형 AI를 활용하는 사람과 그렇지 않은 사람. 그 차이는 조직의 생산성과 정책의 역량을 갈라놓고, 결국은 국가의 경쟁력을 가늠하게 될 것이다.

《플랫폼은 금융을 하고 있지만, 규제를 받지 않는다》

\- 4.2 AI·디지털 시대의 제도 재설계 -

소비자 B씨는 한 플랫폼에서 보험을 비교·추천받고 클릭했지만, 그게 광고인지 권유인지 명확하지 않았다. 상품 연결까지 된 뒤에도 "우리는 단순 중개자"라는 말뿐이었다. 금융사는 같은 기능에 대해 규제를 받지만, 플랫폼은 그렇지 않다. 규제의 기준은 '기능'이 아니라 '주체' 중심에 머물러 있다.

이 장면이 말하는 정책의 과제

- 실질적 금융행위(비교-추천-계약연결)에 규제 사각지대 발생
- 동일 기능 동일 규제 원칙(FSB 기준)에 따라 플랫폼 책임 구조 명문화 필요
- 공시·설명·이해상충 방지 등 소비자 신뢰 기반 행위 규제 체계화 필요

《자본시장은 왜 깊어지지 못하는가》

- 4.3 AI·디지털 시대의 자본시장 재설계 전략

혁신기업 C는 기술특례 상장을 준비했지만, 까다로운 요건과 불명확한 퇴출 기준 탓에 상장을 미루었다. 개인투자자 D는 원하는 ETF 상품을 찾지 못해 해외 플랫폼으로 자산을 이동시켰다. 복수의 거래 플랫폼이 존재하지만, 실질적인 선택권은 제한적이다. 상품은 적고, 제도는 경직돼 있다. 자율은 있지만 신뢰는 부족한 자본시장. 규모는 커졌지만, 시장은 여전히 얕다.

이 장면이 말하는 정책의 과제

- 복수 플랫폼 체계 도입 이후에도 거래 편중 지속 ➜ 실질적 경쟁 유도와 시장 다양화 정책 필요
- 스테이지별 상장 요건 및 퇴출 기준 유연화 ➜ 혁신기업의 상장 진입장벽 해소
- ETF·연금·ESG 등 실물 연계 투자상품 확충 ➜ 개인투자자 선택권 확대
- MSCI 선진국 지수 편입을 위한 외환시장 자유도·투명성 제고 ➜ 글로벌 자본 유입 여건 개선 필요

《혁신은 규제의 경계를 넘지 못했다》

- 4.4 금융산업 규제 프레임 재설계 - 낡은 틀을 디지털 시대에 맞게 정비 -

국내 A은행은 해외 빅테크 기업과의 공동 데이터 분석 플랫폼 구축을 추진했지만, 지주회사법과 자회사 규제에 막혀 결국 계획을 접었다.

같은 해 B은행은 핀테크 기업에 대한 전략적 지분 투자를 시도했지만, 비금융 주력업종 제한 규정으로 인해 10% 이상 투자조차 허용되지 않았다.

C은행의 신탁부서는 '신탁'이라는 이름 아래 사실상 금융투자상품의 재판매 채널로 전락한 지 오래다. ELT 상품을 떼다 파는 구조가 신탁 고유의 설계·수탁·운용 기능을 거의 잊게 만들었다. 이는 신탁업이 자본시장법 테두리에 갇힌 채, 새로운 자산관리 플랫폼으로 성장할 기회를 박탈당한 현실을 보여준다.

이 장면이 말하는 정책의 과제

- 금융지주회사법, 자회사 규제 등 전통적인 산업구조의 전제 ➜ 디지털-데이터 시대에 맞는 유연한 지배구조 개편이 필요하다.
- 금융회사의 핀테크·데이터 기업 전략적 지분참여 허용 ➜ 혁신의 시너지 구조를 재설계해야 한다.
- 신탁업의 기능 재정립 ➜ 정형화된 투자상품의 단순 재판매 창구가 아닌, 맞춤형 수탁·설계형 자산관리로 발전을 유도해야 한다.
- 기능 중심 인허가 체계 도입 ➜ 업권별 규제가 아닌, 서비스 기능에 따라 유연하게 움직일 수 있도록 구조를 개편해야 한다.

2. 저자의 메모 – 정책의 언어로 생각하다

《저자의 메모 | "정보는 국민의 것이라고 말하지만, 설계는 과연 누구의 것인가?"》

"정보 주권" "디지털 신뢰" "마이데이터 2.0"

우리는 익숙한 언어로 새로운 제도를 포장한다.

하지만 중요한 질문은 언제나 그 포장 너머에 있다.

■ "우리가 얻는 것은 무엇이고, 잃는 것은 무엇인가?"

금융 분야에서 일종의 정책 실험처럼 도입된
금융 마이데이터는 '정보 주권 회복'을 내세우며 출발했지만,
실제 서비스의 핵심은 '비교, 추천, 연결' 중심의 기능적 편의에 머무르고 있다.
많은 경우, 소비자의 선택권을 넓히기보다는 금융사의 마케팅 채널로 활용되고 있으며,
소비자가 직접 실행하고 통제할 수 있는 구조는 아직도 제한적이다.

그렇다면, 우리가 놓치고 있는 것은 없을까?

데이터는 국민의 것이지만, 그 해석과 실행의 권한은 특정 플랫폼에 집중되어 있다.
알고리즘은 사용자의 결정을 가장한 흐름을 설계하고,
그 결과, 소비자는 실행의 주체가 아니라 수용자로 자리잡게 된다.

'계란을 한 바구니에 담는' 디지털 리스크는 조용히, 그러나 분명히 현실화되고 있다.

모든 정책이 그렇듯,
마이데이터·디지털·블록체인 같은 화려한 수사가
'혁신'이라는 이름만으로 무조건 맹신되어서는 안 된다.
우리가 이를 통해 무엇을 얻고, 무엇을 잃을 수 있는지를 정교하게 저울질해야 한다.
편익이 리스크보다 명확하게 우위에 있을 때–
비로소 신중하면서도 과감한 정책이 가능하다.
정책은 기술에 감탄하기보다, 국민에게 설득될 수 있어야 한다.

■ 또 하나의 의문: 왜 개인정보보호위원회가 이 사업을 주관하는가?

이 문제는 이미 법제화되어 시행 중이지만,
정책의 정당성과 기능적 균형을 점검하기 위해서라도
한 번쯤은 짚고 넘어가야 할 질문이다.

개보위는 원래 정보 보호의 수문장이었다.
하지만 지금은 '정보 활용'의 설계자 역할까지 맡고 있다.

이는 기능의 혼선이자, 정책 권한의 구조적 불균형이다.
➜ 정보 활용을 촉진할 부처(예: 과기부)는 정책 설계의 뒤편에 머물고,
➜ 정보 보호를 주 임무로 삼아야 할 기관이 활용의 최전선에 나서고 있다.

정책의 균형은 '기능'과 '책임'의 분리에서 시작되어야 한다.
지금 필요한 것은 단순한 부처 간 역할 조정이 아니라, 정보 보호와 활용 사이의 권한과 책임을 어떻게 나눌 것인가에 대한 설계 철학과 구조적 원칙이다.

■ **지금 필요한 질문:**

- "모든 정보가 나에 대한 것이지만, 그 정보로 무엇을 할지 결정하는 건 정말 나인가?"
- "내가 실행한다는 착각, 실은 알고리즘이 설계한 흐름 아닐까?"
- "정보 활용의 주체와 보호의 주체는 왜 뒤섞여 있는가?"
- "디지털 금융의 신뢰는 속도가 아니라, 올바른 질문에서 시작된다."

그리고 정책이 가장 먼저 던져야 할 질문은 이것이다:

"정보는 국민의 것이라고 말하지만, 그 정보를 어떻게 수집하고 해석하고 활용할지를 '설계'하는 권한은 과연 누구에게 있는가?"

《저자의 메모 | 제도는 선진화되었는데, 시장의 신뢰는 왜 멈춰 있는가》

- "정책은 쏟아지는데, 시장은 왜 요지부동인가?"

밸류업 프로그램, 상법 개정, 충실의무 강화 추진, ESG 경영 촉진, 중소기업 자금조달 지원.
우리는 수년째 자본시장 선진화를 외쳐왔다.

하지만 정작 시장은 묻는다.
"도대체 뭐가 달라졌는가?"
주가는 움직이지 않고, 소수주주는 여전히 소외되고,
중소기업은 여전히 IPO가 어렵고,
기업은 투자자의 신뢰를 사는 법을 잘 모른다.

정책은 분명 쏟아졌다.
그러나 그 정책들이 믿을 만했는가,

시장과 생활 속에서 작동했는가,
투자자와 기업이 '진짜 바뀌었다'고 느꼈는가 –

이 물음에는 대답이 없다.

정책이 선진화를 외칠수록, 시장은 더 냉소적으로 변해간다.
왜일까?

- 정책은 방향을 제시하지만, 설계가 얕다.
- 지배구조 투명성을 말하면서, 실제 권한구조는 손대지 않는다.
- 소수주주 보호를 강조하지만, 현실의 의결권은 여전히 힘 없는 제도다.
- 기업의 신뢰를 만들기보다, 단기 실적 압박으로 끝나기 쉽다.

그리고 결정적으로,
정책이 시장을 설득하려 하지 않는다.

정책의 언어는 제도의 이름을 바꾸는 데 머물고,
시장의 언어는 수익률과 신뢰를 찾는다.
이 둘 사이에 해석자도, 설계자도, 조정자도 없다.

코리아 디스카운트는 숫자의 문제가 아니라, 신뢰의 문제다.
정치는 흔들리고, 기업은 닫혀 있고, 정보는 선택적으로 주어진다.
그걸 바꾸지 않고는, 아무리 예쁜 이름을 붙여도
시장은 움직이지 않는다.

우리가 진짜로 바꿔야 할 것

1. 주주환원 정책의 실질화
   - 기업의 재무 전략에 '신뢰 기반 분배정책(예: 배당 정책 공시, 환원 가이드라인 준수)'이 포함되도록 유도

2. 지배구조의 투명성 확보
   - 사외이사 수를 늘리기보다, 이사회의 실질적 견제·의결력 재설계
   - 감사위원 분리선출 ➜ "감사위원 권한이 무엇을 감시하고 어떻게 행동할 수 있는가"까지 제도화

3. 소수주주 보호 장치의 실효성 확보
   - 의결권 강화와 전자투표 의무화는 소수주주 보호를 위한 기본적인 조치
   - 주총 자료 표준화, IR 개선, '주주권 교육' 의무화 등 정보 접근권 실질 보장

4. 중소·벤처기업의 시장 접근성 개선
   - 스테이지별 상장 요건 설계, '조건부 상장-성과 연동' 구조 도입 검토
   - 제도 변경 전, 시장 참여자 검토 및 의견 수렴 의무화

5. 정책의 일관성과 신뢰성 유지
   - 정책 일관성을 위한 '정권 중립형 자본시장 개혁위원회' 상설화
   - 제도 변경 전, 시장 참여자 검토 및 의견 수렴 의무화

"자본시장은 단기 성과가 아니라, 장기 신뢰로 움직인다."

진짜 선진화는 '주가 상승'을 만드는 게 아니라,
'시장에서 신뢰가 오르는 구조'를 만드는 일이다.

《저자의 메모 | 규제는 구조다 – 왜 금융의 그릇을 다시 설계해야 하는가》

- "금융의 상상력은, 규제의 프레임을 넘지 못한다."

금융은 지금, 산업과 기술, 서비스의 경계가 무너지는 시대에 들어섰다.
그런데 제도는 여전히 과거의 틀을 크게 벗어나지 못하고 있다
금융지주회사 규제, 금산분리, 전업주의, 부수업무 제한 –
이 네 가지 규제 구조는 오늘날 금융의 융합과 혁신을 가로막는 시스템적 장벽이 되고 있다.

1. 금융지주회사 규제는 지나치게 경직되어 있다.

지주회사는 본래 다양한 자회사의 시너지를 유기적으로 결합하고,
내부 자원을 효율적으로 활용하기 위한 기업 구조다.

하지만 한국의 금융지주회사법은
- 자회사·손자회사 범위 제한,
- 고객정보 공유 제한,
- 임직원 겸직 제한,
- 내부거래 및 공동사업 제한 등

등으로 인해 그룹 내 지주, 자회사 간 유기적 연계가 쉽지 않다.

"지주는 존재하지만, 그룹은 없다."

특히, 디지털 전환, 고객 중심 통합 서비스가 핵심인 시대에는
그룹 차원의 통합 전략과 시너지가 뒷받침되지 않으면 글로벌 경쟁력은 요원하다.

2. 금산분리 규제는 이분법적 사고를 강제한다.

산업과 금융의 융합은 이미 현실이다.
중요한 건 "누가 하느냐"가 아니라 "어떻게 통제하느냐"다.

금융-비금융 융합 서비스, 핀테크와의 제휴,
혁신 산업에 대한 전략적 지분 투자 등은
포지티브 방식이 아닌 목적 기반 네거티브 규제로 설계될 필요가 있다.

"금산분리는 목적기반 네거티브 프레임으로 바뀌어야 한다."

3. 전업주의는 이제 금융환경 변화에 맞춰 유연하게 재설계되어야 한다.

업권 간 경계를 완전히 허물자는 것이 아니다.
다만, 다양한 융합 서비스와 금융 혁신이 요구되는 지금,
지나치게 경직된 겸업 제한은 오히려 시장의 활력을 가로막을 수 있다.

전업주의의 완화는 단순한 규제 철폐가 아니라,
업권 간 공정성과 신뢰를 지키면서도 혁신적 기능을 열어줄 수 있는 방향으로 논의되어야 한다.

물론, 업권 간 '밥그릇 충돌'이라는 현실적 제약도 있다.
그렇기에 더더욱, 정부가 원칙과 절차를 명확히 제시하며 사회적 합의를 주도해나가는 것이 필요하다.

유럽 주요 국가, 홍콩, 싱가포르 등은 유니버셜 뱅킹 체제를 채택하고 있다.
은행은 증권, 자산운용 등과 함께 활동하며,
리더들은 업권을 넘나드는 리스크, 고객 행태, 시장 흐름을 종합적으로 조망한다.

반면 한국은
- 업권 간 벽이 너무 높고 겸업 허용이 제한적이며,
- 비금융 신사업은 언제나 '부수업무 허가'라는 관문을 거쳐야 하며,
- 겸영업무 규제 완화는 '밥그릇 논쟁' 탓에 아예 아젠다에도 오르기 어렵다.

결국 금융은 융합을 말하고 있지만
제도는 여전히 분리를 강제하고 있다.

4. 신탁업은 전업주의 규제가 혁신을 가로막고 있는 대표적인 금융 분야다.

신탁은 단순한 재산관리 수단이 아니다.
고령화, 가업승계, 복합 금융서비스 수요가 커지는 시대에,
신탁은 가장 전략적인 대응 수단이자,
다가오는 금융환경에 가장 부합하는 업권이다.

하지만 현재는 자본시장법 내에서 제약된 틀에 머물러 있어서
- 독립 업권으로서의 정체성도,
- 융합 서비스로서의 확장성도

갖지 못한 채 정체되어 있다.

"신탁업은 지금, 맞지 않는 옷을 입은 채 뛰지 못하고 있다."

■ 지금 필요한 것은 '조정'이 아니라, '재설계'다.

- 금융지주회사 규제는 그룹 단위 통합 경영을 가능케 해야 한다.
- 금산분리는 부수업무 규제를 중심으로 네거티브 원칙으로 전환돼야 한다.
- 전업주의는 글로벌 경쟁 환경에 맞게 겸영업무 허용 범위를 넓혀야 한다.
- 신탁업은 자본시장법 밖에서 독립 업권으로 재정립하는 방안을 검토해야 한다.

■ 핵심 메시지:

- 규제는 금융의 행위보다 깊은, 금융의 구조를 지배한다.
- 혁신은 아이디어보다, 시스템에서 먼저 시작된다.
- 금융은 이미 융합됐지만, 규제는 여전히 분리돼 있다.
- 진짜 금융혁신은 업권을 넘어설 때 시작된다. 그리고 그 첫걸음은, 규제의 리디자인이다.

《덧붙이는 메모 | 전업주의 개혁이 더 어렵고 더 중요한 진짜 이유》

금융회사는 본질적으로 금융업을 가장 잘 아는 조직이다.
즉, 데이터·고객·상품·채널을 기반으로 한 금융 내 인접 서비스 간 융합이야말로
비금융 진출보다 훨씬 더 높은 시너지와 혁신 가능성을 가진다.

이런 맥락에서 보면, 실제 금융회사에게 더 본질적인 제약은
금산분리 규제(부수업무 제한) 보다
전업주의 규제(금융 내 겸업 제한)에 있다.

이는 먹거리와 혁신의 기회를 가로막는 핵심 구조이자,
디지털 전환기의 금융 전략을 제한하는 결정적 장벽이다.

그러나 아이러니하게도,
전업주의 개혁은 오히려 부수업무 규제 완화보다 훨씬 어렵다.
왜냐하면 이 규제는 금융업권 간 이해관계가 직접적으로 충돌하는 지점이기 때문이다.
은행-증권-보험-운용 등 각 업권 협회는
자신의 시장을 지키기 위한 '업권 국경선' 방어 심리가 강하게 작용하고 있고,

이로 인해 업권 간 '빅딜'이나 겸업 허용 논의는 정치적 부담이 크고 정책 의제에서도 자주 후순위로 밀린다.

실제로 유럽이나 홍콩, 싱가포르의 금융그룹은
상업은행, 투자은행, 운용업무 등을 통합적 구조로 운영한다.
이런 구조에서 경영진은 산업과 고객을 입체적으로 바라볼 수 있으며,
신사업과 글로벌 확장에 능동적으로 대응하고 시장을 선도할 수 있다.

반면, 한국은 전업주의 규제로 인해
같은 금융그룹 안에서도 기능 간 연결과 협업이 사실상 단절되어 있다.
예컨대, '은행의 IB부서'는 이름만 같을 뿐,
글로벌 IB가 수행하는 기업금융·M&A 기능과는 구조적으로 거의 닿아 있지 않다.
실제로는 PF(프로젝트 파이낸싱) 대출 기능에 국한되어 있는 경우가 대부분이며,
증권사의 본격적인 IB 기능과도 전략적 연계는커녕 실무적 교류조차 드물다.

이는 라이선스 체계와 전업주의 규제가 맞물려,
은행이 '진정한 의미의 IB 업무'를 수행하기 어렵도록 구조화되어 있기 때문이다.

이처럼 금융업이 구멍가게식으로 분절되어 있는 한,
글로벌 경쟁력을 확보하기는커녕 내부의 비효율조차 해결하기 어렵다.

결론적으로, 전업주의 개혁은

가장 근본적인 전략 제약을 풀어야 하는 지점이며,
동시에 가장 견고한 기득권의 저항이 있는 지점이다.

☞ 그렇기에 전업주의 개혁은 단지 규제완화의 문제가 아니라,
정책 설계자가 금융혁신의 구조적 비효율과 정면으로 마주하는 용기의 과제다.
정부는 중립적 원칙과 공정한 절차를 바탕으로,
업권 간 갈등을 조정하고 균형 잡힌 금융혁신의 협력 구도를 설계해 나가야 한다.

《저자의 메모 | 규제는 왜 개혁되지 않는가 - 책임 없는 개혁의 끝》

- "결정의 무게를 지려 하지 않는 개혁은, 그저 보도자료로 끝난다."

금산분리, 전업주의, 금융지주회사 규제, 숨은 행정지도.
우리는 수십 년 동안 이 규제들을 개혁하겠다고 말해왔다.
그런데 지금, 무엇이 바뀌었는가?

나는 이렇게 생각한다.
규제 개혁이 실패하는 가장 큰 이유는 하나다.
"책임지는 사람이 없기 때문이다."

더 정확히 말하자면 -
디지털 환경이 갈수록 복잡해지는 반면,
개혁을 추진하는 주체의 전문성은 점점 약해지고,
결정을 내릴 자신감도 부족하며,
결국 책임을 지려는 주체조차 사라지고 있다.

금융당국은 말은 앞서고, 실행은 늘 망설였다.
"민간의 건의를 수렴했다."
"몇 건을 정비하고, 몇 건은 장기 검토하겠다."
하지만 그 말 뒤에 숨은 진실은 이것이다.
"이걸 했다가 잘못되면, 내가 책임져야 하잖아."
그래서는 아무것도 바뀌지 않는다.

규제 개혁이 성공하려면, 다음 네 가지가 필요하다.

1. 급격한 디지털 환경 변화에 대응할 수 있는 전문성 중심의 거버넌스
   ➜ 기술과 제도의 간극을 메울 수 있는 실질적 정책 설계 역량이 전제되어야 한다.

2. 결과를 반드시 만들어내겠다는 전문성과 자신감
   ➜ 방향이 아니라, 결과를 만들어내는 능력과 태도가 중요하다.

3. 끝까지 가겠다는 정책적 의지
   ➜ 개혁은 '시작'보다 '완수'가 더 어렵다. 의지가 없으면, 아무리 훌륭한 안도 공론에서 사라진다.

4. 잘못되더라도 감당하겠다는 책임감
   ➜ 혁신은 언제나 실패의 가능성을 내포한다. 문제는 실패가 아니라, 책임을 지지 않는 태도다.

이러한 네 가지 조건이 충족되었다면,
설령 그 개혁이 완전히 성공하지 못하더라도,
감사원이나 언론은 그 시도 자체에 대해 충분한 관용과 지지를 보내야 한다.

왜냐하면,
진짜 문제는 실패가 아니라 아무것도 하지 않는 것이며,
책임을 지기 싫어 아무 결정을 내리지 않는 무기력한 행정이야말로
감사와 비판의 우선 대상이 되어야 하기 때문이다.

정책은 정답의 경쟁이 아니라, 책임의 경쟁이어야 한다.

규제 개혁은 '몇 건'의 문제가 아니다.
어떤 구조를, 어떻게 바꾸느냐의 문제다.
그동안 말은 많았지만, 결과는 드물었고
방향보다 형식이 앞섰다.
백화점식 나열, 실적 중심 보도자료,
재탕·삼탕·사탕으로 포장된 '개혁'은, 진짜 개혁이 아니다.

그리고 진정한 개혁은 '수용'보다 '설명'에 있다.
민간이 건의한 과제를 정부가 받아들이지 않을 수도 있다.
그러나 그 경우, 실무자가 아닌 정책의 수장이 정면으로 설명해야 한다.
'규제개혁 반대 실명제'를 오히려 도입할 필요가 있지 않을까.

또한, 규제개혁의 입증책임 역시 민간이 아닌 금융당국이 져야 한다.
지배구조법에 담긴 'tone at the top' 원칙은 금융회사에만 적용될 것이 아니라,
금융당국에도 똑같이 적용되어야 한다.
책임 없는 리더십이 반복되면, 개혁은 구조가 아니라 구호로만 남는다.

무엇보다 중요한 건,
민과 관이 '대등한 구조' 안에서 논의하는 시스템이다.
이름만 '민관합동'이 아니라,
민간의 언어와 요구가 정책으로 번역되는 실질 구조.

마지막으로 감사원에도 제안하고 싶다.

정말로 지금의 정책 감사 방식에는 개선이 필요하다.
감사는 "정책 실패"가 아니라, "정책 포기"를 겨냥해야 한다.
혁신을 위한 시도는 실패할 수 있다.
그러나 아무것도 하지 않는 보신 행정은 반드시 검토되고 책임이 물어져야 한다.

■ **정리하면,**

1. "규제 개혁은 숫자가 아니라 구조의 문제다. 그리고 그 구조는 사람이 만든다."
2. "민간은 아이디어를 제공할 수 있지만, 시스템을 바꿀 책임은 금융당국의 몫이다."
3. "금융정책은 위험 회피가 아니라, 미래의 질서를 그리는 일이다."
4. "정책의 설계도는 기술이 아니라 책임의 손에 있어야 한다."
5. "누가 설계하는가가 방향을 결정하고, 누가 책임지는가가 결과를 만든다."

진짜 개혁은 '제도'를 바꾸는 것이 아니라, '태도'를 바꾸는 일에서 시작된다.

《저자의 메모 | 처음엔 혁신이라 불렸지만, 나중엔 리스크였다》

- "새로운 질서를 식별하지 못하면, 정책은 늘 한발 늦는다."

핀테크, 빅테크, 가상자산, NFT, 조각투자, 생성형 AI, 디지털 토큰.
디지털 시대, 금융은 하루에도 몇 번씩 새로운 얼굴로 등장한다.
예전처럼 규제 대상이 금융회사에만 국한되던 시대가 아니다.
이제 '누가 금융을 하는가'는 끊임없이 바뀌고 있고,
그 변화는 제도보다 빠르고, 규제보다 유연하며,
때로는 소비자의 판단보다도 더 빨리 시장에 스며든다.

그러나 문제는 '정책의 스탠스'다.
많은 신기술이 혁신이라는 이름으로 등장하지만,
실제 작동은 리스크를 동반한다.
이때, 정책이 처음 어떤 프레임으로 접근하느냐가
이후의 제도화 방향을 결정짓는다.

- 가상자산의 감독을 어느 행정기관도 나서지 않아 규제 공백이 있던 시기,
- 조각투자를 '음악 IP 혁신'이라 소개하던 보도자료.
- 소비자 보호보다 생태계 조성에 방점을 찍던 초기 정책들.
- 팝펀딩 - 금융당국이 '혁신 동산금융'으로 소개했지만, 이후 허위 담보평가와 사기로 550억 원 피해 발생.

이 모든 장면이 말해주는 것은 단 하나다:
"새로운 리스크를 너무 늦게 알아봤다."

■ 왜 이런 일이 반복되는가?

1. 금융 주체의 변화에 대한에 대한 정책 인식의 지체
   → 이제 금융을 하는 주체는 더 이상 금융회사만이 아니다.
   플랫폼, 빅테크, 핀테크 기업 등 다양한 주체들이 사실상 금융 기능을 수행하고 있다.
   → 그러나 규제 시스템은 여전히 '면허·인허가 중심의 프레임'에 갇혀 있다.

2. 기술 발전의 속도와 법·제도의 대응 속도 간 괴리
   → 신기술은 하루가 다르게 등장하지만, 법제도는 여전히 과거의 언어와 틀 안에 있다.
   → 금융당국은 그 변화에 실시간으로 대응할 체계를 갖추지 못하고 있다.
   → 공무원 개인의 전문성이나 인식 차원을 넘어, 정책 시스템 자체가 기술의 진화를 따라가지 못하는 구조적 문제가 누적되고 있다.

➔ 그리고 이 구조적 한계 위에서, 책임을 지려 하지 않는 리더십의 부재가 판단 지연과 정책 실패를 반복시키고 있다.

3. 혁신과 리스크 사이에서 초기에 판단을 회피한 결과
   ➔ 신기술은 그 자체로 방향과 영향을 지닌다. 중립적인 존재가 아니다.
   ➔ 처음에 혁신으로 포장되면, 나중에는 기득권화되어 손대기 어렵다.

4. '식별보다 홍보'가 앞서는 정책 접근과 언론의 태도
   ➔ 실체가 확인되기 전에 "미래의 산업"이라 칭해버리는 오류
   ➔ 정책 당국의 검증 이전에, 언론이 '혁신'이라는 프레임을 앞서 덧씌우는 관행도 문제
   ➔ 제도 설계는 '지원'보다 '정의'가 먼저여야 하며, 언론 역시 정책의 촉진자가 아니라 감시자로서 제 역할을 해야 한다.

■ 필요한 변화는 무엇인가?

✔ 금융위원장 직속의 '신종 리스크 식별·대응 전담팀' 구축
✔ 신기술·신상품의 제도 적합성 평가를 위한 사전 테스트 기준 마련
✔ 예컨대, 다음과 같은 질문을 초기 판단의 기준으로 정례화할 필요:

질문(제도화 적합성 테스트)	설명
이 서비스는 금융의 어떤 기능을 수행하는가?	자금중개, 리스크 분산, 가치 저장 등 본질적 기능 여부
이 서비스는 금융소비자의 편의와 선택을 확대하는가?	단순 유사 기능이 아닌, 새로운 가치 창출 여부
금융소비자의 권익이나 시장 안정성을 해치는 요인은 없는가?	불완전판매, 불투명 구조, 내부자 이익 편향 등
혁신성과 리스크가 공존한다면 어느 쪽이 비중이 더 큰가?	정책의 비교형량 기준은 무엇인가? 어떤 선을 넘을 경우 금지할 것인가?

이제는 기술보다 중요한 것이 초기 식별의 안목이고,
정책의 성공 여부는 "누가 먼저 리스크를 정의하는가"에 달려 있다.
늦게 알게 된 리스크는 항상 가장 비싼 대가를 요구한다.

■ 그리고 이제는, 판단 이전에 '정의'와 '테스트'가 필요하다.

미국 SEC의 '하위 테스트(Howey Test)'처럼, 우리에게도
'혁신인가 리스크인가'를 가려낼 사전 식별 프레임이 필요하다.
디지털 금융이 매일 새로운 얼굴로 나타나는 시대,
정책의 승부는 속도가 아니라 식별력에서 결정된다.

■ **핵심 정리**

1. 새로운 질서는 '금융 주체'와 '기능'의 변화를 먼저 감지하는 데서 시작된다.
2. 정책은 혁신에 앞서, 어떤 기준으로 움직일지를 먼저 결정해야 한다.
3. 리스크는 늦게 식별될수록 제도화의 비용이 커진다.
4. 디지털 시대의 금융정책은 기술보다 책임 있는 초기 판단의 체계를 만들어야 한다.

《저자의 메모 | 전문성이 없는 거버넌스는, 변화에 따라갈 수 없다》

.

- "디지털은 진화하고 있는데, 정책은 아직도 '사람 돌리기'에 머물러 있다."

지금 금융은 하루가 다르게 변하고 있다.
핀테크가 대출을 만들고, 플랫폼이 금융의 창구가 되며,
AI가 인간보다 먼저 판단을 내리는 시대.

그러나 정책은 여전히 1990년대 방식에 갇혀 있다.
업무 순환, 직렬 중심 승진, 제너럴리스트 중심 인사 구조.
이런 방식으로는 더 이상 기술을 읽는 정책, 시장을 설계하는 제도를 만들기 어렵다.

■ **왜 정책은 디지털을 따라가지 못하는가?**

대표적인 예가 망분리 규제 완화 논의다.
AI 도입은 외치면서, 이를 가능하게 할 제도는 아무도 설계하지 않는다.
왜일까?
정책 결정자들이 기술을 제대로 이해하지 못하기 때문이다.
➜ 자신감이 없다.
➜ 책임을 회피하게 된다.
➜ 정책은 멈추고, 시장은 통제 없이 움직인다.

이 상황을 전문가 몇 명 채용한다고 해결될까?
나는 아니라고 본다.

지금 필요한 것은 단순히 '기술을 아는 사람'이 아니라,
기술과 제도, 법과 조직, 소비자와 시장을 함께 읽을 수 있는 '융합형 전문가'다.

■ **그렇다면, 해법은 무엇인가?**

1. 자격 기반 정책 인프라 구축
   - 디지털 자산, AI 금융, ESG, 핀테크 등 세부 분야별 전문 자격 체계 마련
   - 미국의 CFA·FRM, 국제적 자격인 CIIA, 영국의 CISI 같은 전문 금융 자격에서 배울 것

2. 커리어 패스 중심의 융합형 인재 육성
   - 정책·기술·소비자보호·리스크 관리 등 교차 순환 트랙 설계
   - 단기 파견이 아닌 장기 성장형 경로 설계

3. 민·관 경계 허물기 - 공정한 채용과 순환
   - 민간 전문가의 제도권 진입 경로를 확장
   - 낙하산 아닌 공정한 자격 기반 경쟁 시스템 도입
   - 해외처럼 필요할 때 전문가를 즉시 쓰는 구조 마련

4. 전문성이 존중받는 거버넌스 문화
   - 의사결정 테이블에 전문가를 올리고,
   - 그들에게 실질적인 권한과 책임을 부여해야 한다

➜ "사람을 키운다"가 아니라 "제도 안에서 사람이 커질 수 있게 한다"는 구조 전환

■ **그리고 마지막으로 중요한 것:**

"전문가를 영입하는 것"보다 중요한 건,
그 전문가를 어떻게 '활용할 것인가'의 문제다.

정부는 디지털·IT·리스크·국제규범 등
세부 분야별 역량을 정량적으로 검증할 자격체계를 만들어야 하며,
민간은 이를 인사와 인센티브에 적극 반영하고,
정부는 정책 설계와 판단 중심에 그 전문가를 위치시켜야 한다.

"전문성을 존중하지 않는 조직은, 전문가를 데려와도 아무 일도 일어나지 않는다."

■ **정리 메시지**

- 기술은 혼자 오지 않는다. 늘 정책, 법률, 시장, 사람과 함께 움직인다.
- 정책이 기술을 따라가려면, 기술을 해석할 수 있는 사람이 제도 속에 있어야 한다.
- 전문가는 한순간에 만들어지지 않는다. 생태계와 경로, 자격과 문화–그 모든 것이 함께 설계돼야 한다.
- 정책 실패는 자연스러울 수 있다. 그러나 실패가 반복되는 이유는, 기술을 모르고, 시장을 읽지 못한 채 설계했기 때문이다.
- 디지털·융합의 시대에는 '융합형 전문가'의 육성과 활용이 매우 중요하다.

➜ 제5전략의 《저자의 메모 | 융합형 전문가 없이 복잡성은 통제되지 않는다》 참조

이제 남은 질문은,
'이 모든 정책과 전략은
과연 어떻게 작동하는가?'이다.
금융은 하나로 연결되어 있지만,
감독은 여전히 분절되어 있고,
제재는 명확히 설명되지 않았다.
이제는 제도의 문법 자체를 바꿔야 한다.
그리고 그 마지막 전략은,
바로 '금융행정 체계의 재설계'다.

제5전략

정책이 작동하는 행정인프라 재설계 전략

"좋은 정책은 제대로 작동하는 실행의 구조를 설계할 때 완성된다."

I 제5전략의 문을 열며

왜 이 전략인가? :

좋은 정책은 단순한 설계만으로는 완성되지 않는다.
그것이 어떻게 집행되고,
어떻게 감독되며,
어떤 방식으로 신뢰를 형성하느냐에 따라 지속성과 실효성이 결정된다.

지난 몇 년간, 금융정책은 위기 시에는 빠르게, 평시에는 유연하게 움직였다.
하지만 그 이면에서는 다음과 같은 구조적 한계와 병목도 함께 드러났다.

● 금융행정 기능의 혼재

한국의 금융행정 체계는
금융정책과 금융감독 기능이 제도적으로 분리되지 않은 채
혼재된 구조 위에 있다.[56)]
금융위원회와 금융감독원 모두가 금융정책과 금융감독 기능을 동시에 수행한다.

56) 정책과 감독의 구분은 이론적으로는 가능하나, 현실에서는 종종 교차되거나 유기적으로 얽혀 있는 경우가 많다. 다만, 전자가 주로 미래를 설계하려는 기능이라면, 후자는 과거를 분석하고 판단하는 기능에 가깝다.

이로 인해 정책-감독 기능 간 역할 구분이 불명확하고
기능별 책임 구조도 모호하다.
이는 주요국들이 정책기관과 감독기관을 제도적으로 분리해
견제와 전문성을 이중 구조로 설계한 것과는 대조적인 특징이다.

● 감독 기능 내부의 비분화

또한 감독 내부에서도
건전성 감독과 금융소비자 보호 감독이 분화되지 않은 채 운영되고 있다.
이는 금융회사 중심의 건전성 판단이 소비자 보호와 충돌하거나
금융소비자 보호가 후순위로 밀리는 문제를 낳고,
위기 시에 감독 행위가 어느 가치를 우선해야 하는지를 불분명하게 만든다.

● 디지털 환경과 구조 불일치

게다가, 디지털·플랫폼 기반의 융합 금융이 빠르게 확산되는 지금,
기존의 업권 중심 규율, 제재 위주 감독, 정책-감독 혼재형 구조는
현실과 맞지 않는 '시차와 구조 불일치'를 확대하고 있다.

지금 필요한 것은 새로운 정책이 아니다.
필요한 것은 정책이 지속 가능하게 작동할 수 있도록 뒷받침하는
행정·감독의 구조 설계다.
감독은 권한이 아니라 시스템이며,
신뢰는 말이 아니라 작동하는 구조에서 만들어진다.

전략의 흐름과 설계도:

> 금융행정 분화 ➜ 규율 재설계 ➜ 책임 투명화 ➜ 참여 확장 ➜ 제재 선진화

제5전략은 금융정책의 지속가능성을 '제도적 신뢰'로 뒷받침하는 전략이다.
이는 정책의 설계뿐 아니라,
그 실행 구조와 규율 체계까지 포함하는 총체적 개편이다.

다음의 5개 축으로 구성된다:

5.1 금융행정 인프라 재설계와 기능의 분화

➜ 정책과 감독 기능도 제도·기관 내에서 분화 필요:

- 금융위원회를 '금융혁신부' 형태의 독임제 행정청으로 전환하여, 정책 기능의 책임성과 방향성을 강화
- 금융위의 조직을 금융정책실-금융감독실-총괄조정실 등으로 재편
- FIU는 별도의 기능 기관으로 완전 독립기관화(예: 총리실이나 법무부 소속)

➜ 건전성 감독과 소비자 보호 감독을 기능적으로 분리하는 쌍봉형 구조 설계. 기능 분리를 통해 소비자 보호 기능이 사전심사 및 위험탐지와 연계되어 독립적·전문적으로 작동하도록 구조를 정비.

➜ AI·디지털 혁신 시대에 걸맞은 금융행정 리더십 체계 재정비

5.2 기능 중심 감독체계로의 전환 - 융합 시대의 규율 인프라 구축

➜ 동일기능-동일규제 원칙 정착

➜ 핀테크, 플랫폼, 융합형 모델 전반에 대해
기능중심-행위중심 감독체계로 전환

➜ 업권 경계로 인한 규제 공백 해소

5.3 금융당국의 책임성과 투명성 확보 - 감독도 설명 가능해야 한다

➜ 감독과 집행도 설명 가능하도록 재설계

➜ 정책 성과와 감독 집행을 데이터 기반 지표로 평가

➜ 국민이 이해할 수 있는 투명한 정책 집행 구조 설계

5.4 민간과 함께 설계하는 집행 거버넌스

→ 민관이 함께 설계하고, 이행하고, 평가하는 규제 혁신 플랫폼
→ 민관 TF, 공동 이행계획, 정례 피드백 구조 상설화
→ 개혁은 선언이나 일회성 이벤트가 아니라, 일상적 구조로 작동해야 한다.

5.5 금융감독·제재의 공정성·투명성 강화 – 강한 제재보다 예측 가능한 집행

→ 제재의 목적은 징벌이 아니라, 질서 회복과 규범 정립
→ 명확한 기준, 비례 원칙, 절차적 정당성 확보
→ 감독·제재 신뢰의 핵심은 일관성과 예측 가능성

제5전략 요약: "좋은 정책은 설계가 아니라 작동으로 완성된다. 정책이 작동하는 구조를 설계하라."

하위전략	핵심 개념	정책 방향
5.1 금융행정 인프라 재설계와 정책·감독기능 분화	정책과 감독 기능, 건전성과 소비자보호 기능의 분화 및 전문화	금융정책-감독 기능 분리 및 금융혁신부 전환 + 연성형 쌍봉 모델(소비자보호 조직 강화) + FIU 기능 독립 및 정보 연계 강화 + 디지털 리더쉽 재설계
5.2 기능 중심 감독체계로 전환	업권 중심 규제를 넘어, 동일기능-동일규제원칙 적용	기능 중심 감독 원칙 정착 + 플랫폼·핀테크 등 융합형 모델 대응 체계 설계 + 규제 사각지대 해소 및 행위 기반 감독 강화
5.3 금융당국의 책임성과 투명성 확보	정책 집행의 투명성과 성과 중심 운영	정책 공개성 확대 및 성과 평가 연계 + 감독 행위의 설명 책임 강화 + 데이터 기반 집행 평가 체계 구축
5.4 민간 참여형 규제혁신 구조화	민관이 함께 설계하고 평가하는 규율 구조	민관 TF 상설화 + 공동 이행계획 수립 + 업권별 정기 피드백 시스템 도입·제도화 + 규제개혁 이행성과 평가 구조화
5.5 예측 가능한 제재와 신뢰받는 규율 체계	제재의 목적은 질서 회복과 신뢰 설계	비례원칙 + 명확한 기준 + 절차적 정당성 기반 제재 시스템 정비

Ⅱ 제5전략은 이렇게 작동한다

5.1 금융행정 인프라 재설계와 기능의 분화

"정책과 감독, 건전성과 보호 - 기능이 분화돼야 신뢰가 작동한다."

전략의 첫 장면

"정책은 방향을 가리키고, 감독은 브레이크를 밟는다.
그런데 금융위도 정책과 감독을 동시에 행사하고, 금감원도 마찬가지다.
두 기관의 역할은 구분하기 어렵고, 종종 엇박자를 내기도 한다.
결국, 책임도 구분되지 않는다."

금융에는 늘 책임의 목소리가 뒤따른다.
하지만 그 책임은 대부분 사건이 터진 뒤, 소비자에게 돌아간다.

또한, 혁신과 리스크는 처음엔 쉽게 구분되지 않는다.
그러나 이 판단을 실기하면, 혁신은 억제되고 리스크는 방치된다.

그러면, 정책 실패는 왜 반복될까?
그 이유는 세 가지 구조적 문제에서 비롯된다.

첫째, 금융정책과 금융감독의 기능이 분화가 미흡하다.
정책은 방향을 잡고, 감독은 리스크를 감시·감독해야 하지만,
현실에서는 같은 사안에 대해 금융위나 금감원이나 모두
정책적 판단과 감독적 판단의 구분이 모호하다.
결과적으로 DLF, 사모펀드, 공매도, 디지털 중개 플랫폼 같은 이슈에서
금융위와 금감원은 기능과 역할을 나누지 못하고,
책임도 구분하지 못한 채 엇박자와 혼선으로 반복됐다.

> 금융정책은 산업 육성, 혁신 촉진, 제도 설계, 시장 안정, 정책금융 등을 담당하며 주로 '기회'에 초점을 둔다. 반면 금융감독은 리스크 관리, 건전성 유지, 규제 집행, 영업행위 감독, 소비자 보호 등을 맡으며 주로 '위험'에 초점을 둔다. 이 두 기능이 명확히 분화되지 않으면, 정책은 위험을 지나치게 낙관하고, 감독은 기회를 과도하게 억제하게 되며, 결국 시장에는 혼란만이 남게 될 수 있다.

둘째, 건전성 감독에 소비자 보호 기능이 종속돼 있다.
건전성 감독은 금융회사의 지속 가능성을,
소비자 보호는 개별 이해관계자의 피해 방지를 목적으로 한다.
하지만 현실의 감독 조직은 건전성 감독에 초점이 맞춰져,
소비자 보호는 "부속"으로 다뤄진다.

그 결과는 반복됐다 -
상품의 설계 단계가 아닌, 판매 단계에 치우친 규제
설명 부족, 내부통제 미비, 피해 발생 후의 뒷북 대응.

> 금감원 내 금융소비자보호처는 독자적인 법령·감독규정의 제·개정 권한 등 실질적인 권능을 갖추었다고 보기 어렵다. 금융소비자 보호 기능이 제 역할을 하려면, 건전성 감독 기능과 대등한 수준의 권한과 위상을 확보하는 것이 전제돼야 한다.

셋째, FIU는 독립성과 전문성을 갖추지 못했다.
범죄와 자금세탁은 기술로 진화하고, 가상자산 기반 금융범죄는 국경을 넘지만,
FIU는 여전히 금융위 내 부속 조직에 머물고 있다.
단기 파견 인력, 기술 기반 분석 역량 부족, 독립성 없는 구조 속에서
FIU는 '정보 전달자' 이상도 이하도 아니다.
대한민국 어디에도 디지털 금융범죄에 통합적으로 대응할 조직이 보이지 않는다.

- FIU는 자금세탁방지와 디지털 금융범죄 억제를 중심 임무로 삼고, 그에 맞는 시각으로 사안을 해석하고 집행해야 한다. 그러나 지금처럼 금융위원회 산하 조직으로 편입된 상태에서는, FIU가 소비자 보호를 걱정하고 금융혁신을 고려하는 모습이 종종 목격된다. 이는 단순한 오작동이 아니라, 독립성과 중립성, 기술적 전문성을 갖추지 못한 구조에서 비롯된 필연적 결과다.

지금 필요한 금융행정 인프라 개편 방향은 다음과 같다:

① 금융정책 컨트롤타워 강화 – '금융혁신부' 전환 및 조직운영 자율성 제고

➜ "금융정책 기획·조정 중심의 전략 부처로, 금융정책 컨트롤타워 재설계"

현재 금융위원회[57]는 위원회제 특성상 의사결정과 책임이 분산되어 있으며, 현실적으로 합의제·견제·신중성이라는 장점보다, 의사결정 지연·책임 분산·민첩성 부족이라는 단점[58]이 더 부각되고 있는 상황이다. 따라서, 혁신의 방향을 명확히 설정하고, 정책 집행의 속도를 높이기 위해서는 '금융혁신부(가칭)'와 같은 독임제 행정청으로의 전환을 검토할 필요가 있다.

부처 내 금융정책 기능과 금융감독 기능은 가능한 분리하고, 금융감독 기능 내부에서도 건전성 감독 기능과 소비자 보호 기능을 양봉형으로 분리하는 방안을 검토할 수 있다. 이러한 기능 분리는 금융감독원에도 동일하게 적용될 필요가 있다. 금융위원회는 금융정책의 기획·조정 기능에, 금융감독원은 현장 중심의 감독·집행 기능에 각각 보다 집중할 필요가 있다.

57) 9명의 위원: 위원장, 부위원장, 기재부차관, 금감원장, 예보 사장, 한은 부총재, 금융위원장 추천 금융전문가 2명, 상공회의소 회장 추천 경제계대표 1명

58) 금융위의 모든 안건을 관련성이 낮은 외부 위원이 매번 심의해야 할 이유는 크지 않다. 오히려 이 구조는 의사결정을 지연시키고 책임을 분산시킨다. 관련 기관 간 협의는 위원회를 통하지 않아도 가능하며, 금융정책을 위원회 형태로 운영하는 나라는 사실상 우리뿐이다. 최근에는 금융정책 기능을 기획·예산 기능을 배제한 재정경제부로 이관하고, 금융위는 감독 중심의 금융감독위원회로 전환하는 방향도 논의 중인데, 이 역시 독임제형 행정청을 전제로 한 논의다(중앙일보, 2025.4.29.).

또한, 빠르게 변화하는 금융환경에 민첩하게 대응하기 위해서는 조직 설계와 기능 조정에 대한 부처 자원의 자율성이 필수적이다. 이를 위해 '총정원 및 직급별 정원 총량의 불변'을 전제로, 조직권의 유연성을 '자원 확대'가 아닌 '내부 조정 권한'으로 한정하여 허용할 필요가 있다. 즉, 부처 장관에게는 기존 인력과 직급 체계를 유지한 채, 부처 내 기능과 조직을 유연하게 설계하고 신속하게 실험할 수 있는 실질적 재량을 부여해야 한다. 이는 정책 대응력의 기민함은 물론, 조직 운영의 책임성과 절제력까지 함께 담보하는 행정 설계다.

- 금융위원회를 독임제인 금융혁신부(가칭)로 전환(현재는 위원회제의 단점 부각)
- 금융정책과 금융감독 기능을 구분(예: 총괄조정실-금융정책실-금융감독실)
- 또한, 금융감독실은 건전성 감독과 소비자 보호 기능으로 쌍봉 모델 구축
- 금융정책 컨트롤타워로서 위상 재정립(기획재정부의 국제금융 기능 일부 이관)
- 금감원의 금융감독 권능을 강화
- 부처 내 조직 설계 자율성 확보 ➜ 환경 대응 중심의 기민한 조직 실험
- 디지털 시대에 맞게, AI를 이해하고 활용할 수 있는 리더십 문법을 재설계

저자 개인의 견해로, 정책과 감독의 분화 필요성은 다음과 같다.

- 정책은 미래를 설계하고 방향을 제시하는 힘이고, 감독은 과거를 분석해 반복을 막는 힘이다. 두 기능이 구분되지 않으면, 혁신은 위축되고 리스크 관리는 흐려져 금융정책의 일관성과 방향성을 잃게 된다. 또한 기관과 구성원의 전문성을 기능별로 심화·축적할 수 없게 되어, 정책 설계력과 감독 통찰력이 모두 약화될 수 있다.
- 따라서 금융행정은 진보와 보수, 설계와 점검이라는 두 힘을 균형 있게 갖춘 '두 날개'로 비상해야 한다.

---

② 금융감독체계의 연성형[59] 쌍봉 모델 - 금융소비자 보호 기능의 위상 제고

➜ "감독은 규제가 아니라 설명이고 책임이다."

금융감독은 '건전성 유지'와 '소비자 보호'라는 두 기능을 대등하고 균형 있게 수행해야 한다. 영국이나 호주처럼 감독 기능을 기관 간에 분리하는 '경성형 쌍봉 모델'도 있으나, 우리 현실에는 이미 금융위와 금감원이 분리되어 있으므로 하나의 감독기관 내에서 기능을 이원화하는 '연성형 쌍봉 구조'가 보다 적절하다.

왜냐하면, 금융위에서 금융소비자보호 기능(예: 금융소비자보호위원회)을 독립하고, 금감원에서 금융소비자보호처를 각각 독립시키는 방식은 결과적으로 '3개 또는 4개의 감독 주체'가 병존하는 구조를 초래하게 되며, 이는 감독의 책임과 기능을 오히려 분산시키고, 행정 혼선을 심화시킬 위험이 있기 때문이다.

따라서 금융감독원의 내부 체계를 건전성 감독과 소비자 보호 감독으로 구분하고, 소비자 보호 기능의 정책적 위상과 실질적 독립성을 강화해야 한다. 소비자 보호는 사후 구제를 넘어, 정책 설계의 출발점이 되어야 한다. 독립기관화보다는 감독조직 내 위상과 전문성을 강화해 '하나의 기관, 두 개의 책임 축'이 조화롭게 작동하는 구조를 마련해야 한다.

- 금감원 내 감독조직을 건전성 감독과 소비자 보호 감독으로 이원화(예: 내부 조직은 총괄조정지원-건전성감독-소비자보호-검사지원 등으로 정비)
- 금융위원회의 감독실도 동일한 쌍봉 구조로 설계해 일관성 확보
- 소비자보호처의 독립성과 정책적 권한 확대

59) 이 책에서는 감독기관을 아예 이원화하는 방식을 '경성형 쌍봉모델', 기관 내 기능 분리 방식은 '연성형 쌍봉모델'로 구분한다(영국·호주 사례 등 참고).

- 한국 금융감독체계에서는 경성형 쌍봉 모델이 다음과 같은 이유로 현실성이 낮다.
  - ① 법령체계 혼재: 현재 우리 금융 관련 법규는 건전성 규제와 소비자 보호 규제가 복합적으로 얽혀 있어, 이를 기관별로 명확히 분리하는 것은 법령 체계상 매우 어렵다.
  - ② 민원 비효율: 감독기관을 이원화할 경우 금융소비자와 업권이 별개의 기관을 동시에 상대해야 하므로, 민원 처리 과정의 비효율성과 행정 부담이 크게 증가할 수 있다.
  - ③ 위기 대응 저하: 건전성 악화와 소비자 피해는 종종 동시에 발생하는데, 감독기관이 분리되면 위기 상황에서 종합적이고 신속한 대응이 지연될 위험이 있다.

③ 금융정보분석원(FIU)의 독립기관화

➜ "범죄정보는 흐르고 있는데, 제도는 과거에 멈춰 있다."

디지털 시대의 FIU는 더 이상 금융위원회 내부의 단위조직에 머물 수 없다. 자금세탁방지와 디지털 금융범죄 대응의 핵심 허브로서 기능하기 위해서는, 독립성과 중립성을 갖춘 범정부 전략기구로의 재편이 필요하다. 현재와 같이 금융위 산하 조직으로 운영되는 구조는 독립성도, 전문성도 확보하기 어렵다.

FIU가 중립적인 정보 허브로 기능할 때에야, 금융회사 등(정보 제공자)과 검찰·경찰·국세청·국정원 등 법 집행기관(정보 수요자) 간의 신뢰가 구축되고, 데이터 기반의 예방 중심 대응체계가 가능해진다.

- FIU를 국무총리(또는 법무부) 산하 독립기관으로 격상
- 디지털 금융범죄 대응 중심의 범정부 정보 허브로 재정립
- 정보 수집-분석-공유 기능의 독립성 강화와 실시간 시스템화 필요

④ AI·디지털 전환 시대의 디지털 리더십 재정비

➜ "제도는 구조로 설계되지만, 변화는 리더십으로 작동한다."

AI와 디지털 기술이 금융과 공공행정을 빠르게 변화시키고 있다.
그러나 정작 가장 변화가 더딘 지점은

정책을 설계하고 책임지는 리더십의 태도와 문화다.
기술을 규제하려는 자가 기술을 경험하지 않는 현실,
AI의 윤리와 위험을 말하면서도 AI를 직접 다뤄보지 않는 구조는
결국 혁신을 선언에 머물게 하고 실행을 멈추게 만든다.

AI 시대의 리더십은 기술을 보조 도구로만 보는 것을 넘어,
스스로 학습하고 이해하며, 선도하고 모범이 되는 리더십이어야 한다.
정책이 바뀌려면, 먼저 리더십이 바뀌어야 한다.

- AI 리더십은 기술을 도구로만 보지 않고, 스스로 학습하고 선도해야 함
- 생성형 AI의 책임 있는 활용은 실무자가 아닌 최고 의사결정자부터 시작
- 디지털 전환은 시스템 구축이 아니라, 리더십 문화의 전환에서 출발해야
- 정부 조직의 'Tone at the Top'은 기술혁신 시대일수록 더욱 중요
- 리더가 기술을 이해하지 못하면, 규율 설계와 신뢰 형성을 기대할 수 없음
- AI 시대의 리더십은 민주적이고, 혁신적이고, 선도적이며, 모범적이어야 함

※ 아래 반복된 금융소비자 피해 사례들은 단순한 사건의 문제가 아니다.
금융감독 체계에서 '소비자 보호 기능'이 건전성 중심의 구조에 종속되어 있는 한, 이런 사후 중심의 임시대응은 반복될 수밖에 없다.
따라서 5.1 전략에서 말하는 감독 기능의 분화와 소비자 보호의 독립성 확보는, 단지 조직개편 문제가 아니라 금융 신뢰 회복의 핵심 조건이다.

《반복된 실패, 그리고 사후 중심 보호의 한계》

"이 사건은 처음이 아니었다.
'설명하지 않고, 책임지지 않는 구조'가 반복되고 있었을 뿐이다."

금융소비자 보호는 사건이 발생한 이후에야 임시 대책으로 대응해왔고,
근본적인 구조 개선 없이 문제는 반복되어 왔다.
개별 사건별 대응만으로는 신뢰를 회복할 수 없으며,
금융소비자 보호는 금융정책의 가장 앞단에서 설계되어야 한다.
금융소비자보호 기능의 위상 강화가 필요한 대목이다.

주요 불완전판매 사건 타임라인 요약

연도	사건	핵심 문제	시사점
2008	키코(KIKO) 사태	환헤지 파생상품의 구조적 정보 비대칭	금융기관-중소기업 간 권력 불균형
2019	DLF 사태	이해 어려운 금리 연계 구조, 고령자 대상 판매	'적합성' 절차의 형식화
2020	라임·옵티머스	펀드 구조 은폐, 실체 없는 자산 운용	내부통제 및 운용사-판매사 협업 실패
2021~	ELS·ISA 등 파생상품 논란	구조 불투명, 수익률 오해 유도	핵심설명서 의무화 필요성 부각
2023~	전자금융 플랫폼 불완전 중개	중개자 책임 모호, 알고리즘 추천 구조 미비	디지털 금융에 맞는 판매 구제 미정비

사후 중심 소비자 보호의 구조적 한계

구분	현행 구조	문제점
보호 구조	상품판매 중심, 사후 감독 위주	취약계층 대상 위험예측 시스템 부재
감독체계	소비자보호처 중심 집행 (권한, 위상, 독립성 약함)	법규 제개정 등 정책 참여 권한·독립성 부족
보호 방식	분쟁조정 및 보상 중심	'제도적 보호'가 아닌 '사건 해결'로 귀결

※ 앞서 제시한 연성형 쌍봉 모델을 바탕으로, 조직 재설계 방향을 예시적으로 정리한 것이다. 두 기관의 역할 분리와 소비자 보호 기능 강화를 중심에 둔 저자 개인의 견해이며, 독자의 이해를 돕기 위한 구성이다. 구체적 조직안은 향후 정밀한 검토와 현실적 대안을 바탕으로 논의가 필요하다.

《기능 분화에 따른 조직 재설계의 예시》

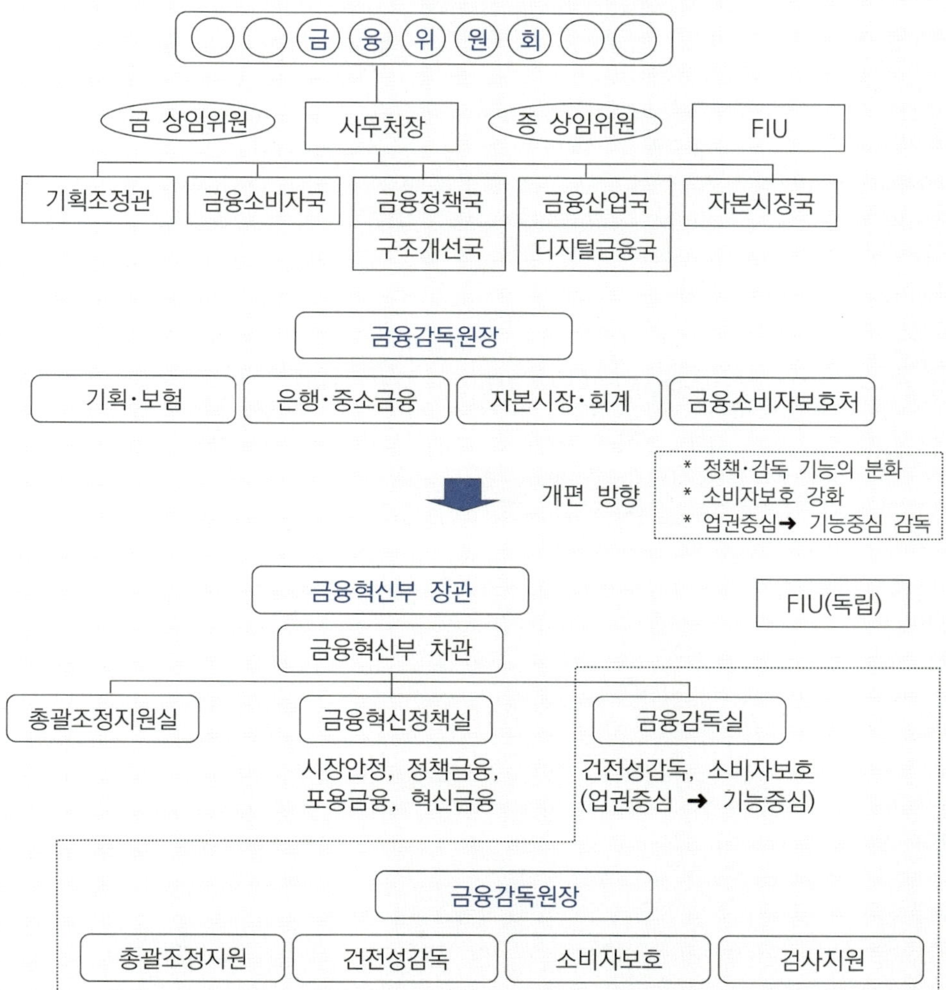

5.1 전략 한눈에 보기

"금융의 신뢰는 제도의 유연성이 아니라, 기능의 분화에서 시작된다."

구분	내용
전략의 목적	정책과 감독, 건전성 감독과 영업행위 감독 기능이 구조적으로 분리되고 조율되는 금융행정 인프라 재설계
핵심 문장	"건전성 감독은 금융시스템의 안정적 구조를 유지하는 기능이고, 소비자 보호는 국민 신뢰를 설계하는 정책 기능이다."
위기 구조	정책과 감독의 기능 혼재 ➜ 책임 불분명 ➜ 사후 대응과 시장 혼란 반복
정책 핵심 과제	[1] 금융정책 컨트롤타워로서 금융위원회 개편(예: '금융혁신부' 전환) [2] 금감원 및 금융위 내 연성형 쌍봉 감독모델 구축 [3] 금융소비자보호 기능 위상 및 독자성 강화 [4] FIU의 독립기관화 및 디지털 금융범죄 대응 체계 고도화 [5] AI·디지털 전환 시대의 디지털 리더쉽 재정비
정책 설계 원리	◆ 기능 중심 분화와 책임 구조화 ◆ 건전성-보호의 병렬적 감독 설계 ◆ 데이터 기반·디지털 범죄 대응 인프라 구축
핵심 메시지	"정책과 감독이 뒤섞이면, 시장은 혼란을 겪고 누구도 책임지지 않는다. 기능이 분화돼야 금융이 책임질 수 있다."

5.2 기능 중심 감독체계로의 전환 - 융합 시대의 규율 인프라 구축

"기능 중심 감독이란, 현장을 따라가는 감독이 아니라 구조를 바꾸는 일이다."

- 앞서 제시한 4.2 전략은 기능 중심 규율 원칙의 필요성과 원칙을 강조한 '정책적 방향'이었다면, 본 전략(5.2)은 이를 실제 감독 체계와 조직 설계 차원으로 전환하는 실행 프레임이다.

✔ 전략의 두 번째 장면

디지털 시대의 감독은 '무엇을 하느냐', 그리고 '그것이 시장과 소비자에게 어떤 영향을 주느냐'를 기준으로 작동해야 한다. 산업이 바뀌었으면, 감독도 그 기준을 바꿔야 한다. 이제는 감독도 '형태'가 아니라 '영향'을 봐야 한다.

이제 금융은 은행, 보험, 증권이라는 전통적 업권의 경계를 넘고 있다.
디지털 금융, ESG 연계 금융, 빅테크의 금융 진출, 생성형 AI의 활용…
금융산업의 모습은 빠르게 재편되고 있지만,
감독은 여전히 산업별 구획, 조직별 구분, 제도별 규제에 갇혀 있다.

산업은 융합되는데, 감독은 여전히 분리돼 있고,
위험은 기능을 따라 움직이는데, 감독은 업권과 조직을 따라 움직인다.

지금 필요한 것은,
'현장을 쫓아가는 감독'이 아니라,
위험을 앞서 설계하는 구조이고,
기능을 따라가는 위험에 선제적으로 대응하는 규율 체계다.

- 현실에서는, 같은 금융서비스를 제공해도 제공 주체가 다르면 감독의 수준도 달라진다. 핀테크는 감독을 피해 진입하고, 기존 금융사는 규제 속에서 경쟁하는 구조 - 이는 감독이 위험이 아닌 제도를 기준으로 작동하고 있다는 방증이다.
  (➜ 《정책이 놓친 장면들 - 같은 서비스인데 다른 감독》 참조)

지금 필요한 감독체계 전환 방향은 다음과 같다:

① 업권이 아닌 '기능'을 기준으로 감독 체계를 전환

➜ "동일한 기능에는 동일한 규제와 책임이 부과되어야 한다."

지금까지의 금융감독은 업권별로 분화된 조직 체계에 따라 작동해왔다. 그러나 플랫폼 기반의 신산업, 비정형 서비스, 융합형 사업모델이 등장하면서 같은 기능을 수행하더라도 적용되는 규제와 책임이 업권마다 달라지는 문제가 반복되고 있다.

디지털 전환 이후 금융서비스는 '업권'이 아니라 '기능'을 중심으로 재편되고 있다. 신용중개, 자산추천, 보험권유처럼 업권을 넘나드는 서비스에는 동일한 감독원칙이 적용돼야 하며, 리스크도 기능별로 진단하고 관리해야 한다.

이는 단지 효율성의 문제가 아니라, 감독의 형평성과 책임성 확보를 위한 구조 설계의 문제다. 이제는 업권 중심의 감독을 넘어, 서비스 단위의 기능 중심 감독으로 체계를 전환해야 한다.

- 업권 중심 ➜ 기능 중심으로: 건전성, 행위, 시장 리스크별로 감독 기능 분류
- 동일 서비스라면 동일한 감독 원칙을 적용(예: 신용중개, 자산추천, 보험권유 등)

② 신산업(가상자산, 플랫폼 금융 등) 전담 조직 신설

➜ "새로운 산업에는 새로운 감독 틀이 필요하다."

디지털 기술과 금융의 융합으로, 기존 업권 구분만으로는 포착되지 않는 새로운 리스크가 나타나고 있다. 특히 가상자산, 플랫폼 금융, AI 기반 금융서비스 등은 기존 은행·보험·증권의 틀로는 감독이 어려운 대표적 영역이다.

그러나 현재의 감독 조직은 여전히 업권 단위로 구성돼 있어, 신산업에 대한 전문적·통합적 대응이 어렵다. 이제는 산업이 아니라 기술과 서비스 단위로 리스크를 식별하고 감독할 수 있는 전담조직을 설계해야 한다.

기능 기반 리스크 매핑과 기술 기반 분석 역량을 결합한 조직 설계가 핵심이며, 이는 신산업을 억제하는 것이 아니라 안전하게 육성하기 위한 전제 조건이다.

- 기존 업권 중심 조직 구성(은행국, 보험감독국 등)의 한계를 넘어서, 서비스 단위·기능 단위 중심의 횡단형 조직 필요(예: 플랫폼감독, AI금융감시 등)
- 기능 기반 리스크 매핑 + 기술 기반 분석 역량을 함께 갖춘 조직 설계가 핵심
- 가상자산, 플랫폼 금융, AI 금융 등 기술 융합형 금융 모델에 대한 전문감독 역량 확보
- 디지털 융합 시대에는 융합형 전문가의 육성 및 활용이 반드시 필요하다.

③ 복합금융회사 대상 통합 감독체계 설계

➜ "산업은 통합되는데, 감독은 분리돼 있다."

대형 금융그룹, 플랫폼 기반 금융회사처럼 복합적 사업을 전개하는 금융회사들이 늘어나는 가운데, 감독 체계는 여전히 업권별, 업무별로 분절돼 있다. 그러나 복합 금융회사는 건전성, 내부통제, 소비자 보호 등 다양한 리스크가 유기적으로 얽혀 발생하며, 어느 한 영역의 감독만으로는 전체적인 위험을 감지하거나 대응하기 어렵다.

이제는 회사 단위가 아니라 그룹 단위에서 전사적 리스크를 통합적으로 감독할 수 있는 체계 전환이 필요하다. 특히 금융그룹 내 자본적정성, 내부통제 체계, 이해상충 방지와 같은 통합 기준을 재정비해야 한다.

- 금융그룹, 플랫폼 금융회사 등 융합형 모델에 대한 전사적 리스크 통합감독 설계
- 금융그룹 차원의 내부통제, 자본적정성, 소비자 보호 기준 정비

💬 **핵심 메시지:**

- 감독은 '산업'이 아니라 '기능'을 기준으로 작동해야 한다.
- 디지털 시대의 리스크는 조직의 명칭보다, 기능의 성격에 따라 발생한다.
- 기능 중심 감독은 선택이 아니라, 금융질서의 미래 인프라다.

5.2 전략 한눈에 보기

"금융이 경계를 넘을 때, 감독도 기능을 기준으로 다시 설계돼야 한다."

구분	내용
전략의 목적	디지털·융합 금융에 대응하기 위한 기능 중심 감독체계 구축
핵심 문장	"산업이 달라졌다면, 감독도 기준을 바꿔야 한다."
위기 구조	업권 구분 고착 ➜ 같은 기능, 다른 규제 적용 ➜ 감독 사각지대 발생 및 소비자 보호 불균형
정책 핵심 과제	[1] 건전성-행위-시장 기능별 감독체계 도입 [2] 새로운 디지털금융·신산업에 대한 전담조직 설치 [3] 복합금융회사 통합감독체계 정비
정책 설계 원리	◆ 동일 기능 동일 규제 ◆ 기술기반 융합형 모델 대응 ◆ 감독 사각지대 최소화
핵심 메시지	"기능 중심 감독은 지나가는 유행어가 아니라, 디지털 금융질서의 인프라다." "감독은 조직이 아니라 위험을 기준으로 설계돼야 한다."

5.3 금융당국의 책임성과 투명성 강화 – 감독도 설명 가능해야 한다

"금융행정기관도 '서비스 기관'이 되어야 한다."

전략의 세 번째 장면

"행정기관은 명령보다 설명으로 말해야 한다"

정책은 권위로 시작되지만, 신뢰는 '납득 가능한 전달'에서 비롯된다.
지금 금융당국에 대한 신뢰 위기의 본질은 강한 규제 때문이 아니라,
설명 없는 규제 때문이다.
규제의 존재보다 중요한 것은 그것이 어떻게 설명되고, 누구에게 적용되는가다.
금융당국의 한마디는 곧 정책이 되고, 시장의 신호가 된다.
그렇다면 가장 중요한 건, 그 한마디가 얼마나 설명되고 문서화되는가다.

- 현장에서는 여전히 공식 없는 지시, 문서 없는 유권해석, 관행이라는 이름의 규율이 작동하고 있다. 정책은 있지만, 문서도, 책임도, 기준도 없는 상태-이것이 '그림자 규제'가 신뢰를 갉아먹는 방식이다.
  (➜ 《정책이 놓친 장면들 – "정책은 있었지만, 공식문서는 없었다"》 참조)

지금 필요한 행정의 투명성·책임성 강화 과제는 다음과 같다:

① 유권해석·비조치의견서 제도의 법적 명확성과 절차적 투명성 강화

➜ "기준 없는 해석은 시장을 규율하지 못하고 혼란만 키운다."

금융규제에서 중요한 것은 '무엇을 금지하느냐'보다 '어떻게 해석되느냐'다.
디지털 전환과 신산업의 등장으로 기존 법령만으로는
해석이 어려운 사안들이 빈번해지는 가운데,
규제 당국의 해석은 사실상 규제 그 자체의 역할을 하고 있다.

그러나 현재 유권해석과 비조치의견서는
법적 신청권이나 공식 처리 절차 없이 비공식적으로 운영되고 있으며,
동일 사안에 대한 해석의 일관성 부족과 규제의 예측 불가능성이
현장의 불신으로 이어지고 있다.

법령의 해석은 금융 현장에서 매우 빈번하고 실질적 규율로 작동한다.
따라서 금융당국의 해석은 행정 편의적 시혜가 아니라,
제도적 책무로 명확히 재정립돼야 한다.
업권의 요청 또한 '부탁'이 아니라, 정당한 권리로서 보장받아야 한다.

이제 필요한 것은 해석 내용의 통일성뿐만 아니라,
누구나 접근 가능한 절차, 명문화된 기준, 공식적 공표 체계다.
특히 해석이 제재의 근거가 될 수 있는 상황에서는,
선해석·후제재 원칙이 분명히 보장돼야 한다.

- 유권해석·비조치의견서에 신청권과 절차를 부여해 해석의 예측 가능성 강화
- 해석 결과는 널리 알 수 있도록 공식 문서로 공표(기준과 절차를 명문화)[60]
- 법령 해석 요청 시, 사전 검토·내부 심의 절차를 거쳐 해석 공시 시스템 구축
- 유권해석이 제재의 전제가 될 경우, 해석 절차를 선행하고 제재를 유보하는 '절차적 정지권' 도입 → 제재 실무의 예측 가능성과 공정성 확보에 필수

② 그림자 규제 해소와 민원 시스템 개선

→ "책임 없는 지침은 가장 불투명한 규제다."

금융현장에서 실질적인 영향을 미치는 건 종종 법령이 아니라,
공식화되지 않은 '관행적 지침', '구두 가이드라인'이다.
이러한 비공식 신호체계는 규제의 경계와 기준을 모호하게 만들고,

60) 현재 일부 해석 결과는 법령해석 포털 등에 등재되긴 하나, 검색 접근성이 낮고 핵심 해석도 신청자에게만 개별 통보되는 경우가 많아, 실질적인 공표로 보기 어렵다. 이는 동일 사안에 대한 시장의 예측 가능성과 공정성을 저해할 수 있다.

감독기관의 자의적 판단 가능성을 키우며,
결과적으로 시장의 예측 가능성과 책임성을 저해한다.
또한 민원 대응 체계 역시 기준이 일관되지 않거나 처리 결과가 비공개되는 경우가 많아, 동일한 사안에 대해 제각기 다른 판단이 반복되고 있다.
'투명한 규제'란 규제를 없애는 것이 아니라,
기준과 절차를 명확히 드러내는 일이다.

이제는 사전심사 없이 작동하는 그림자 규제를 정비하고,
민원에 대한 일관된 기준과 이의절차를 제도화할 필요가 있다.

- 사전심사 없는 '관행적 지침', 구두 가이드라인 등 비공식 신호 체계 일소
- 유사 민원 간 처리 기준의 일관성 확보 및 기록 기반의 대응 정착
- 이의신청 절차와 결과를 문서화·공개하는 체계 정비

③ 정책 체감도 조사 및 피드백 시스템 정착

➜ "정책은 만들고 끝나는 게 아니라, 반응을 통해 진화해야 한다."

정책이 현장에서 어떤 효과를 내고 있는지는 공급자 관점만으로는 알 수 없다.
진짜 정책 성과는 수요자-즉, 금융회사와 소비자, 현장의 창구 실무자들이
정책을 어떻게 체감하고 있는지, 그들의 목소리를 통해서만 드러난다.
정말로 서비스를 하겠다면, 먼저 진심으로 들어야 한다.
그러나 지금까지의 금융정책은 일방향 공급 구조에 머무는 경우가 많았다.
실행 이후의 반응을 체계적으로 수집하거나,
그 피드백을 제도 개선에 반영하는 구조는 미비했다.
정책은 일회성이 아니라 순환체계여야 한다.
수요자 기반의 체감도 조사 ➜ 시행 후 효과 측정
➜ 규제 개선의 선순환이 이어져야
비로소 '반응하는 행정', '진화하는 정책'이 가능하다.

- 금융회사, 소비자, 현장 창구 등 수요자 기반 정책 체감도 정기 조사 도입
- 피드백 기반으로 규제 설계-시행-보완 간 순환적 연결 구조 구축
- 정책 시행 후 효과성·수용성 평가 지표 제도화

💬 **핵심 메시지:**

- 정책의 권위는 명령이 아니라 설명에서 나온다.
- 불확실한 규제는 강한 규제보다 더 큰 리스크다.
- 정책이 신뢰를 얻으려면, 문서화되고 예측 가능한 구조여야 한다.

《정책은 있었지만, 공식문서는 없었다 – 금융 현장의 그림자 규제》

"문서는 없었지만, 그 방향으로 하라고 해서 따랐습니다."

– B 금융회사 정책 담당자의 인터뷰

금융당국의 '권고'는 종종 비공식이지만 실질적 강제력을 가진다.
유권해석은 일관성을 잃기도 하고, 비조치의견서는 공개되지 않으며,
민원은 유사한 사안임에도 매번 다른 기준으로 처리된다.

이런 환경에서는 정책보다 '말의 뉘앙스'가 더 중요한 신호가 된다.

📌 **그림자 규제의 유형과 문제**

유형	사례	신뢰 리스크
관행적 지침	공문 없는 구두 전달	책임 주체 불분명, 의법 부담 전가
불투명한 유권해석	유사 사례와 다른 판단	법적 예측 가능성 결여
비공개 의견서	비조치의견서 제한적 공개	정보 비대칭, 형평성 훼손

💬 **시사점:**

- 정책 신뢰는 '결정의 일관성'보다 설명과 기준의 투명성에서 시작된다.
- 당국은 명령의 기관이 아니라, 설명의 기관이어야 한다.

5.3 전략 한눈에 보기

"신뢰받는 정책은 기준이 명확하고 절차가 예고된 구조에서 시작된다."

구분	내용
전략의 목적	불투명한 유권해석과 그림자 규제를 해소하고, 정책 신뢰 회복을 위한 설명 책임 기반 구조 정립
핵심 문장	"규제기관의 권위는 명령보다, 기준의 명료성과 설명의 책임에서 완성된다."
위기 구조	관행적 규제 ➜ 문서·기준 없는 유권해석 ➜ 예측 불가 + 불신 확산 ➜ 정책의 시장 수용성 저하
정책 핵심 과제	1 유권해석·비조치의견서 절차 투명성·책임성 강화 2 그림자 규제 해소 + 민원처리 기준 정비 3 정책 체감도 조사 + 피드백 기반 순환 설계
정책 설계 원리	◆ 설명 책임 구조화 ◆ 비공식 관행의 문서화 ◆ 수요자 기반 피드백 체계 정착
핵심 메시지	"자의성과 불확실성은 강한 규제보다 더 큰 리스크다." "정책의 신뢰는 기준의 명확성과 절차의 예측 가능성에서 출발한다."

5.4 민간과 함께 설계하는 집행 거버넌스

"규제는 전문가와 사용자, 둘 모두의 언어로 쓰여야 한다."

전략의 네 번째 장면

"정책은 설계자의 말이 아니라, 현장에서 그것을 해석하고 따라야 하는 사람들의 언어로 쓰여야 한다."

규제의 의도와 방향이 옳았더라도,
그 문장이 현장의 흐름과 어긋난다면,
그 정책은 형식만 있고 기능은 없는 구조가 된다.

실제로 지금의 규제 체계는 "공정성"과 "혁신"을 표방하지만,
그 설계 과정에서 현장의 목소리는 종종 배제된다.
이유는 단순하다. 민간은 '한 번 듣고 끝나는 건의자'일 뿐,
정책은 여전히 관료의 언어로만 쓰이고 있기 때문이다.

- 금융위원회(Financial Services Commission), 금융감독원(Financial Supervisory Service) - 두 기관의 영문 명칭 모두 '서비스'를 표방하고 있다. 그러나 서비스는 단지 이름이 아니라, 행정행위의 기본 철학이 되어야 한다. 금융당국의 구성원들은 자신이 수행하는 규제와 감독이 국민을 위한 공적 서비스임을 상시적으로 인식해야 하며, 설계와 집행의 모든 절차에서 설명, 피드백, 책임의 원리를 실현해야 한다.

지금 필요한 민간 참여 기반 설계 과제는 다음과 같다:

① 규제혁신 TF의 상시화 및 업권 참여 구조 제도화

→ "건의가 아니라, 함께 쓰는 설계로"

금융정책 설계에 민간이 실질적으로 참여할 수 있는 구조는 아직 미비하다.

현행 금융당국의 자문기구나 협의체는 대부분 일회성 회의에 그치며,
전문가 중심의 형식적 운영에 머무는 경우가 많다.
민간이 단순히 의견을 개진하는 '청취 대상'이 아니라,
실제 설계 과정에 참여하는 '공동 설계자'가 되기 위해서는
구조적인 전환이 필요하다.

이를 위해 단발성 자문기구를 넘어
업권별·기능별로 상시 운영되는 '민관 합동 규제혁신 TF'가 제도화되어야 한다.
금융회사 실무자, 핀테크 종사자, 소비자 대표, 법률 전문가 등
다양한 이해관계자가 설계 단계부터 함께 참여하고,
규제의 도입-집행-사후 평가에까지 관여하는
통합형 설계 거버넌스를 구축해야 한다.

예컨대 금융발전심의회는 소수 전문가 중심의 형식적 자문 기구로 운영되며,
실질적인 정책 결정 과정에 미치는 영향력은 크지 않다.
이는 '정책 자문'을 넘어,
'정책 설계의 공동 참여 구조'로 전환이 필요한 이유다.

- 단발성 협의체를 상시 논의체계로 전환(업권별, 기능별 TF)
- 실무자·전문가·소비자 등 다양한 주체가 '규제 설계자'로 참여
- 민관이 함께 정책 도출-집행-모니터링하는 정책 협업 구조 필요

규제기관은 내부 자평에 의존해서는 신뢰를 얻을 수 없다. 시장의 시각을 체계적으로 분석하고, 이를 제도화된 외부 평가를 통해 수용하는 구조가 필요하다.

---

② 금융규제 영향평가 및 사전검토제 도입

→ "규제도 사전에 시험 운영하고, 수정 가능해야 한다."

금융규제는 법령으로 시행되기 이전에 미치는 '정책 신호 효과'가 크다.
그만큼 사전에 충분한 검토와 실증이 이뤄지지 않은 규제는

예기치 못한 외부효과-시장 위축, 과잉비용 전가, 금융접근성 악화 등-를
유발할 수 있다.
이제는 신설 규제안에 대해 영향 분석과 사전 시뮬레이션을 포함한
검토 체계의 제도화가 필요하다.
단순 의견 수렴을 넘어, '설계-실험-반영'의 절차가 법제화돼야 한다.[61]

특히 이 과정에서 규제안의 검토 기준을 공개하고,
개정 이력과 심의 결과를 기록·추적할 수 있는 시스템이 병행되어야 하며,
규제 도입이 현장 실무에 어떤 영향을 주는지
예측 가능한 시뮬레이션 기반 영향평가 도입이 핵심이다.

- 신설 규제안에 대한 영향 분석 ➜ 의견 수렴 ➜ 반영 절차 제도화
- 검토 기준 공개, 이력 관리, 기록 추적 시스템 마련
- 규제안이 실무에 미치는 영향에 대한 사전 시뮬레이션 체계 구축

● 정책에는 정책 설계자가 미처 예측하지 못한 외부효과(예: 시장 위축, 과잉규제, 비용 전가, 경영 위축 등)가 늘 수반되고 대부분 그 피해는 소비자와 현장에 전가된다. 중요한 정책일수록, 정책 수요자인 금융회사와 소비자의 의견을 사전에 꼼꼼히 수렴하고, 정책 효과를 미리 시뮬레이션해야 하는 이유가 여기에 있다.

---

③ 불수용 사유 공시 및 규제실명제 도입

➜ "채택되지 않아도 설명은 있어야 한다."

규제에 대한 민간의 건의나 의견이 수용되지 않을 경우,
그 이유조차 설명되지 않는 경우가 많다.
이는 규제 설계에 참여한 민간의 신뢰를 저하시키고,

61) 현실적으로 금융당국 실무자들은 정책 설계 과정에서 민간 의견 개진을 부담스러워하거나, 정보 유출 우려로 사전 공유에 소극적인 경우가 많다. 이로 인해 민간의 제안은 정책이 거의 완성된 뒤에야 전달되는 일이 잦고, 실질적 조정은 어렵다. 따라서 사전 검토 및 시뮬레이션 제도화는 정책 품질과 신뢰 확보의 전제가 된다.

향후 참여 동기까지 약화시키는 결과로 이어진다.

특히 주요 건의에 대해서는 '불수용 사유'를 공개하고,
정책 판단에 실질적 책임을 지는 간부급 담당자의 실명을 명시하는 방식으로 책임성을 강화할 필요가 있다.
이는 단지 투명성 제고의 문제가 아니라,
규제가 '설명 가능한 권한'으로서 작동하게 만드는 제도적 장치다.

단발적 건의나 청취가 아니라,
제안-심의-결정-회신-성과평가까지 이어지는
순환형 설계 피드백 체계를 마련함으로써,
규제기관이 명실상부한 '공적 서비스 기관'으로서 기능할 수 있도록 해야 한다.

- 현장 제안이 반영되지 않았을 경우 그 사유를 공개
- 제도 설계자 이름 명시 ➜ 익명성을 넘는 책임성 부여
- 일회성 건의가 아니라 설계 피드백 루프로 전환

● 민간 참여는 단순한 의견 청취를 넘어, 규제 설계와 이행 점검에까지 연결되어야 한다. 이를 위해 민관합동 TF의 상설화, 업권별 의견 수렴 제도화, 전담 조직 신설 및 성과 평가 체계 마련이 함께 작동하는 구조적 개혁 메커니즘이 필요하다.

추진 요소	실행방안
민관합동 규제개혁 TF 상설화	업권별·기능별 민간 전문가 참여 기반 실무협의체 운영
민간 의견 수렴 제도화	금융회사·핀테크·소비자 대상 정기 설문조사·의견청취 프로세스 구축
금융당국 내 전담조직 신설	'규제개혁 실천조정팀' 등 성과책임 구조 도입
이행평가와 피드백 체계 도입	개혁 추진 후 사후 성과 및 불편 재발 방지 모니터링 체계 마련

핵심 메시지:

- 민간은 수용 대상이 아니라, 참여 설계자다.
- 정책은 말이 아닌 구조로 듣고, 설계로 답할 때 살아난다.
- 피드백 없는 정책은, 제도가 아닌 지시문에 불과하다.

《"건의는 했지만, 결과는 아무도 몰랐다" – 현장의 목소리가 닿지 않는 이유》

정책은 설명 없이 단절되고,
건의는 기록되지 않으며,
책임은 이름을 남기지 않는다.

"당국에 제안을 올렸는데, 반영 여부도 모르고, 이유 설명도 없었습니다."
– C 핀테크 스타트업 대표

현행 규제 구조는 복잡하고, 변화 속도는 빠르다.
그러나 현장의 의견은 일회성 건의에 머물고,
피드백은 흐려지고, 설계 책임은 익명에 가려진다.

■ 규제 설계 과정의 불투명성 문제

문제 지점	현실 상황	신뢰 저하 원인
제안 경로	실무 건의 ➜ 상급 전달 ➜ 미반영	구조화된 피드백 시스템 부재
결과 회신	수용 여부 불명확	불수용 사유 설명 부족
설계 책임	익명성 유지	규제 실명제 미도입으로 책임성 약화

■ 정책적 시사점:

- 민간참여는 무늬뿐인 형식이 아니라, 지속 가능한 구조여야 한다.
- 설계의 책임과 수용의 설명이 제도 설계 신뢰의 시작점이다.
- 민간의 의견은 규제를 어렵게 만드는 '부담'이 아니라,
  정책을 정교하게 만드는 '교훈'으로 인식돼야 한다.

5.4 전략 한눈에 보기

"규제는 강도보다 감각이다. 현장의 언어로 쓰일 때 비로소 제도가 된다."

구분	내용
전략의 목적	민간참여 기반 피드백 루프와 책임 설계 구조를 통해, 신뢰받는 감독 규제 시스템 구축
핵심 문장	"정책은 설계자의 언어가 아니라, 정책 수요자의 언어로 완성된다."
위기 구조	일회성 건의 ➜ 불투명한 반영 ➜ 피드백 없음 ➜ 설계 신뢰 저하
정책 핵심 과제	1 상설 TF 및 다층적 참여 구조 2 규제 영향평가·사전검토제 도입 3 불수용 사유 공시 + 규제실명제
정책 설계 원리	◆ 민간 참여의 구조화 ◆ 피드백의 순환화 ◆ 설계 책임의 명시화
핵심 메시지	"민간은 수용 대상이 아니라 공동 설계자다." "피드백 없는 정책은 제도라 부르기 어렵다."

5.5 금융감독·제재의 공정성·투명성 강화 - 강한 제재보다 예측 가능한 집행

"감독의 권위는 공정하고 투명한 절차에서 나온다."

✔ 전략의 다섯 번째 장면

감독의 권위는 절차에서 나온다.
제재는 강도보다 예측 가능성이 중요하고,
감독은 권한이 아니라 정당성의 구조여야 한다.

최근 수년간 반복된 금융회사 CEO 제재 논란, 내부통제 책임의 혼선은
정책 판단과 제재 집행 사이의 역할 경계가 얼마나 불분명한지를 드러냈다.

누가 판단하고, 누가 제재하며, 어떤 절차로 이의제기가 가능한가-
이 가장 기본적인 구조조차 명확하지 않다면,
감독은 신뢰가 아니라 불신의 구조로 작동하게 된다.

- 실제 현장에서는 제재가 '설명 없는 통보'로 받아들여지는 경우도 있다. 제재 대상자조차 제재의 구체적 사유나 기준에 대한 설명 없이 결과를 통보받는 사례도 제기되어 왔다. 감독제재 절차가 신뢰보다 불신을 먼저 유발하는 구조로 작동하는 경우가 종종 발생한다.
  (➜ 《정책이 놓친 장면들 - 제재는 통보가 아니라, 설명이어야 한다》 참조)

지금 필요한 개편 방향은 다음과 같다:

① 금융위-금감원 간 기능 분담 명확화(5.1 전략 참조)

➜ "금융위원회는 금융정책에, 금융감독원은 금융감독에 집중"

금융위원회와 금융감독원은 각각 금융정책과 금융감독을 책임지는 기관이지만,
실무에서는 종종 기능의 경계가 모호해지면서
동일 사안에 대해 중복 판단이 발생하거나 권한 충돌 문제가 제기되어 왔다.
이로 인해 감독 신뢰도와 정책 집행의 효율성 모두에 불확실성이 발생하고 있다.

두 기관 간 완전한 분리보다는,
각자의 조직 성격에 맞춰 기능과 역할을 명확히 재조정하고,
상호 충돌이나 중복 판단을 사전에 조정할 수 있는
실무 구조를 마련하는 것이 중요하다.

특히 제재 결정과 관련해서는 절차적 정당성을 강화하기 위해
금융위 내에 외부 전문가가 참여하는
독립적 이의심의기구 설치도 검토할 필요가 있다.
이는 단순한 절차 보완이 아니라,
피제재자에게 상급심 성격의 실질적 방어권을 보장하는 구조 개편의 일환이다.

또한, 양 기관 간 기능 분리가 명확하지 않다 보니,
민원인이 동일한 사안에 대해 금융위와 금감원을 각각 방문해
중복 설명을 하거나, 심할 경우 두 기관 사이에서
책임 회피성 '핑퐁 행정'을 경험하는 사례도 적지 않다.
이러한 구조적 비효율을 해소하기 위해,
민원 단일 창구 또는 통합 민원 시스템의 구축도 함께 검토할 필요가 있다.

- 금융정책(금융위)과 금융감독(금감원)을 제도적으로 완전히 분리하긴 어렵다. 다만, 기관의 성격에 맞게 기능과 역할을 가능한 조정하는 것은 필요하다.
- 동일 사안에 대한 중복 판단, 권한 충돌 방지를 위한 실무 조정 구조 필요
- 제재의 공정성 강화를 위해, 금융위 내 외부 전문가 참여형 이의심의기구 설치 검토 ➜ 이는 피제재자의 방어권을 보장하는 실질적 상급심 구조 개편
- 동일 민원에 대한 반복 설명·책임 전가 해소를 위해 민원 단일 창구 또는 통합 민원 시스템 구축 필요

② 책무구조도 제도 확립 - 내부통제 위반 중대사고에 대한 경영진 책임 기준 구체화

➜ "경영 책임, 이제는 구조로 묻는다."

내부통제 실패로 인한 중대 사고가 반복되는 구조의 근저에는
경영진 책임의 불분명함이 자리잡고 있다.
형식적인 사후 징계가 아니라,
사고 발생 전부터 경영진의 책임 구조를 제도화함으로써,
선제적 예방이 가능한 시스템을 마련해야 한다.

고의나 중대한 과실로 인해 사고가 발생한 경우,
최고경영진에 대한 명확한 책임 부과가 이뤄져야 하며,
단순 과실인 경우에는 제재 수위나 방식이 차등화될 수 있도록
기준을 정교화할 필요가 있다.

책무구조도는 단지 제재를 위한 도구가 아니라,
사고 예방을 위한 시스템 설계의 일환으로 작동해야 한다.
이를 통해 금융회사가 자율성과 책임을 갖고
내부통제를 실효성 있게 운영할 수 있도록 유도할 수 있다.

- 중대한 내부통제 사고가 경영진의 고의·중과실에 의해 발생한 경우,
  최고경영진에 대해 책무구조도 위반 책임을 부과한다.
- 과실과 고의의 구분을 기준으로, 제재 수위를 합리적으로 차등 적용한다.
  (과실에 의한 내부통제 사고의 경우에는 회사에 대해 금전제재 부과 등)
- 금융회사 내부통제 시스템의 실효성과,
  책무구조도 제도의 실행력 확보가 관건이다.

③ 전문성과 예측 가능성을 갖춘 제재 시스템 설계

➜ "강한 제재보다, 예측 가능한 제재가 신뢰를 만든다."

제재의 강도보다 더 중요한 것은,
그 절차와 결과가 얼마나 예측 가능하고 일관되게 작동하느냐이다.
현행 제재 체계는 기준이 모호하거나 절차가 일관되지 않아,
동일한 사안에 대해 상이한 판단이 내려지는 사례도 적지 않다.

이제는 제재가 신뢰를 얻기 위한 제도적 조건을 갖춰야 한다.
이를 위해 제재 사유 사전 통지, 의견 청취, 이의제기 절차 보장 등
절차적 정당성을 확립하고,
제재 기준의 사전 공개 및 유사 사례 간 일관성 확보를 위한
가이드라인 정례화가 필요하다.

또한, 금융위에 독립적 이의심의위원회 구성 시 외부 전문가를 적극 참여시켜
전문성과 객관성을 높이는 방식도 함께 검토해야 한다.
이러한 투명성과 예측 가능성은 제재 대상에게만 국한되지 않고,
시장 전체에 규제의 신뢰 기반을 제공하는 핵심 조건이 된다.

아울러, 법령 해석이 선결되어야 제재 여부를 판단할 수 있는 경우에는,
해석 절차를 우선 적용하고
그동안 제재를 유보하는 '절차적 정지권' 제도의 도입도 필요하다.
이는 법적 불명확성을 이유로
행정 수요자에게 과도한 책임을 전가하지 않도록 하기 위한
절차적 공정성 확보 장치다.

- 독립적 이의심의위원회 구성 시 외부 전문가 참여 확대
- 제재 사유 사전 통지, 의견 청취, 이의 절차 등 절차적 정당성 보완
- 유사 사례 간 제재 기준의 일관성 확보를 위한 가이드라인 정례화 필요
- 법령 해석이 선행되어야 할 경우,
  해석 완료 시까지 제재 절차를 유보하는 운영 기준 마련

핵심 메시지:

- 제재는 강도보다 예측 가능성과 설명 가능성이 신뢰의 조건이다.
- 감독의 정당성은 권위가 아니라, 공정한 절차와 투명한 기준에서 비롯된다.
- 금융회사의 자율성과 책임을 보장하려면, 제재의 명확성과 사후적 신뢰 설계가 병행되어야 한다.

《설명 없는 제재는 통제보다 불신을 낳는다》

감독기관의 제재는 금융 질서 유지의 핵심 수단이다.
그러나 절차의 불투명성, 설명 부족, 이의제기 경로 부재는
제재가 '권위 행사'로 비치게 만드는 원인이 된다.

현장 혼선 요약

쟁점	문제 양상	제도 개선 방향
제재 사유 통지	구두 또는 간략 요약 중심	사전 고지 + 구체적 설명
이의신청 절차	이의심의 절차 불분명, 권한 미약	독립적 이의기구 제도화 필요
제재 기준	유사 사례 대비 기준 차이	유형별 가이드라인 공개·정례화

핵심 메시지:

- 제재는 '얼마나 센가'보다, '얼마나 설명되었는가'가 신뢰를 좌우한다.
- 절차적 정당성과 예측 가능성은 제재 수용성의 핵심이다.
- 감독은 권위보다 설명으로, 제재는 통보보다 설득으로 작동해야 한다.

5.5 전략 한눈에 보기

“제재는 수단이 아니라, 신뢰 설계의 일부다.”

구분	내용
전략의 목적	예측 가능하고 정당한 절차를 통해 감독 제재의 신뢰를 회복하고, 금융회사와 시장 간 책임의 균형 구조 확립
핵심 문장	“강한 제재가 아니라, 예측 가능한 제재가 신뢰를 만든다.”
위기 구조	자의적이고 불투명한 감독제재권 행사 ➜ 절차 불투명 ➜ 제재 수용성 하락 및 금융회사 보신주의 심화
정책 핵심 과제	1 정책-감독(제재) 기능 분화 2 금융위원회에 독립적 이의심의기구 설치 3 내부통제 책임 기준 정립 4 제재 절차의 사전 통지-의견 청취 구조화 5 법령 해석 선결 시 제재 절차 유보 검토
정책 설계 원리	◆ 절차적 정당성 원칙 ◆ 판단과 집행의 분리 ◆ 외부성 기반 견제 구조 ◆ 유사 사건 대비 정형적 기준 확립
핵심 메시지	“감독은 절차이고, 제재는 설명이어야 한다.” “설명되지 않는 제재는 규제가 아니라 권위다. 금융의 신뢰는 절차와 정당성의 설계 위에 세워져야 한다.”

Ⅲ 제5전략이 남긴 질문

제5전략이 말하는 구조

제5전략은 '금융행정은 신뢰의 구조로 완성되어야 한다'는 선언이다.
금융은 규제가 아니라 신뢰를 설계하는 제도이며,
소비자는 정책의 '끝단'이 아니라,
제도를 설계할 때 맨 처음 고려돼야 할 출발점이다.
신뢰는 사후의 보상이 아니라,
설계 단계에서부터 기능으로, 언어로, 절차로 제도 안에 내장돼야 한다.

- 5.1은 정책과 감독 등의 기능을 분화해, 조율과 책임이 작동하는 구조
- 5.2는 기능 중심 감독으로, 디지털 융합 환경에 맞는 위험 설계 구조
- 5.3은 해석·감독 절차의 설명성과 일관성을 높여, 예측 가능한 행정 구조
- 5.4는 민간과 함께 설계하는 집행 거버넌스를 통해, 피드백이 순환되는 구조
- 5.5는 제재의 강도보다 절차의 정당성·투명성을 통해 신뢰를 구축하는 구조

이 전략이 없다면,
금융의 피해는 늘 개인과 시장의 몫으로 남고,
정책은 사후 대책으로만 반복될 것이다.
그리고 신뢰 없는 금융은 정책의 지속 가능성조차 담보하지 못한다.

전략 5는 다음과 같은 문제점을 바로잡기 위한 설계다:

① 정책과 감독 기능의 미분화로 인한 판단·책임의 혼선
② 건전성 감독과 보호 감독 기능 미분화로 인한 소비자 보호의 후순위
③ 업권 중심 감독으로 인한 융합 금융의 사각지대 발생
④ 자의적 제재, 설명 부족, 불투명한 절차로 인한 신뢰 약화
⑤ 민간 참여 부재로 인한 설계-집행-피드백 간 단절
⑥ 기준과 절차가 설명되지 않는 감독·제재 문화의 지속

우리는 지금,
금융정책의 정당성과 지속 가능성을 다시 설계해야 하는 시점에 와 있다.
정책이 작동하려면 제도가 먼저 신뢰를 말할 수 있어야 하며,
그 신뢰는 제재의 강도가 아니라,
설계의 정당성과 절차의 설명 가능성에서 출발한다.
금융은 다시 설계될 수 있다.
그러나 신뢰는, 반복되는 실망을 견디지 못한다.

? 우리가 던져야 할 질문:

- 금융정책은 누구의 언어로 쓰이고 있는가?
- 정책은 현장의 언어로 쓰이고 있는가,
  아니면 설계자의 시선으로만 쓰이고 있는가?
- 감독과 제재는 설명되는가, 아니면 통보되고 있는가?
- 디지털 시대의 금융은 누구를 설계의 중심에 놓고 있는가?
- 정책은 사건 이후에만 반응할 것인가, 위험을 먼저 구조화할 수는 없는가?
- 금융행정 인프라는 기능 중복과 책임의 혼선 없이 제대로 작동하는가?

■ 전략자의 시선: "금융정책의 첫 문장은, 신뢰를 어떻게 설계할 것인가에 대한 선언이어야 한다."

정책은 단지 결과를 관리하는 것이 아니라,
위험을 예측하고 책임을 구조화·명확화하며,
현장의 참여가 작동하도록 설계하는 시스템이다.

제5전략은 정책을 기획하고 감독하며 집행하는 전 과정이
예측 가능하고 설명 가능한 구조로 작동해야 한다는 제안이다.

- 기능은 중복되지 않고,
- 책임은 분산되지 않으며,
- 절차는 이해 가능하고,
- 정책의 언어는 현장과 연결되어야 한다.

정책은 더 이상 '사고 뒤의 보상'이 아니라,
위험이 발생하기 전에 책임과 대응을 구조화하는 설계여야 한다.
특히, 새로운 기술이 태동하는 초기에 혁신과 리스크를 식별할 수 있어야 하며,
자금이 필요한 곳에 자금이 제대로 닿고 있는지 늘 돌아봐야 한다.

금융정책이 신뢰를 회복하기 위해 필요한 것은
단순히 '더 많은 규제'가 아니라,
작동하는 제도, 설명되는 절차, 연결된 책임의 구조다.

Ⅳ 현장 진단과 전략적 통찰

1. 정책이 놓친 장면들

《보상은 받았지만, 보호는 없었다》

- 5.1 금융행정 인프라 재설계와 기능의 분화 -

고령 투자자 A씨는 사모펀드 불완전판매로 인해 손해를 본 뒤 금전적 보상을 받았다. 하지만 그는 "다시는 금융상품을 믿을 수 없다"고 말했다. 보상은 있었지만, 보호는 없었다. 사후 구제는 신뢰를 되돌리지 못했고, 제도는 피해를 막지 못했다.

이 사건은 단지 소비자보호 실패를 말하는 게 아니다. 금융감독 구조가 왜 기능별로 분화돼야 하는지, 왜 소비자보호가 건전성에 종속되지 않고 독립된 축으로 강화돼야 하는지를 보여주는 상징적 장면이다.

금융소비자 보호가 단지 사건 발생 후의 보상이 아니라, 상품 설계와 정보 제공, 판매 행위 전 과정에서 작동하는 '사전 구조'가 되려면, 보호 기능은 감독 내에서 동등한 위상과 독자적 판단권을 가져야 한다.

이 장면이 말하는 정책의 과제

- 소비자 보호는 사후 구제가 아니라, 감독의 독립 축이 되어야 한다.
- 취약계층 보호, 설명 책임, 판매구조 설계 등 사전적 제도화가 필요하다.
- 소비자보호처의 기획-권한-독립성 확대는 단지 기능 강화가 아니라, 건전성 감독과 병렬 구조를 이루는 쌍봉 감독체계의 핵심 구성요소이다.

《변화는 없었다 - 톤앳더탑(Tone at the Top)의 부재》

- 5.1 금융행정 인프라 재설계와 기능의 분화 -

AI와 디지털 혁신이 국가 곳곳을 빠르게 변화시키고 있다. 그러나 정작 변화의 가장 느린 지점은 정부당국의 최고 의사결정자들이 아닐까.

조직은 리더를 따라 움직인다. 리더가 스스로 변하지 않으면, 혁신은 문서 속 구호에 머문다. 디지털 시대는 시스템과 규율만 바꿔서 끝나지 않는다.

리더십 자체가 변해야 진짜 변화가 시작된다.

AI를 단순한 보조 도구로 삼는 것이 아니라, 리더 스스로 학습하고, 이해하고, 선도하고, 모범이 되어야 한다. 기술이 아니라 리더십이 혁신의 문을 연다.

이 장면이 말하는 정책의 과제

- 생성형 AI 활용은 사무관에게 더 필요할까, 장관에게 더 필요할까?
- 디지털 전환은 시스템 구축이 아니라, 리더십 문화의 전환에서 시작돼야 한다.
- 최고 의사결정권자가 AI·디지털 도구를 직접 이해·활용하는 모델링이 필요하다.
- 변화는 하향식 지시가 아니라, 상향식 자율과 모범을 통한 문화 형성으로 이뤄져야 한다.
- "톤앳더탑(Tone at the Top)"은 기술혁신 시대일수록 정부에 더욱 필요하다.
- AI 시대 리더쉽은 민주적이고 혁신적이고 선도적이고 모범적이어야 한다.

《같은 서비스인데 다른 감독 – 업권 중심 체계의 비대칭》

- 5.2 기능 중심 감독체계 전환 -

핀테크 기업은 신용중개 서비스를 제공하고 있었지만, 전통 금융사와는 다른 감독을 받고 있었다. 전통 금융사는 상품 설명서, 내부통제, 공시의무를 따랐지만, 플랫폼 기업은 "우리는 IT 기업"이라는 이유로 규제의 바깥에 있었다. 기능은 같지만, 기준은 달랐다. 업권 중심의 감독은 그렇게 사각을 남겼다.

이 장면이 말하는 정책의 과제

- 같은 행위에 다른 감독 기준 ➜ 기능 중심 규제 원칙이 필요하다.
- 플랫폼·신산업 영역에도 동일 행위 동일 규제 원칙을 적용한다.
- 전통적인 업권 중심 체계로는 융합형 위험을 감지할 수 없다.

《정책은 있었지만, 공식문서는 없었다》

- 5.3 금융당국의 책임성과 투명성 강화 -

B 금융회사 담당자는 "문서로는 없었지만, 그렇게 하라는 지시가 있었다"고 말했다. 공식 해석은 없었고, 비조치의견서도 받지 못했다. 당국의 한 마디는 곧 사실상의 명령이 되었고, 현장은 '관행'이라는 이름으로 움직였다. 그러나 문서 없는 지시는 아무도 책임지지 않는 규제가 되었고, 그 결과 신뢰는 사라졌다.

이 장면이 말하는 정책의 과제

- '관행', '뉘앙스', '공식 없는 지시'는 정책 신뢰를 해치는 구조적 리스크
- 유권해석과 비조치의견서 절차를 제도화·공개화해야 한다.
- 민원 응답 체계의 표준화·디지털화와 설명 책임을 강화해야 한다.

《있지만 없는 제도 - 유권해석, 질문조차 허용되지 않는 구조》

- 5.3 금융행정의 책임성과 투명성 강화 -

중견 금융회사의 법무팀은 신기술 기반 서비스에 대해 법령 해석이 필요한 상황이었다. 하지만 유권해석을 요청하자 돌아온 답은 "그건 하지 말라", "정식 절차 없이 진행하지 마라". 공식 해석 요청은 기피되고, 전화 문의는 기록에 남지 않으니 선호된다. 결국 실무자는 "그냥 조용히 넘어가자"고 결론을 낸다. 질문이 차단된 곳에서는, 해석도 책임도 투명하지 않다.

이 장면이 말하는 정책의 과제

- 유권해석·비조치의견서 수요는 현장에서 매우 크고 제도도 존재하나, 실무 현장에서는 이를 받아 내기가 쉽지 않다.
- 공식 요청을 기피하거나 지연시키는 관행이 제도의 실효성을 약화시킨다.
- 해석을 받기 어려운 구조는 혁신을 위축시키고, 법적 불확실성을 확대한다.

- 금융당국은 유권해석·비조치의견 기능의 중요성을 인식하고, 전담 조직과 인력을 실질적으로 강화할 필요가 있다.
- 유권해석·비조치의견은 수범자의 정당한 권리임을 법령 또는 감독규정에 명시하고, 그 권리가 현실에서 실현될 수 있도록 접근성과 책임성 중심의 구조 재설계가 필요하다.

《건의는 했지만, 결과는 아무도 몰랐다》

- 5.4 민간참여 기반 규제 설계 -

핀테크 스타트업 C사의 대표는 규제 개선을 제안했다. 그러나 그 건의가 어떻게 처리됐는지, 수용 여부는 물론 사유조차 회신받지 못했다. "민관협의체"라는 이름은 있었지만, 책임 주체도 없고, 절차도 없었다. 건의는 제출됐지만, 결과는 남지 않았다. 심지어 어떤 경우에는, 건의 사실 자체가 불편한 시선과 의심을 불러일으키기도 했다. 규제를 건드린다는 것은 곧 보이지 않는 불이익을 각오해야 한다는 무언의 분위기. 피드백 없는 설계는 신뢰받기 어렵고, 위축된 현장은 혁신을 낳을 수 없다.

이 장면이 말하는 정책의 과제

- 민간 건의는 일회적·단편적 절차가 아니라 구조로 제도화돼야 함
- 불수용 사유의 책임 있는 공시, 규제 실명제, 규제 영향평가 도입은 필수
- 설계 책임에 이름을 붙여야 책임 있는 피드백 구조 확립 가능
- 민간의 건의를 당연한 권리로 이해하는 진정한 서비스 금융행정 문화 조성

《제재는 통보가 아니라, 설명이어야 한다》

- 5.5 금융감독 및 제재절차의 공정성·투명성 제고 -

A 금융회사 전직 임원은 제재를 받은 뒤에도, 그 사유와 판단 기준에 대해 충분한 설명을 들을 수 없었다.

제재심에 참석해 하고 싶은 말이 많았지만, 진술 기회는 제한적이었고,
판단은 이미 기정사실처럼 느껴졌다.
이의제기 절차가 있다고는 했지만,
실질적으로는 최초 제재를 결정한 동일 기관 내에서 다시 심의가 이뤄졌고,
결과는 예상했던대로 다르지 않았다.
절차는 있었지만, 형식에 머물렀다.
설명은 없었고, 납득은 더 어려웠다.
제재는 끝났지만, 남은 것은 가시지 않는 억울함과 깊은 불신이었다.
감독이 신뢰를 얻기 위해 필요한 것은 권위가 아니라 '설명'이며,
절차는 단순한 요식이 아니라 정당하게 설계된 구조여야 한다.

이 장면이 말하는 정책의 과제

- 제재는 권위보다 절차적 정당성이 중요하다.
- 사전 설명, 구체적 고지, 독립적 이의심의 절차가 제도화돼야 한다.
- 제재 기준의 일관성과 예측 가능성 확보가 핵심이다.
- 재판에도 2심, 3심이 있는 것처럼, 실질적인 이의제기권이 보장돼야 한다.
  - → 동일 기관 내 내부 심의만으로는 납득 가능한 검토 구조가 어려움.
  - → 금융위 내에 민간 전문가 중심의 독립적 이의심의기구를 별도로 설치해, 제재 대상자의 절차적 방어권을 실질적으로 보장하는 구조를 검토

2. 저자의 메모 - 정책의 언어로 생각하다

《저자의 메모 | 금융행정을 다시 설계한다 ①》

"기획과 판단, 나눠야 정책이 작동한다."

아주 단순화해 말하자면, 금융정책은 미래를 설계하는 기획이고, 금융감독은 과거를 읽어내는 판단이다. 정책과 감독은 바라보는 시간축과 작동 방식이 다르기 때문에, 가능한 한 분리해 설계하는 것이 타당하다.
그러나 지금의 한국 금융행정은 이 두 기능이 명확히 구분되지 않은 채,
금융위원회와 금융감독원이 모두 정책과 감독을 혼합 수행하는 구조를 유지하고 있다.

이는 단지 조직 효율의 문제가 아니다.
어떤 문제가 발생했을 때, 그것이 정책 실패인지 감독 부재인지조차 책임을 구분하기 어렵다.
정책은 미래를 설계하려는 시도이지만, 감독은 현재의 이상을 교정하려는 기능이다.
이 두 기능이 하나의 기관 혹은 체계 내에서 혼재하거나, 심지어 한 담당자가 함께 수행할 경우,
정책은 위축되고, 감독은 경직될 수 있다.

그 구조적 혼재는 특히 디지털 금융 혁신이 빠르게 등장하는 오늘의 환경에서
치명적인 비효율을 초래할 위험이 있다.
새로운 기술과 서비스가 나타났을 때,
그것이 조장하고 지원해야 할 '혁신정책의 대상'인지,
아니면 위험성과 리스크를 유발할 '감독·규제의 대상'인지를 구분하는 일 자체가 모호해진다.

그런데 지금처럼 동일한 기관, 동일한 부서, 심지어 동일한 담당자가
정책과 감독을 함께 수행할 경우,
이 판단은 늘 일관성을 잃고 오락가락할 수밖에 없다.

혁신을 리스크로 오인해 필요 이상으로 규제하거나,
리스크를 혁신으로 착각해 감독의 타이밍을 놓치는 일이 반복된다.
이는 단지 우연한 실수가 아니라, 구조적 설계의 실패에서 비롯된 문제다.

나는 금융위원회를 정책 중심 기관(특히, 독임제형인 금융혁신부)으로 재편할 것을 제안한다.
구체적으로는 예컨대, △금융정책실 △금융감독실 △총괄조정지원실 등으로 기능을 분리하고,
이 중 금융감독실은 금융건전성감독과 금융소비자보호감독 관점에서 금융감독원과의 정책 연계,
법령 체계 정비, 감독 기준 조율 기능에 집중해야 한다.

반대로 금융감독원은 정책적 판단 부담에서 벗어나,
현장에 밀착된 감독 기능에 더욱 집중할 수 있어야 한다(금융감독권능을 금감원에 보다 이양).
이는 단순한 역할 분장이 아니라, 감독기관의 실질적 권한 강화를 위한 출발점이다.
금융감독원은 시장 리스크에 대한 감시와 판단, 검사 및 제재의 집행 주체로서
책임 있는 감독 행정의 중심축으로 기능을 명확히 해야 한다.

그리고 금융위원회가 진정한 금융정책 컨트롤타워로 기능하기 위해서는
기획재정부가 수행하고 있는 국제금융 기능 중 일부를
금융정책의 관점에서 재배치하는 방안도 고려해야 한다.

기재부의 국제금융 기능은 그 성격상 두 가지로 구분할 수 있다.
하나는 국가 거시경제정책의 일환으로 수행되는 대외건전성 관리, 환율정책 기조 설정, 국제통상 협력 등으로, 이는 계속 기획재정부가 주관하는 것이 바람직할 것이다.
그러나 또 하나는, 금융시장 안정을 위한 자본유출입 동향 감시,
자금시장과 외환시장의 연계대응, 글로벌 자금흐름에 대한 실시간 모니터링 등
명백히 금융정책적 대응이 필요한 기능들이다.
이러한 기능은 금융위원회 또는 미래의 금융혁신부가
직접 수행하지 않으면, 금융리스크에 대한 정책적 선제성과 일관성을 확보하기 어렵다.

금융은 더 이상 국내 시장만의 문제가 아니다.
글로벌 시장과 정책 리스크가 일상적으로 교차하는 시대에,
정책·감독·국제금융 기능의 통합 설계는 선택이 아니라 필수다.

지금처럼 정책과 감독이 혼재된 구조에서는
감독기관조차도 정무적 판단에 흔들리고, 리스크 판단이 지체되기 쉽다.
오히려 감독의 독자성과 일관성을 보장하려면,
감독기관에 권한을 부여하고 정책으로부터 독립성을 확보해주는 것이 필요하다.
정책과 감독의 기능 분리는,
감독 기능의 약화가 아니라 강화를 위한 토대가 되어야 한다.

금융은 위기에 대응하면서 미래를 설계하는 영역이다.
기획과 감시를 분리하되, 이 둘을 정교하게 연결하는 설계자 기능을 강화하고,
글로벌 리스크를 통제할 수 있는 신속하고 통합된 정책 구조를 마련해야 한다.
그것이 지금 우리가 지향해야 할 금융정책 체계의 방향이 아닐까.

[참고] 국가별 금융감독체계 비교표

국가	중앙은행 역할	정책기관	감독기관	특징 요약
미국	FRB (통화정책 중심)	재무부	FDIC, OCC, SEC, CFPB 등	다원화 체계, 기능별 분산 감독
영국	영란은행	재무부 (정책 조율)	PRA(건전성), FCA(시장행위·소비자 보호)	이원화 체계, 기능별 전문 감독
독일	연방은행	재무부	BaFin	통합감독체계, BaFin 중심
프랑스	프랑스은행 (Banque de France)	재무부	ACPR(건전성), AMF(독립시장감독기구)	중앙은행 산하 건전성 감독 + 독립 시장 감독기구 병행
일본	일본은행	재무성	금융청(FSA)	정책(재무성)–감독(FSA) 분리 구조
호주	호주중앙은행 (RBA)	재무부	APRA(건전성), ASIC(시장/소비자 보호)	쌍봉형 모델, 기능별 감독 분리
캐나다	캐나다 중앙은행	재무부	OSFI(건전성), CSA(주정부, 증권), FCAC(소비자)	연방–주 이원화 + 기능별 분리형 감독
싱가포르	MAS	MAS	MAS	단일기관 통합 운영, 정책+감독 일원화
중국	인민은행 (PBOC)	국무원 산하 정책기구 다수	NFRA, CSRC	감독조직 재편(2023), 중앙집중형
홍콩	HKMA	재무부 (간접 조정)	HKMA(은행), SFC(증권), OCI(보험), MPFA(연금)	분야별 감독기구 병존, 금융시장 중심 특수 구조
한국	한국은행	금융위원회 (정책+감독 권한)	금융감독원(사실상 정책+감독 수행)	이원 구조이나 정책과 감독 실질적 혼재 구조

⇒ **국가별 금융감독체계 요약 정리**

- 미국·캐나다: 기능별 다원 감독 체계 ➜ 복잡하지만 전문성 강화
- 영국·호주: 건전성과 행위 감독 분리 ➜ 쌍봉형 모델
- 독일·프랑스: 중앙은행+독립기구 협업 체계
- 일본: 정책(재무성)–감독(FSA) 분리
- 싱가포르: 정책·감독·통화까지 MAS가 통합 수행 ➜ 효율과 일관성
- 한국: 실질 혼재 구조 ➜ 명확한 역할 정비 필요

➜ 정책과 감독을 병렬로 갖는 구조가 아니라, 역할이 혼재 된 구조가 한국 금융정책의 가장 큰 비효율(금융정책기구를 '위원회형 행정청'으로 둔 나라는 우리나라뿐)

《저자의 메모 | 금융행정을 다시 설계한다 ②》

-"조직 설계로서의 연성형 쌍봉 모델"

한 기관, 두 기능을 조화롭게 담아내는 연성형 쌍봉 구조 구축

금융감독원 역시 새로운 시대의 위기에 맞게 감독 기능의 내부 감독 구조를 다시 설계할 필요가 있다. 이는 금융위원회의 조직 개편 방향과도 그 궤를 같이 한다. 나는 이를 위해 금감원을 건전성감독과 소비자보호감독이 병렬로 작동하는 '연성형 쌍봉 모델'(soft dual-peak system)로 개편할 것을 제안한다.

이는 외국의 쌍봉형 모델처럼 감독기관을 분리하는 방식과는 다르다.
현실성과 효율성, 행정 일관성을 고려할 때
하나의 기관 안에서 기능적 독립성과 전문성을 확보하는 구조가 더 바람직하다.

최근 논의되는 방안 중 하나인 금융소비자보호위원회·금융소비자보호원의 기관 분리안[62]은 실질적으로는 독립 기관이 4개가 되는 셈이어서 민원인에게는 4중 창구를 만드는 비효율을 야기할 수 있다. 그리고 정보 단절, 정책조율의 어려움이라는 부작용도 무시할 수 없다.

그래서 나는 금융소비자보호원을 독립시키는 방안 대신에, 금감원을
△총괄조정지원, △금융건전성감독, △금융소비자보호, △검사지원 등으로
구분하는 방안을 제안한다(예시. 금융소비자보호 기능의 위상 및 독립성 제고가 핵심).

- 총괄조정지원: 예컨대, 감독규정 등 정비, 감독정책 조정, 조직 운영 등 행정 기반 기능을 맡는다.
- 금융건전성감독: 전통적인 리스크 중심 건전성 감독 기능을 수행한다.
- 금융소비자보호: 민원, 분쟁조정, 상품 심사, 소비자보호 법제까지 독립적 권한을 갖고 운영한다(경우에 따라 시장감시 기능도).
- 검사지원처: 양 기능을 모두 지원하는 중립적 검사 플랫폼으로 작동하며, 검사 기획과 집행에서의 권한 편향을 방지하고, 소비자 보호와 건전성 감독의 균형을 검사 단계에서 구현하는 기능을 수행해야 한다.

핵심은 소비자 보호 기능이
법령 제개정권, 독자적 정책권, 검사 및 제재 관련 권한을 확보하고
금융정책의 다른 목적과 조화롭게 맞물릴 수 있도록 설계하는 것이다.

소비자는 더 이상 감독의 부속 대상이 아니라,
감독을 구성하는 독립된 축이다.
진짜 독립이란, 조직의 간판이 아니라 권한과 기능에서 시작돼야 한다.

《저자의 메모 | 연성형 쌍봉형 모델로의 전환》

- "금융감독 철학의 중심에 소비자를 놓는다는 것"

우리는 금융소비자 보호를 말하지만,
정작 정책과 감독의 중심 구조 안에는 소비자가 없다.
지금의 감독 체계는 금융회사와 시스템의 안정이 최우선되는 구조다.
금융회사와 시스템을 먼저 지키고, 소비자 보호는 늘 그다음에 밀린다.

그러나 위기가 터질 때마다 우리가 마주한 것은 무엇이었나?
'수익률'보다 '피해'가, '건전성'보다 '신뢰'가 정책의 중심에 떠올랐다.
DLF 사태, 라임·옵티머스 사태, 사모펀드 문제 모두
'시스템은 정상이지만 소비자는 무너졌다'는 아이러니를 보여준다.

문제는 단지 특정 사건이 아니다.
감독 체계 안에서 소비자 보호 기능이 '보완' 수준에 머무르도록 설계돼 있다는 점이 더 크다.
기구 내 위치, 권한, 법령 해석 권한, 검사 집행권 모두에서
소비자 보호는 여전히 '사후 대응 부서'로 머무르고 있다.

나는 소비자 보호 기능을 독립성과 대등성을 갖춘 체계로 격상해야 한다고 본다.
감독기구 내부에서 건전성 감독과 소비자 보호 감독이 병렬적으로 작동하고,
검사와 제재에서 동등한 권한과 법령 해석의 독자성을 확보해야 한다.

이는 흔히 논의되는 '쌍봉형 감독 모델'과 맥락을 같이하지만,
기관을 물리적으로 나누는 '경성형(경직적 분리형) 쌍봉 구조'가 아니라,
같은 기관 내에서 기능별 독립성과 책임성을 구현하는
'연성형(유연 통합형) 쌍봉 구조'가 더 현실적이다.

연성형 쌍봉 구조의 특징은 다음과 같다:
- 기관 분리 없이도 기능별 대등성과 독자성 확보
- 소비자 중심 감시체계를 행정 일관성 속에서 구현
- 민원인과 시장에 혼란을 주지 않고도 권한 구조 개선 가능

'쌍봉형'이란 단순히 조직도를 나누는 일이 아니라,
감독의 기준과 판단의 중심에 소비자가 실질적으로 존재하게 하는 설계다.

소비자는 더 이상 감독의 부속 대상이 아니라,
감독을 구성하는 하나의 주체, 정책의 출발점이다.
진정한 보호는 감시가 아니라, 권한 부여에서 시작된다.

62) 김현정 외 13인, 「금융위원회의 설치 등에 관한 법률 전부개정법률안」, 제3771호, 제21대 국회, 2024. 9. 6. 발의.

《저자의 메모 | 금융범죄는 기술로 진화하는데, FIU는 어디에 있는가》

"디지털 범죄는 진화하는데, 대응 체계는 과거에 멈춰 있다."

대세로 고착된 디지털 자금세탁, 점점 급증하고 지능화되는 가상자산 기반 범죄, 글로벌 자금흐름 분석. 금융정보분석원(FIU)은 지금 이 기술과 범죄의 진화 속도를 따라가고 있는가?

현행 구조에서 FIU는 금융위원회 산하의 부속 조직이다.
FIU의 직원들은 금융위 직원들이 잠시 거쳐 가는 '한직'이거나,
주요 법집행기관 공무원들의 단기 파견처일 뿐이다.
위치는 '금융위 내부 부서'지만, 기능은 '범정부 범죄정보 허브' 역할을 해야 하는
기묘한 지점에 놓여 있다.
정보를 제공하는 금융회사와, 이를 활용해야 하는 수사기관·과세기관 사이에서
FIU는 중립성도, 독자성도, 전문성도 약한 단순 전달자에 머물고 있다.

문제는 단지 법적 지위가 아니다.
기민성, 통합성, 기술 역량이 떨어지고 있으며, 그 문제는 갈수록 심각해지고 있다.
지금의 구조로는 블록체인 분석, AI 기반 이상거래 감지, 실시간 자금 추적 등
기술 기반 범죄 대응에서 선도기관이 되기 어렵다.

더 근본적인 문제는,
지금 대한민국 어디에도 디지털 기반 금융범죄에
일관되고 통합적으로 대응할 조직이 없다는 점이다.
검찰과 경찰은 각각의 수사권에 따라 단편적으로 움직이는 국내용 기관이고,
국정원은 과거의 '정보기관' 이미지에서 벗어나지 못한 채
민간감시 논란에 갇혀 제 기능을 수행하지 못하고 있다.
그 틈을 메워야 할 FIU마저 정책기관의 부속으로 남아 있다면,
대한민국의 범죄 대응 체계는 구조적으로 비어 있는 셈이다.

디지털 시대에는 새로운 유형의 자금세탁 수단과 금융범죄 방식이 끊임없이 등장한다.
범죄는 점점 더 교묘하고 지능화되며,
어느 한 국가기관이 단편적으로 추적하거나 대응하기엔 한계가 분명하다.
문제는 단지 개별 사건이 아니라,
디지털 범죄 정보를 통합·분석·예방할 수 있는 국가 차원의 정보 허브,
그리고 범정부적인 범죄 대응 체계의 고도화가 절실하다는 데 있다.

FIU는 그 설계의 중심이 되어야 한다.

나는 FIU를 명실상부한 독립기관으로 격상시켜야 한다고 생각한다.
그리고 그 목적은 단지 행정 조직 개편이 아니라,
국가 범죄예방 및 수사체계의 고도화라는 전략적 목표로부터 출발해야 한다.
FIU는 정보 수집·공급자(금융회사)와 정보 수요자(검경, 국세청 등) 사이에서
신뢰를 유지하면서도 정책 권력으로부터 자유로운 중립 허브로 작동해야 한다.
예컨대 국무총리 산하 기관으로의 독립은 그 첫걸음이 될 수 있다.

FATF 등 국제기구의 요구도 갈수록 강화되고 있다.
"돈의 흐름을 추적하는 기관이 정치의 눈치를 본다"는 인식을 없애지 않으면,
대한민국의 범죄방지 체계 또는 자금세탁방지 체계는 껍데기만 남게 된다.

글로벌 금융범죄의 정점에 놓인 지금,
FIU의 위상은 더 이상 기술의 변화보다 뒤처져선 안 된다.
정보는 흐르고 있는데, 제도는 멈춰 있다.

[참고] FIU 소속 국가별 비교

국가	소속 조직	법적 지위	주요 특징 및 구조 요약
미국	재무부 산하 FinCEN	독립 부서	법집행기관(IRS, FBI 등)과 강한 연계, AML·테러자금방지 중심
영국	국가범죄청(NCA) 산하 UKFIU	준독립 조직	경찰 및 정보기관과 통합적 운영, 리스크 분석 중심
독일	연방재무부 산하 FIU	재무부 직속	2017년 개편 후 분석 기능 강화, 통합적 감독·수사 연계 강화
일본	경찰청 산하 범죄수익이전방지대책실	경찰청 내부부서	수사기관 중심 FIU 모델, 수사 연계 중심 구조
싱가포르	싱가포르 경찰청 산하 CAD(FIU)	경찰청 산하부서	범죄수익추적 및 국제 공조 특화, MAS와 연계
한국	금융위원회 금융정보분석원	금융위 내부조직	정책 부속 기능, 수사기관과의 독립성 부족, 중립성과 전문성 모두 약화

해설 요약

- 대다수 국가는 FIU를 수사기관(경찰청 등) 산하에 두거나 별도 독립기구로 설치
- 한국은 정책기관인 금융위원회 내부에 편재(매우 이례적) ➜ 중립성, 기술 역량, 독자성 취약
- FATF 등 국제기구는 중립성·정보통합·정책독립성을 지속적으로 요구 중

* FIU 독립성 핵심 기준(FATF)

① 제도적 독립성 ➜ 정책기관으로부터 조직·인사·예산의 분리
② 분석 전문성 ➜ 기술기반 정보 수집 및 선제 분석 기능 확보
③ 실시간 협력 체계 ➜ 수사기관과 실시간 정보 공유 시스템 구축
⇒ FATF는 독립성, 분석역량, 실시간 협력체계 3요소를 FIU의 핵심 기능으로 규정한다. 한국의 FIU는 그 기준 중 어느 하나도 충족하지 못하는 구조에 머물러 있다.

《저자의 메모 | 융합형 전문가 없이 복잡성은 통제되지 않는다》

**- "단일 전문성으로는, 복잡한 시대를 설계할 수 없다.
융합형 설계자만이, 정책의 문법을 다시 쓸 수 있다."**

정책의 실패는 실행력 부족이 아니라 설계력의 부재라는 인식에서 이 책은 출발했다.
그러나 복잡한 현실을 설계하려면, 그 복잡성을 읽을 수 있어야 한다.
그리고 지금은 단일 분야의 전문가만으로는 그 복잡성을 충분히 해석할 수 없는 시대다.

금융정책은 이제 디지털, AI, 법제, 리스크 관리, 산업, 소비자 보호, ESG, 글로벌 규율, 금융 실무 등을 동시에 고려해야 하는 종합적 설계의 영역이다.
단순히 A와 B를 각각 잘 아는 전문가를 확보하는 것만으로는 충분하지 않다.
진짜 중요한 역량은, A와 B가 만났을 때 발생하는 C라는 새로운 융합지점의 구조를 예측하고 분석하며 설계할 수 있는 능력이다.

융합형 전문가는 단순히 여러 분야를 조금씩 아는 사람이 아니다.
각 분야를 충분히 경험하고, 그 경계에서 새로운 구조를 상상할 수 있는 기획자이자 설계자다.

앞으로의 거버넌스는 단일 분야 전문가만으로는 부족하다.
이제는 융합형 전문가 그룹을 어떻게 양성하고 정책 설계에 실질적으로 투입할 것인가가 핵심 과제가 되어야 한다.

기능 중심의 감독체계로 전환되는 지금,
그 연결 지점을 설계할 수 있는 융합형 전문가의 역할은 더욱 중요해진다.

➜ 이에 대한 구체적 인재 구조와 조직설계 방향은 제4전략의
《저자의 메모 | 전문성이 없는 거버넌스는, 변화에 따라갈 수 없다》를 참조.

《저자의 메모 | 제재는 권력이 아니라, 책임의 설계다》

"제재는 처벌이 아니라, 책임을 설계하는 제도의 언어다."

금융회사의 위법 행위에 대한 제재는
단순히 위반을 벌하는 도구가 아니다.
그것은 감독기관이 신뢰받기 위해 갖춰야 할 최소한의 절차적 정당성이자,
제도의 설계 철학이 드러나는 지점이다.

2024년 7월부터 시행된 금융회사지배구조법 내용은
이런 관점에서 매우 중요한 변화를 담고 있다.
새로 도입된 제재특례 조항(제35조의2)은
최고경영진이 내부통제 관리조치를 적절히 하지 않은 경우,
그 '행위'나 '감독' 책임 여부와 무관하게
그 자체만으로도 제재가 가능하도록 만들었다.

이는 기존의 행위책임의 대원칙을 사실상 수정하는 규정이며,
일각에서는 '금융판 중대재해처벌법'이라는 이름으로 부르기도 한다.
그만큼 강력하다.

나는 이 제도가 tone-at-the-top의 관점에서
최고경영진의 내부통제 책임 인식을 획기적으로 높인다는 점에서
긍정적 효과를 가지고 있다고 본다.

그러나 동시에 경계해야 할 것도 있다.
예측 가능한 기준 없이, 금융당국이
'보여주기' 또는 '지목형' 제재에 이 제도를 활용할 경우,
그 제도는 목적을 달성하지 못한 채
금융의 지나친 보수화, 경영 의사결정의 위축, 책임 회피의 구조화를 초래할 수 있다.

나는 이 조항의 적용에 있어
고의 또는 중대한 과실에 의한 내부통제 실패의 경우에만
엄격한 요건과 절차에 따라 예외적으로 신분상 제재를 적용하고,
단순한 관리 과실이나 구조적 한계에 따른 사고의 경우에는
회사의 금전적 책임 ➔ 주주에 의한 임원책임 회수 구조로 정착시키는 것이
보다 선진적인 균형점이라고 본다.

한편, 감독기관의 제재 구조도 여전히 재설계가 필요하다.
내가 과거 위원으로서 경험한 금감원의 제재심의위원회는
금감원이 대심구조를 도입하고 형식적 절차는 어느 정도 개선되었지만,
아직도 민간위원을 자의적으로 그때그때 선별한다는 비판,
재심절차(이의신청)의 실효성 부재,
위원장·위원의 성향에 따라 방어권 보장이 달라질 수 있다는 문제가 남아 있다.

더 큰 문제는 금융위원회다.
법률상 제재의 최종 판단기관이지만,
검사를 직접 수행하지 않고 사실관계에 대한 숙지가 부족하다 보니
결국 실질적 판단 없이 원안이 통과하는 구조,
또는 정무적 결정만 남는 구조가 반복된다.

나는 이 구조를 다음과 같이 바꿔야 한다고 생각한다.

- 금감원 중심의 실질적 감독·검사·1차 제재
- 금융위는 위원회 대신 독임제 행정청으로 전환하여 신속한 정책 의사결정 중심화하되 제재와 관련해서는 민간전문가 중심의 '이의심의기구'를 설치
  - ➔ 마치 사법절차의 상급심처럼
  - ➔ 당사자 방어권과 외부성, 균형성을 갖춘 절차

제재는 단호해야 하지만, 그 단호함이 제도의 설계 위에 있을 때만 정당하다.
감독은 현실을 조정하지만,
제재는 책임을 설계해야 한다.

PART 3

이제 남은 질문

- 정책은 무엇을 설계해야 하는가

결론 - 지금, 금융을 다시 설계한다는 것의 의미

"좋은 정책은 의지만으로 되지 않는다 - 작동하는 구조로 설계돼야 한다"

■ 다시, 금융을 설계한다는 것은 무엇인가?

금융정책은 법이나 절차를 넘어서,
기회와 보호가 누구에게 가는지를 정하는 사회적 선택이다.

이 책이 던진 질문은 단 하나였다.

> "정책은 넘쳐난다. 그런데 왜 현실은 그대로인가?"

답은 수치나 법령이 아니다.
정책이 작동하려면, 그것이 어떻게 설계되었는지, 현실에서 어떻게 연결되는지,
실패 이후에도 다시 작동할 수 있는 구조인지를 묻는 질문이 먼저여야 한다.

지금까지의 금융정책은 때로는 강했고, 때로는 유연했지만,
위기가 반복된 진짜 이유는 정책이 부족해서가 아니라,
제도가 서로 연결되지 않았고 작동하지 않았기 때문이었다.
정책들은 나열되었지만, 방향도, 우선순위도 없었다.

이제 중요한 건 '더 많은 정책'을 쏟아내는 게 아니라,
하나의 정책이라도 제대로 작동하게 만드는 틀을 만드는 일이다.

▨ 이 책이 제안한 다섯 개의 전략

제1전략은 금융 시스템의 복원력과 시장의 안정성을 재구축하는 전략이었다.
제2전략은 무너진 금융소비자 신뢰를 책임과 설명의 구조로 회복하려는 시도였다.
제3전략은 실물경제와 사회의 사각지대에 자금을 닿게 하기 위한 금융의 사다리 복원이었다.
제4전략은 AI·디지털 기술 변화와 플랫폼 질서 속에서 새로운 금융 구조를 설계하는 전략이었다.
제5전략은 이 모든 전략이 실제로 작동할 수 있도록, 금융행정과 감독의 실행 구조를 재설계하는 일이었다.

이 전략들은 문제를 쪼갠 게 아니라,
정책이 현실에서 어떻게 작동해야 하는지를 여러 방향에서 설계한 것이다.
각각은 하나의 구조를 다른 각도에서 풀어낸 설계이자,
금융정책이 '문서'가 아니라 '실행'이 되기 위한 조건들이다.

■ 정책이 말뿐인 '그냥 정책'으로 끝나지 않기 위해서는

금융정책은 이제, 단순한 규제와 규범의 모음이어서는 안 된다.
그것은 현실을 설계하고, 기회를 연결하는 구조여야 한다.
정책이 작동하려면, 다음과 같은 현실의 조건을 바꿔야 한다.

- 정책은 위기를 잠시 막는 것이 아니라, 누구든 다시 시작할 수 있게 해주는 구조여야 한다. 언제든 회복 가능한 시스템으로 설계되어야 한다.
- 감독은, 문제를 지적하고 처벌하는 절차가 아니라, 왜 그런 일이 벌어졌는지 설명하고, 이해와 신뢰를 회복하는 과정이어야 한다. 누군가에게 납득될 수 없다면, 그 감독은 권위만 있고 설득은 없게 된다.
- 금융은, 수익률을 비교하는 상품이 아니라, 청년이 도전하고, 고령자가 안심하며, 작은 기업도 한 칸 위로 올라설 수 있는 '기회의 사다리'가 되어야 한다.

이러한 변화는, 그저 법만 바꾼다고 되는 일이 아니다.
정책을 설계하는 사람, 감독을 집행하는 조직, 금융을 실행하는 기업은
그 제도가 어떤 사회적 결과를 만들어내는지에 대한
인식과 책임을 함께 가져야 한다.
정책이 기술이 아니라 사회적 언어인 이유다.

■ 덧붙이는 제안: 정책 언어의 재정의

우리는 그냥 '정책 문서'를 쓰는 게 아니다.
우리가 만드는 건 사람들이 이해하고, 사회가 함께 납득할 수 있는 이야기다.

금융정책은 전문가의 언어가 아니라,
이해 가능한 설명, 도달 가능한 구조, 신뢰 가능한 절차로 설계되어야 한다.
그럴 때에만 금융은 특정 집단의 기능이 아니라,
사회 전체의 기반 인프라가 된다.

? 우리가 마지막으로 다시 던져야 할 질문들

- 정책은 왜 책상 위와 현장에서 다르게 작동하는가?
- 지금의 금융제도는 누구의 언어, 누구의 삶을 기준으로 설계되어 있는가?
- 우리의 규율과 감독은 누구를 지키고, 누구를 밀어내고 있는가?
- 우리는 어떤 사회를 만들고자 이 모든 금융을 다시 설계하려 하는가?

□ 마지막으로, 내가 이 책을 통해 말하고 싶었던 것은

우리가 말하는 정책의 구조란, 단순한 정책 나열이 아니다.
"우리는 어떤 사회를 만들고 싶은가"라는 질문에서 출발해,
정책의 본질을 다시 묻고, 우리가 향하는 방향에 따라 우선순위를 가려
하나의 서사로 엮어내는 설계의 과정이다.

그 구조는 제도만 잘 만든다고 작동하지 않는다.
정치적 감각, 사회적 책임, 윤리적 기준,
그리고 국민이 믿을 수 있는 신뢰의 토대 위에서만
제대로 움직일 수 있다.

나는 이 책을, 그저 금융에 대해 말하려고 쓴 게 아니다.
금융은 사회를 이끌지는 않지만,
금융이 무너지면 사회도 함께 무너진다.
그래서 우리는 지금, 금융을 다시 설계해야 한다.
국민이 중심이 되는 새로운 금융을,
지금 이 자리에서부터 다시 시작해야 한다.

그동안 '서비스'라는 이름을 달고 있는 금융 행정은,
정작 국민이나 시장 누구에게도 서비스처럼 느껴지지 않았다.
규율과 규제는 존재했지만,
책임과 공감은 구조 속에 설계되지 않았다.
이제는 금융행정 또한
국민을 위한 진정한 서비스가 되어야 한다.

대한민국은 단군 이래 '널리 인간을 이롭게 한다'는 이념 위에 세워졌고,
세종은 그 정신을 백성을 위한 문자로 실현했다.
지금 우리가 금융을 다시 설계하려는 이유도,

그 정신을 오늘의 제도와 정책 언어로 다시 쓰기 위함이다.

대한민국이 경제적으로, 군사적으로, 그리고 특히 문화적으로
세계무대에서 중심에 섰던 때가
과연 지금보다 더 분명했던 적이 있었던가.
그러나 그랬던 우리나라가, 2024년 12월 3일,
순식간에 백척간두의 위기 앞에 멈춰 섰다.
그럼에도 우리는, 힘들고 지쳤지만 조금씩 다시 방향을 잡아가고 있다.
이제는 새로운 시대를 설계해야 할 시간이다.
그 전환의 문 앞에서, 이 책이 작은 밀알 하나가 되기를 바란다.

우리가 설계하려는 것은 단지 금융이 아니라,
우리의 미래를 위한 새로운 질서다.

붙임

전략 구분	세부전략	키워드	전략 목적	위기 구조	정책 핵심 과제 (예시)	핵심 메시지
제1전략 **금융시장 안정 및 리스크 관리**	**"위기는 어떻게 시작되고, 어떻게 감지되며, 어떻게 확산을 차단하고 복원할 수 있는가?"**					
	1.1 금융시장 위기 감지 시스템 (눈과 신경망)	감지	글로벌 연계 금융위기 조기 감지 및 신속 대응	해외 발 위기 전이 ➪ 금리·환율·유동성 이상 ➪ 자산시장 급변	1 실시간 리스크 대시보드 2 위기 공동 판단 체계 3 시나리오 대응 프로토콜 4 AI 기반 감지 시스템	"금융정책의 눈과 신경망을 다시 설계하는 전략"
	1.2 신용위기 전이 차단 (방어선)	차단	가계부채·기업부채로 인한 금융위기 확산 차단	고금리·성장둔화 ➪ 연체 증가 ➪ 소비·투자 위축 ➪ 실물경기 침체 ➪ 금융 시스템 연쇄 충격	1 DSR 정교화 및 고정금리 확대 2 업종별 조기경보 체계 구축 3 민간–정책금융 간 완충장치	"부실이 금융 전체로 전이되지 않도록 끊는 고리"
	1.3 부동산 PF 등 집중 리스크 대응 (외과 수술)	개입	부동산 PF 구조의 전이성 차단 및 제도적 보완	부진 사업장 부실 ➪ 유동화 위축 ➪ 자금시장 경색 ➪ 금융회사 건전성 위기	1 PF 리스크 등급 분류 2 조기 구조조정 시스템 3 정책금융–공적개입 루트 4 정보공시 강화 5 PF 컨트롤타워 설계	"PF는 시장이 아니라, 제도로 관리되어야 한다."
	1.4 시스템 복원력 설계 (네트워크)	복원	시스템 리스크의 선제 감지 및 복원 구조 설계	개별 부실 ➪ 금융간 연계경로 전이 ➪ 전체 시스템 압박	1 SIFI 식별 2 리스크 전이 감시망 3 위기대응 자금 루트 정비 4 거버넌스(금융안정협의체) 강화	"시스템 붕괴를 막는 마지막 방어선"

전략 구분	세부전략	키워드	전략 목적	위기 구조	정책 핵심 과제 (예시)	핵심 메시지
제2전략 금융신뢰 회복과 소비자 중심 구조 설계	"시장의 신뢰는 왜 무너졌으며, 그것을 구조로 다시 세울 수 있는가?"					
	2.1 금융상품 설계책임 강화 (신뢰의 씨앗)	개인	상품 설계부터 판매, 사후구제까지 단절 없는 책임 구조	설계–판매–사후책임 단절 ➪ 이해 없는 동의 ➪ 반복되는 불신, 분쟁	1 설계 단계 소비자 보호 의무화 2 핵심설명서 + 판매기록 추적시스템 3 고위험 상품 전담 판매체계 구축 4 리콜제도·환매권 등 사후보호장치 제도화	"금융은 파는 구조가 아니라, 이해를 설계하는 구조"
	2.2 불법·불공정 행위 대응 체계 구축 (질서 회복)	시장	불법·불공정 행위 차단과 시장 질서 회복	제도 미비 또는 방치 ➪ 감시 부재 ➪ 공정성 훼손 ➪ 개인투자자 이탈 ➪ 시장 왜곡 고착화	1 자본시장 불공정거래 감시·근절 2 사모펀드 책임 강화, 실질감독 체계 3 불법 금융행위 전반에 대한 통합 감시체계 구축 4 내부통제 실효성 확보 및 시장 질서 중심의 통합감독체계 정비	"감시받지 않는 시장은 결국 파국을 향한다"
	2.3 사회적 금융 재설계 (금융의 외연 확장)	사회	금융의 사회적 책임 구조화를 통해 포용성과 지속가능성을 제도화	선언적 ESG ➪ 신뢰의 공백 ➪ 포용·접근 실패 ➪ 금융 신뢰도 하락	1 ESG 금융상품 구조화, 사용처 추적 2 ESG 정보공개 확대 및 사회성과 중심 관리체계 구축 3 사회책임 KPI 제도화·이사회 책임 설계 4 지역 연계형 사회문제 해결 금융모델 및 전달체계 정비	"금융의 신뢰는 사회적 책임에서 비롯된다."

전략 구분	세부전략	키워드	전략 목적	위기 구조	정책 핵심 과제 (예시)	핵심 메시지
제3전략 성장과 회복을 설계하는 금융 전략	**"미래를 키우고, 실패를 회복시키며, 누구도 배제되지 않도록 설계하는 금융 전략"**					
	3.1 정책금융 구조 재설계	성장	산업 성장성과 사회적 사각지대를 연결하는 금융 설계	정책금융 공급 관성화 ➪ 산업구조 변화 반영 실패 ➪ 전략적 자금 흐름 단절	1 전략산업 중심 자금 공급 2 정책금융기관 기능 재정립 3 구조화된 지원 설계	"금융이 산업에 투자하는 방식부터 바꿔야 한다."
	3.2 회생시장 및 재기 생태계 구축	회복	실패 이후의 연쇄 손실을 차단하고, 회복 가능한 기업에 자금이 닿도록 설계	구조조정은 있지만, 회복은 없는 시스템 ➪ 사회적 손실 고착	1 신속회생 설계 2 AMC 및 투자시장 재편 3 조기경보 체계 4 민간자본 유입 구조	"퇴출이 아니라, 회복 가능한 실패를 설계하라."
	3.3 생애주기별 포용금융 전달망 설계	포용	정책금융의 '접근성 격차'를 해소하는 포용 설계	정책은 있으나, 도달 경로는 설계되지 않음	1 생애주기별 회복 설계 2 전달체계 통합 및 상담 강화 3 성과 연동 전달 인프라 구축	"금융의 문턱을 넘지 못한 이들을 위한 설계"
	3.4 K-금융 글로벌화 총력 체계	K-금융	K-금융이 글로벌 외연 확장 및 외국계 금융 유치를 통한 성장 기반 확보	내수시장 한계 고착 ➪ 해외 진출과 유치 모두 제도적 기반 미비 ➪ 글로벌 경쟁력 약화	1 맞춤형 진출 전략 및 금융외교 플랫폼 2 외국계 유치를 위한 환경 정비 3 시스템형 금융 수출 모델(KFS) 설계 4 해외사업 규제 전략적 이원화·완화	"외연의 확장은 새로운 성장판을 여는 일이다."

전략 구분	세부전략	키워드	전략 목적	위기 구조	정책 핵심 과제 (예시)	핵심 메시지
제4전략 **AI·디지털 시대, 금융혁신 구조의 재설계**	**"기술, 제도, 시장, 산업 - 네 개의 축을 연결하는 금융혁신 전략"**					
	4.1 **AI·데이터 기반 금융책임 구조 설계**	기술 혁신	기술 기반 금융, 혁신과 책임의 균형 속 제도화	AI·데이터 활용 확산 ➩ 설명 불가·책임 불명 ➩ 신뢰 저하·정책 공백	1 AI 금융서비스 실증·확산 체계 구축 2 데이터 인프라 고도화·접근권 보장 3 디지털자산 제도·리스크 관리 4 XAI·책임·편향 등 알고리즘 감시 5 AI 활용을 위한 망분리규제 재설계	"기술이 판단해도, 결국 책임은 사람이 져야 한다."
	4.2 **플랫폼 중심 규제 재정렬**	규율 혁신	디지털 전환기에 금융 기능을 기준으로 한 규제 체계와 감독 질서를 재정렬	플랫폼 확산➩규제 공백 AI 판단 확산➩책임 불명확 디지털 격차➩취약층 배제 업권 감독 지속➩융합 대응 한계	1 플랫폼 행위규제 및 책임 명확화 2 XAI 기반 알고리즘 투명성 확보 3 디지털 격차 해소, 인프라 지원 4 기능중심·행위중심 감독체계로 전환	"금융은 플랫폼 위로 올라갔지만, 규제는 아직 도달하지 않았다."
	4.3 **자본시장 재설계 전략**	시장 혁신	기업 성장과 투자 참여를 연결하는 신뢰의 자본시장 구축	거래소 독점·제도 경직·상품 부족·외환 폐쇄 ➩ 시장의 얕음, 신뢰 미흡 ➩ 혁신자본 순환 제약	1 ATS 기반 다중 거래소 경쟁 강화 2 성장단계별 상장·퇴출 제도 설계 3 투자상품 다양화·접근성 확대 4 외환시장 선진화·MSCI 정합성 제고	"금융의 경쟁력은, 결국 자본시장의 깊이로 드러난다."
	4.4 **금융산업 규제의 재설계**	산업 혁신	아날로그 시대의 레거시 규제를 디지털 환경에 맞게 과감히 재설계	업권 규제 고착 ➩ 규제 불균형 ➩ 혁신 왜곡 ➩ 보호·경쟁 기반 약화	1 산업자본 진입 조정(금산분리 완화) 2 플랫폼 규제 전환, 책임체계 재정비 3 금융지주체계 재설계 4 낡은 규제구조 재설계(네거티브 전환) 5 민관 개혁 체계화(TF 상설)	"경계를 허무는 시대, 규제는 새로운 질서를 설계해야 한다."

전략 구분	세부전략	키워드	전략 목적	위기 구조	정책 핵심 과제 (예시)	핵심 메시지
제5전략 정책이 작동하는 행정인프라 재설계 전략	"좋은 정책은 실행의 구조를 설계할 때 완성된다."					
	5.1 금융행정 인프라 재설계	금융 행정	정책·감독, 건전성·보호 기능 분리, 금융행정 재설계	정책과 감독 기능 혼재, 건전성·보호 기능 혼재 ➩ 책임 불분명 ➩ 사후 대응과 시장 혼란 반복	1 금융정책–감독 기능 분화 2 연성형 쌍봉 감독모델 구축 3 소비자보호 기능 위상, 독자성 강화 4 FIU의 독립기관화 5 디지털 리더십 재설계	"정책과 감독, 건전성과 보호 – 기능이 분화돼야 신뢰가 작동한다."
	5.2 기능 중심 감독체계로의 전환	기능 중심	디지털·융합 금융에 대응하기 위한 기능 중심 감독체계 구축	업권 중심 규제 고착 ➩ 같은 기능, 다른 규제 ➩ 감독 사각지대 발생 ➩ 소비자 보호 불균형	1 건전성–행위–시장 기능별 감독체계 2 디지털금융 전담조직 설치 3 복합금융회사 통합감독체계 정비	"기능 중심 감독이란, 현장을 따라가는 감독이 아니라 구조를 바꾸는 일"
	5.3 행정의 책임성과 투명성 강화	서비스	불투명한 유권해석과 그림자 규제를 해소	관행적·관성적 규제 ➩ 자의적 해석 ➩ 예측불가 + 불신 확산 ➩ 정책 수용성 저하	1 유권해석·비조치의견 절차 투명화 2 그림자 규제 해소·민원 기준 정비 3 정책 체감도 조사·피드백 순환 설계	"정책기관은 '서비스 기관'이 되어야 한다."
	5.4 민간과 함께 설계하는 집행 거버넌스	민간 참여	민간참여 기반 피드백 루프와 책임 설계 구조	일회성 건의, 형식적 수렴 ➩ 불투명한 반영 ➩ 피드백 없음 ➩ 설계 신뢰 저하	1 상설 TF 및 다층적 참여 구조 2 규제 영향평가·사전검토제 도입 3 불수용 사유 공시 + 규제실명제	"규제는 전문가와 사용자, 둘 모두의 언어로 쓰여야 한다."
	5.5 금융감독·제재의 투명성·공정성	제재 투명성	예측 가능하고 정당한 제재 절차 구축	자의적·불가측한 제재 ➩ 절차 불투명 ➩ 수용성 저하, 보신주의 확산	1 제재 절차 사전통지·청취 체계화 2 금융위에 독립적 이의심의기구 설치 3 책무구조도 제도 정착 4 법령 해석 선결 시 제재 절차 유보	"감독의 권위는 절차로부터 나온다."

에필로그

작은 시도에서 시작된다

변화는 누군가의 작은 시도에서 시작된다.
누구도 새로운 시도를 하지 않는 사회는, 어떤 변화도 일어나지 않는다.
우리는 모두, 우리 사회가 조금씩이라도 앞으로 나아가기를 바란다.
그러기 위해서는 누군가가 먼저, 작은 불확실성과 부담을 감수하고
한 걸음 내디뎌야 한다.

그 첫 시도는 완벽할 수 없다.
하지만 어떤 움직임이 또 다른 이의 생각을 자극하고,
그 생각이 다시 한 걸음을 만들어낸다면,
그것이 곧 집단지성의 시작이고, 사회적 변화를 여는 파장이 된다.
이 책도 그런 작은 마음과 움직임에서 출발했다.

내가 이 책을 쓰게 된 이유

사실 나는 오랫동안, 정책이 왜 작동하지 않는지를 고민해왔다.
정부의 금융정책은 겉으로는 언제나 체계적으로 보이지만,
현장에서 보면 대개는 재탕, 삼탕된 구색 맞추기였고
늘 전형적이고, 어디선가 본 듯한 프레임 속에 갇혀 있는 느낌이었다.
관료제의 틀 안에서 반복되고 겉포장만 달라지며,
결국 아무도 책임지지 않는 정책이 되어버리곤 했다.

그 결과, 금융에는 스토리가 없고, 사람이 없고, 사회가 없다고 느꼈다.
무언가 근본부터 다시 생각해 봐야겠다는 생각이 들었다.
그래서 나는 금융의 여러 단면을 논리와 스토리로 연결하고,
전문가가 아닌 사람들도 본질에 다가갈 수 있도록

금융의 언어를 다시 쓰고 싶었다.
그리고 그 언어가 정책가에게는 전략의 도구가 되고,
언론인에게는 사회적 쟁점에 접근하는 프레임이 되고,
학생과 시민에게는 이해와 감각의 기반이 되기를 바랐다.

정리된 문장으로 말하고 싶었다

나는 감정적으로 휘발되기 쉬운 말보다,
차분하게 생각할 여유를 줄 수 있는 정돈된 글을 선택했다.
이 사회는 종종, 가장 큰 목소리가 중심에 서고
누구도 그 말의 방향이나 진위를 점검하려 하지 않을 때가 있다.
파란 하늘을 두고 빨갛다고 말해도,
그저 하나의 주장으로 용인되는 풍경을 자주 보게 된다.
그리고 때로는, 그러한 말들이 역사의 흐름을 거스르려 하기도 한다.
최근 들어, 그 장면들이 낯설지 않다.

그럴수록 나는 흥분보다 정리를,
말보다 글을,
대책 없는 비난보다 한 번쯤 고려할 수 있는 제안을,
나열된 정책보고서 보다, 쉬운 언어로 연결된 정책 설계도를,
그리고 격해진 감정보다, 차분히 연결된 구조를 선택하고 싶었다.

차분히 생각하게 만드는 문장,
속도보다 방향을 고민하게 만드는 문장이
결국 더 오래 남는다는 믿음 때문이다.

질문을 남기고 싶었다

이 책은 완벽한 정답을 주려 하는 책이 아니다.
그보다는 질문을 남기고, 방향을 묻는 책이다.

우리 곁의 금융은 과연 누구를 위한 것인지,
지금의 제도가 과연 그 역할을 하고 있는지를
함께 생각해 보고 싶었다.

적어도 어렵게만 느껴졌던 금융이
'우리 모두의 언어'가 될 수 있다는 가능성만큼은
이 책에 담고 싶었다.
금융이 단지 전문가의 영역이 아니라,
우리 삶의 언어이고 감각이고 선택일 수 있음을,
그래서 우리 모두가 함께 고민하고, 더 나은 방향으로 함께 설계해야 함을
나는 이 글을 통해 말하고 싶었다.

쓰는 내내 고민했다.
논리와 감정 사이에서, 비판과 희망 사이에서,
구조와 인간 사이에서 균형을 잃지 않으려고.
그 균형을 지키려는 마음 하나만은
이 책에 분명히 남겨두고 싶었다.

마지막으로, 당신에게

당신이 정책가라면, 이 책이 기존의 낡은 프레임을 깨고
전략을 새로 짜는 데 작은 실마리가 되기를,
당신이 시민이라면, 정부와 언론의 말들뿐 아니라,
경제·사회적 사건들을 더 분별력 있게 읽게 되기를,
당신이 학생이라면, 복잡하고 비현실적으로 느껴지는
금융의 언어와 구조에 위축되지 않기를,
그리고 당신이 기자라면,
정책 프레임 속 허술한 연결 고리를 비판적으로 통찰하고,
금융을 새로운 시선으로 구성할 수 있게 되기를.
마음속 깊이 바란다.

그리고 무엇보다,
당신이 이 책을 덮는 순간에도
여전히 마음속에 질문 하나가 남아 있기를 바란다.
"우리의 행복과 미래, 함께 사는 세상을 위해, 우리는 무엇을 설계해야 할까?"

나는 여전히 믿는다.
변화는 완벽한 정답에서 오는 것이 아니라,
불완전한 질문과, 흔들리는 시도에서 시작된다고.
그리고 그런 시도가 쌓이고 쌓이면,
지금 이 비상식의 길목도 언젠가는 상식과 공존, 번영의 길로 열릴 것이다.

그 믿음으로, 나는 이 책을 썼다.
그리고 그 마음이, 이 책을 펼친 당신에게도 닿기를 바란다.

〈저자소개〉

문제의 본질을 구조로 설계하는 금융정책 전략가. 금융과 법, 행정과 실무의 경계를 넘나들며, 제도 설계와 현장 실행의 간극을 줄이는 일에 집중해 왔다. 은행 부행장으로서의 실무 경험과 정책 현장에서의 구조적 시각을 결합해, 정책을 '보여주는 문서'가 아니라 '작동하는 전략'으로 전환하는 데 관심을 두고 있다. 그는 나열식 백화점 정책보다는, 경중과 선후가 설계된 전략적 질문을 중시하며, 반복되는 문제의 뇌관을 정밀하게 추적해 집요하고도 완결성 있는 해법을 찾는다. 금융법 해설(2022), 금융회사 지배구조 및 내부통제론(2024) 등 전문서적에 이어, 이번 책은 금융을 사회적 과제로 꺼내어, 보다 대중의 언어로 전략적 재설계를 시도한 첫 번째 기록이다. 집필 과정에서는 GPT라는 언어 도구를 실험적으로 활용해 사유의 흐름을 구조로, 아이디어를 전략으로 다듬는 디지털 기반의 집필 실험도 병행했다. 이는 기술을 넘어, 정책 설계자의 시선으로 AI와 함께 사유를 구조화한 실험이었다. 그는 많은 사람들이 각자의 빛을 들고 한 방향을 바라볼 때, 서로의 생각을 모으고 함께 힘을 보태어 현실을 바꿀 수 있다고 믿는다. 작은 빛들이 모여 거대한 변화를 이룰 수 있다는 믿음을 품고, 이 땅에 지속 가능한 평화와 공동 번영의 시대를 염원하는 사람이다.

〈저자약력〉

홍 명 종

서울대학교 정치학과
서울대학교 행정대학원
UC Davis, Law School(Master of International Commercial Law)
한국방송통신대학교 법학과

법무법인(유) 세종 파트너 변호사 (2025년 6월부터)
現 감사원 정책자문위원회 위원
現 한국금융소비자보호재단 비상임이사
現 건설공제조합 운영위원회 위원
現 서울대학교 정치외교학부 총동창회 부회장
現 서울 동성고등학교 총동창회 부회장
행정고시(37회), 사법시험(44회, 37기),
미국공인회계사(시험합격), 일반운용전문인력, 파생상품상담사
미국공인자금세탁방지전문가(CAMS, Certified Anti-Money Laundering Specialist)
미국공인내부감사사(CIA, Certified Internal Auditor)
미국공인정보시스템감사사(CISA, Certified Information Systems Auditor)
서울시·금융위원회 등 근무
김앤장 법률사무소, 법무법인 율촌, 법무법인 린 근무
前 금융위원회 금융발전심의회(금융소비자분과) 위원,
前 감사자문위원회 위원, 공적자금상환기금심의회 위원
前 금융위원회 자문변호사, 개인정보보호위원회 자문변호사
前 금융감독원 제재심의위원회 위원
前 한국거래소 시장감시위원회 위원, 공시위원회 위원(코스닥), 분쟁조정위원회 위원
前 채권금융기관조정위원회 위원
前 국무조정실 규제심판위원
前 농협은행 선임부행장(준법감시인)

지금, 금융을 다시 설계할 때

- 성장과 포용의 시대, 금융이 가야 할 길 -

초판 1쇄 인쇄 2025년 05월 08일
초판 1쇄 발행 2025년 05월 13일

지은이 홍 명 종
발행인 정 종 률
발행처 지원출판사
디자인 조 용 경
편 집 김 영 순
인 쇄 신도프로세서
주 소 서울시 용산구 원효로1가 30-1 프린팅하우스 1층
전 화 02-702-5962
F A X 02-998-5962

등록일자 2009년 6월 12일
등록번호 제25100-2009-0018
이 메 일 jungjjy@hanmail.net
홈페이지 http://www.jwb.or.kr/

값 28,000원

9 791189 425210 13320
ISBN 979-11-89425-21-0